LA RED OCULTA

JAMIE BARTLETT

LA

CIBERTERRORISMO,

RED

PORNOGRAFÍA INFANTIL, MERCADO DEL ASESINATO

OCULTA

Y DEMÁS ILÍCITOS EN INTERNET

PAIDÓS

Diseño de portada: José Luis Maldonado López

Título original: *The Dark Net*

Traducción: Franco Mundo Velázquez

© 2014, Jamie Bartlett
Jamie Bartlett ha afirmado ser autor de esta obra.
Publicado originalmente en Gran Bretaña en 2014 por William Heinemann

La presente edición se publica por acuerdo con Peters, Fraser & Dunlop Ltd.,
Drury House, 34-43 Russell Street London WC2B 5HA

Derechos mundiales exclusivos en español.

© 2017, Ediciones Culturales Paidós, S.A. de C.V.
Bajo el sello editorial PAIDÓS M.R.
Avenida Presidente Masarik núm. 111, Piso 2
Colonia Polanco V Sección
Delegación Miguel Hidalgo
C.P. 11560, Ciudad de México
www.planetadelibros.com.mx
www.paidos.com.mx

Primera edición: mayo de 2017
ISBN: 978-607-747-351-0

Impreso en los talleres de Litográfica Ingramex, S.A. de C.V.
Centeno núm. 162-1, colonia Granjas Esmeralda, Ciudad de México
Impreso y hecho en México – *Printed and made in Mexico*

Índice

Nota del autor   9
Introducción: Libertad o muerte   11

1. Desenmascarar a los troles   23
2. El lobo solitario   55
3. En la quebrada de Galt   79
4. Tres clics   113
5. Sobre la ruta   137
6. Luces, *webcam*, acción   167
7. El efecto Werther   193

Conclusión: Zoltan vs. Zerzan   217
Notas finales   239
Lecturas afines   289
Agradecimientos   297

Para Huey, Max, Sonny y Thomas, que nacieron mientras escribía este libro. Deseo que, cuando crezcan lo suficiente, lean este libro y se pregunten de qué se trataba todo esto y se rían de las predicciones pesimistas de su tío.

Nota del autor

La red oculta examina temas, en muchos casos, extremadamente sensibles y polémicos. Mi objetivo primario fue encender la luz en un mundo que, con frecuencia, es discutido, pero rara vez explorado; a menudo por buenas razones. A lo largo de este libro me esforcé por dejar de lado mis propios puntos de vista y escribir de manera objetiva un lúcido informe de mi experiencia, tanto como me sea posible. Los lectores tal vez cuestionen la sensatez de lo que se escribe sobre este tema y expresen su preocupación respecto a la información que *La red oculta* revela. Aunque mi intención no es proveer una guía sobre actividades ilegales o inmorales en línea, este libro contiene material que algunos lectores pueden encontrar impactante y ofensivo.

Como investigador, siento el deber de respetar la privacidad de las personas que conocí. Donde fue necesario alteré nombres, seudónimos usados en línea y detalles que los identifiquen; en un capítulo creé un personaje basado en varios individuos. Para comodidad de los lectores, también corregí muchas faltas de ortografía (aunque no todas) en el material citado.

Traté de equilibrar los derechos de los individuos con el beneficio social que, pienso, emana de su descripción y los mundos donde habitan. Este no es un método a prueba de tontos, sino una serie de juicios. Todos los errores, omisiones y malinterpretaciones son solo míos y espero que todos aquellos incluidos en este libro acepten mis disculpas anticipadas por cualquier angustia o incomodidad causada.

La vida se mueve rápidamente. Sin duda, cuando lean *La red oculta* ciertas partes de la historia habrán cambiado, sitios web habrán sido cerrados, las subculturas habrán evolucionado y nuevas leyes se habrán aprobado. Pero el tema central, qué hacen los humanos bajo condiciones de anonimato real o percibido, ciertamente no habrá cambiado.

Jamie Bartlett, julio de 2014

Introducción
Libertad o muerte

He escuchado rumores acerca de este sitio, pero todavía no puedo creer que exista. Estoy viendo lo que parece ser una lista negra. Hay fotografías de gente que puedo reconocer, la mayoría son destacados políticos, y al lado de cada uno hay una suma de dinero. El creador del sitio, que usa el seudónimo de Kuwabatake Sanjuro, cree que si pudieras pagar por asesinar a alguien con la garantía y absoluta certeza de no ser capturado, lo harías. Esa es una de las razones por las que creó Assassination Market. Solo hay cuatro instrucciones simples listadas en la página:

—Añade un nombre a la lista.
—Pon dinero en la bolsa con el nombre de la persona.
—Predice cuándo va a morir esa persona.
—Las predicciones correctas se llevan la bolsa.

Assassination Market no puede encontrarse en Google, está en una parte encriptada y escondida de internet a la que hasta hace poco solo se podía acceder a través de un navegador llamado

The Onion Router (El Enrutador de Cebolla), o TOR.[1] Este surgió como un proyecto del Laboratorio de Investigación Naval de Estados Unidos; hoy es una organización sin fines de lucro parcialmente financiada por el gobierno estadounidense y varios grupos defensores de las libertades civiles, que permite a millones de personas alrededor del mundo navegar por internet de manera anónima y segura.*

De manera simple, TOR funciona encriptando repetidamente la actividad de la computadora y enrutándola a través de varios nodos de la red u *onion routers*; al hacer esto, se ocultan el origen, destino y contenido de esta actividad. Los usuarios de TOR, así como los sitios, foros y blogs que existen como servicios ocultos TOR, no pueden rastrearse, ya que usan el mismo sistema de encriptación de tráfico para ocultar su ubicación.

Assassination Market está alojado en una parte poco familiar de la red, pero es bastante fácil de encontrar si sabes cómo buscar. Todo lo que se necesita es un simple paquete de *software* libre, inscribirse, seguir las instrucciones y esperar. Es imposible saber el número de personas que están haciendo exactamente lo mismo, pero al mismo tiempo que escribo esto, si predigo la fecha exacta de la muerte de Ben Bernanke, el expresidente de la Reserva Federal, gano $56 000.

Podría parecer una apuesta sin ningún sentido, es muy difícil saber cuándo morirá una persona; por esa razón Assassination Market tiene una quinta instrucción:

—Que tu predicción se vuelva realidad es totalmente opcional.[2]

---

* En 2010, TOR fue galardonado con el Free Software Foundation's Award para proyectos con beneficio social, en parte por el servicio que provee a quienes filtran información, defensores de los derechos humanos y activistas en movimientos disidentes.

La red oculta

Assassination Market es un ejemplo radical de lo que las personas pueden hacer en línea. Más allá del familiar mundo de Google, Hotmail y Amazon, yace otro mundo en internet: la red oculta.

Para algunos, esta red significa el mundo encriptado de los servicios ocultos TOR, donde los usuarios no pueden ser rastreados ni identificados. Para otros, son aquellos sitios no indizados por motores de búsqueda convencionales: un lugar de páginas protegidas con contraseña, sitios de internet sin vincular y contenido oculto reservado solo para los conocedores, algunas veces referido como internet profundo o *deep web*. También es un término multiusos para los miles de impactantes, perturbadores y controvertidos rincones de la red, lugar de los imaginados criminales y depredadores de todos tipos y tamaños.

No obstante, la red oculta para mí describe una idea más que un lugar en particular, un submundo separado, deshabitado pero conectado a internet; un mundo de completa libertad y anonimato donde los usuarios dicen y hacen lo que les place, a menudo sin censura ni regulación y fuera de las reglas de la sociedad. Es oculta porque rara vez lo vemos, porque tiende a estar oculta, desconocida o en secreto. Este no es un libro sobre TOR; aunque en su mayoría hable de partes de internet que tal vez ya conozcas (redes sociales, páginas, foros o salas de chat), esta obra se centra en aquellas culturas o comunidades que parecen, para quienes no son parte de ella, malintencionadas y siniestras. No porque simbolicen el comportamiento de las personas en la red, ya que no lo representan, sino porque son las más incomprendidas y las menos exploradas.

La red oculta rara vez se mantiene al margen de las noticias: historias de jóvenes que comparten pornografía casera, ciberacosadores y troles que atormentan a extraños o hackean y filtran fotografías de desnudos; tráfico de propaganda de políticos extremistas; bienes, drogas y documentos ilegales que con uno o dos clics aparecen en los encabezados casi a diario. Esto solo es una pequeña parte, la mayoría sigue sin ser explorada ni del todo comprendida. Realmente muy pocas personas se aventuran a entrar en los oscuros rincones de la red para estudiarlos en detalle.

Empecé a investigar movimientos radicales, políticos y sociales en 2007, y me dediqué dos años y medio a seguir islamistas radicales por Europa y Estados Unidos para unir las piezas de una fragmentada y desarticulada red de jóvenes que simpatizan con la ideología de Al-Qaeda. Cuando terminé mi trabajo, en 2010, el mundo parecía ser diferente. Cada nuevo fenómeno político o social que encontré, desde teóricos de la conspiración hasta activistas de extrema derecha o la cultura de las drogas, estaba cada vez más activo y localizable en línea. A menudo entrevisté a la misma persona dos veces, primero en línea, después de manera presencial, y sentía que hablaba con dos personas diferentes. Encontraba mundos paralelos, con diferentes reglas, patrones de comportamiento y protagonistas. Cada vez que creía haber llegado al fondo de una cultura en línea, descubría otra que estaba vinculada; dominios reservados que siguen sin ser explorados. Algunos requieren cierto conocimiento técnico para tener acceso; no obstante, otros fueron muy fáciles de encontrar. A pesar de que una parte importante y cada vez mayor de la vida de las personas, así como su identidad, se encuentra ahí, la mayoría de estos espacios en línea son invisibles, están fuera del alcance y de la vista. Así que fui a buscarlos.

Mi travesía me llevó a nuevos lugares en línea y otros reales. Me convertí en el moderador de un infame grupo de troleo y pasé semanas en foros dedicados al *cutting*, anorexia o suicidio. Exploré el laberíntico mundo de los servicios ocultos TOR en busca de drogas y estudié las redes de pornografía infantil. Atestigüé guerras en línea entre neonazis y antifascistas en redes sociales populares y me inscribí a los canales pornográficos más actualizados para examinar las últimas tendencias en arte erótico casero. Visité en Barcelona una comunidad okupa donde había programadores bitcoin anarquistas, un club en ruinas de trabajadores donde hablé con los nacionalistas extremistas y una habitación desordenada para observar a tres chicas que amasaban una pequeña fortuna haciendo actos sexualmente explícitos ante la cámara para miles de espectadores. Mediante la exploración y la comparación de esos mundos, también esperaba contestar una difícil pregunta: ¿las cualidades del anonimato y la conectividad liberan el lado más oscuro de nuestra naturaleza? Y si es así, ¿cómo?

La red oculta no es un intento para sopesar los pros y los contras de internet. El mismo anonimato que le permite operar a Assassination Market también mantiene vivos a informantes, defensores de los derechos humanos y activistas. Para cada subcultura destructiva observé que hay muchas otras positivas, útiles y constructivas.

Puesto que internet se ha entretejido tanto en nuestras vidas, desafía nuestras concepciones existentes sobre anonimato, privacidad, libertad y censura, y lanza nuevos retos todavía sin superar, como: ¿deberíamos tener el derecho a un anonimato total en línea? ¿Son distintas nuestras identidades «digitales» de las reales? ¿Y qué implica eso? ¿Actuamos de manera diferente cuando nos sentamos detrás de una pantalla? ¿Cuáles son los límites de la libertad de expresión cuando cada idea está a un clic de distancia?

Estas preguntas predominan ahora en los debates y las discusiones acerca del papel que desempeña internet en la sociedad, y entre más experimentemos nuestras vidas en línea, más crecerá su importancia. No propongo ninguna respuesta ni solución fácil, y no estoy seguro de que la haya. Este libro no pretende ser polémico, sino una modesta serie de descripciones de cómo estas cuestiones se desarrollan en lo alternativo. Dejo a juicio del lector el significado que puedan tener.

Conectado

La red, tal como la conocemos, surgió a finales de los años sesenta como un pequeño proyecto científico fundado y operado por la Agencia de Proyectos de Investigación Avanzada (ARPA, por sus iniciales en inglés), el brazo de desarrollo del ejército de Estados Unidos. El Pentágono esperaba crear una Arpanet de computadoras interconectadas para ayudar a los académicos estadounidenses más destacados a compartir datos y espacio valioso en las computadoras.[3] En 1969 se logró la primera conexión en red entre dos computadoras en California, la cual creció lentamente.

En julio de 1973, Peter Kirstein, un joven profesor de Ciencias de la Computación de la Universidad Colegio de Londres, conectó el Reino Unido con Arpanet a través de los cables submarinos del Atlántico, trabajo que convirtió a Kirstein en la primera persona en línea de ese país.[4] «¡No tenía idea de lo que llegaría a ser!», dijo Kirstein. «Ninguno de nosotros la tenía. Éramos científicos y académicos concentrados en crear y mantener un sistema que permitiera transferir datos de manera rápida y fácil». La Arpanet y su sucesora, internet, fueron construidas bajo principios que les permitirían trabajar juntas de manera efectiva; una red abierta, descentralizada, accesible y sin censura. Estas ideas llegarían a definir lo que representa internet: un mundo ilimitado de gente, información e ideas.

La invención del Sistema de Tablón de Anuncios (BBS, por sus iniciales en inglés), en 1978, y la Red de Usuarios (Usenet, su acrónimo en inglés), entre 1979 y 1980, introdujeron una nueva generación a la vida en línea. A diferencia de la enclaustrada Arpanet, Usenet y BBS, los precursores de las salas de chat y foros estaban disponibles para cualquier persona que tuviera teléfono y una computadora en casa, y aunque eran pequeñas, lentas y primitivas para los estándares de hoy, atraían a miles de personas intrigadas por el nuevo mundo virtual. A mediados de los noventa, con la emergencia de la red informática mundial, o World Wide Web, de Tim Berners-Lee, internet se transformó totalmente de un nicho clandestino frecuentado por aficionados y académicos a un popular antro al que accedían miles de emocionados neófitos.[5*]

De acuerdo con John Naughton, profesor de Comprensión Pública de la Tecnología en la Universidad Abierta de Reino Unido, el ciberespacio en ese momento era más que una red de computadoras. Los usuarios lo veían como «un nuevo lugar», con su propia cultura, identidad y reglas. El que millones de personas «ordinarias» estuvieran en línea estimulaba los miedos y las esperanzas sobre lo que esta nueva forma de comunicación podría provocarnos. Muchos tecnooptimistas, como los portavoces de la nueva revolución en red de las revistas *Wired* y *Mondo 2000*, creían que el ciberespacio anunciaría un nuevo amanecer para el aprendizaje y la comprensión, e incluso el fin del Estado nacional. El mejor manifiesto de esta visión fue el del ensayista estadounidense John Perry Barlow, en 1996, llamado «Declaración de independencia del ciberespacio», el cual exponía al mundo real que «sus conceptos legales de propiedad, expresión y contexto no aplican a nosotros…, nuestras identidades no tienen cuerpo, así que, a diferencia de ustedes, no podemos obedecer órdenes por coerción física». Barlow creía que la falta de censura y el anonimato que la red parecía ofrecer acogerían a una sociedad más libre y abierta, ya que la gente podía deshacerse de la tiranía de las identidades fijas del mundo real y crearse la suya. (*The New Yorker* fue más sucinto: «En internet nadie sabe si eres un perro»). Psicólogos líderes contemporáneos, como Sherry Turkle, en su influyente estudio sobre internet de 1995, *Life on the Screen. Identity in the Age of the Internet*, ofrece una cautelosa bienvenida a la manera en que internet permite

* Septiembre de 1993 fue el mes en que America Online empezó a ofrecer a sus suscriptores acceso a Usenet; es llamado en el folclor de internet como «el septiembre eterno», pues nuevos usuarios se conectaron a internet masivamente.

trabajar a las personas a través de los diferentes elementos de su identidad.[6]

La preocupación de otros era qué pasaría si nadie sabe si eres un perro. Los padres se sentían muy nerviosos por sus hijos con la «fiebre del módem».[7] Poco después del estudio de Turkle, otro psicólogo, John Suler, estudiaba el comportamiento de los participantes de las primeras salas de chat. Encontró que tienden a ser más agresivos e iracundos cuando están en línea que cuando están desconectados. Su interpretación fue que las personas sienten que las restricciones sociales, las responsabilidades y las normas del mundo real no aplican cuando están protegidas por una pantalla. Suler pensó que, ya fuera real o ficticio, el anonimato permite explorar nuestra identidad, aunque también permite actuar sin miedo de ser responsable (en 2001 lo llamó «efecto de desinhibición en línea»).[8] En efecto, desde el principio muchos suscriptores del BBS y Usenet usaron este medio para todo tipo de comportamientos extraños, creativos, ofensivos e ilegales.[9] En la jerarquía «alternativa» de Usenet cualquiera podía iniciar un grupo de discusión sobre el tema que quisiera. El primer grupo fue *alt.gourmand*, un foro de recetas que rápidamente fue seguido por *alt.sex*, *alt.drugs* y *alt.rock-n-roll*. «*Alt.**», como llegó a conocerse, se volvió, por mucho, la parte más popular de Usenet. Junto con grupos serios y significativos de literatura, computación o ciencia, Usenet y BBS contenían muchos más dedicados al ciberacoso, el *hacking* y la pornografía.[10]

Concédeme la libertad o la muerte

En esta estimulante atmósfera el libertario radical Jim Bell llevó por primera vez la promesa de anonimato en línea a una conclusión aterradora. A fines de 1992, un grupo de radicales libertarios de California llamado *cypherpunks* inició una lista de correo para proponer y discutir cómo debería ser usado el ciberespacio para garantizar la libertad personal, la privacidad y el anonimato. Bell, un colaborador de la lista, pensó que si los ciudadanos usaban internet para mandar mensajes encriptados y hacer comercio utilizando una divisa que no pudiera ser rastreada, sería posible crear un mercado funcional para casi todo.[11] En 1995 presentó su idea en un ensayo llamado «Assassination Politics», el cual publicó en la lista de correos y provocó que hasta los más acérrimos *cypherpunks* se avergonzaran.[12]

Bell proponía que se fundara una organización con donaciones en moneda digital de los ciudadanos para pagar el premio por una figura pública; esta debería entregarlo a quien predijera la muerte de la persona. No era ilegal, argumentaba, sino un tipo de apuesta. Pero he aquí la trampa: si muchas personas estuvieran enojadas con un individuo en particular, y cada una contribuyera con algunos dólares, el premio se volvería tan grande que alguien podría estar motivado a pronosticar la muerte, llevarla a cabo y obtener la bolsa. En este punto entra el sistema de mensajes encriptados y los pagos no rastreables. Primero, el posible asesino manda su predicción en un mensaje encriptado que puede ser abierto únicamente con la llave digital que solo la persona que lo envió conoce; entonces lleva a cabo el asesinato y manda a la organización el código que abrirá su predicción (acertada). Una vez que la organización lo verifica, probablemente al ver las noticias, el dinero del premio en forma de divisa digital donada a la bolsa se publicaría en línea como un archivo encriptado. De nuevo, este solo podría ser desencriptado por una «llave» generada por quien haya hecho la predicción. Sin que nadie conozca la identidad de nadie, la organización sería capaz de verificarla y entregar el premio a la persona que la hizo.

La mejor parte, pensaba Bell, era que el anonimato proporcionado por internet protegía a todas las partes, excepto tal vez al asesino y a la víctima. Incluso si la policía descubría quiénes habían contribuido al premio, los donantes dirían con certeza que no pidieron «directamente» el asesinato. La organización que opera el mercado tampoco sería de ayuda, ya que desconocería a los donantes y a quien hizo la predicción o el desbloqueo del archivo encriptado.[13] Pero la idea de Bell iba más allá de solo salirse con la suya; creía que este sistema, para ser bueno, debía ejercer una presión populista sobre los representantes electos. Entre peor fuera el criminal y más enfureciera a los ciudadanos, era mayor la probabilidad de que el dinero acumulado fuera mucho e incentivara a asesinos potenciales.[14] (Bell creía que Stalin, Hitler y Mussolini habrían sido asesinados si un mercado así hubiera existido en esa época). Idealmente, nadie necesita ser asesinado; Bell tenía la esperanza de que la sola existencia de este mercado significara que nadie en absoluto se atrevería a lanzarse al ruedo. «Anonimato perfecto, ocultamiento perfecto y seguridad perfecta, junto a la facilidad y seguridad con la que estas contribuciones podrían ser recaudadas; podríamos poner a un empleado de gobierno abusivo en una posición de extremo riesgo. Las posibilidades son tan buenas que nadie por encima del comisionado del condado se arriesgaría incluso a permanecer en su oficina», escribió.[15]

En 1995, cuando Bell escribió *Assassination Politics*, todo esto era hipotético. Aunque pensaba que su mercado básicamente conduciría al colapso de todos los gobiernos del mundo, nunca se cumplió su sueño. Casi dos décadas después, con la creación de divisas digitales como el bitcoin, navegadores anónimos como TOR y sistemas de encriptación confiables, pudo realizarse la visión de Bell.

En la mayoría de los casos asesinar está mal, por supuesto —escribió Sanjuro cuando lanzó Assassination Market en el verano de 2013—. Sin embargo, es un rumbo inevitable de la evolución tecnológica… Cuando alguien usa la ley en tu contra o la infringe, y viola tus derechos a la vida, propiedad, comercio o la búsqueda de la felicidad, ahora, en revancha, puedes de manera segura, desde la comodidad de tu sala, reducir su esperanza de vida.

Actualmente hay cuando menos una docena de nombres en Assassination Market. Aunque es aterrador, nadie, hasta donde sé, ha sido asesinado. Su importancia no yace en su efectividad, sino en su existencia. Es típica esta clase de creatividad e innovación que caracteriza a la red oculta: un lugar sin límites, un lugar para superarlos, un lugar para expresar ideas sin censura, un lugar para expresar nuestras curiosidades y deseos cualesquiera que estos sean. Cualidades humanas tan peligrosas, magníficas y únicas.

1

Desenmascarar a los troles

En la cima del árbol de la vida
no hay amor, hay *lulz*.
ANÓNIMO

Una vida destruida[1]

«¡Hola /b/!», decía el pequeño letrero que Sarah tenía en su cuerpo semidesnudo. «7 de agosto de 2013, 9:35 p. m.». Este era un aviso para los cientos o quizá miles de usuarios anónimos del tristemente célebre foro /b/, en el sitio de intercambio de imágenes 4chan, de que estaba lista para posar ante la cámara web. Los agradecidos espectadores empezaron a publicar varias peticiones sexuales explícitas, las cuales Sarah satisfizo fotografiándose y subiendo las fotos a la red.[2]

En 4chan hay foros dedicados a una gran variedad de temas como manga, «hágalo usted mismo», cocina, política y literatura, pero la mayor parte de veinte millones de personas que visitan ese sitio cada mes se dirige a /b/, también conocido como el foro aleatorio. Las fotografías de Sarah solo fueron parte de uno de muchos extraños, ofensivos y sexualmente explícitos hilos de conversación mantenidos en /b/. Aquí la moderación es baja, tal vez nula, y casi todos publican de manera anónima; sin embargo, hay un conjunto de reglas: «Las 47 reglas de Internet», creadas por los mismos /b/users, también conocidos como /b/tards, que, entre otras, rezan:

Regla 1: No hables de /b/.

Regla 2: NO hables de /b/.

Regla 8: Realmente no hay reglas para publicar.

Regla 20: Nada se tomará en serio.

Regla 31: Tetas o G(et) T(he) F(uck) O(ut),[*] la decisión es tuya.

Regla 36: Siempre hay cosas más cabronas que la que acabas de ver.

Regla 38: Ningún límite real aplica aquí, ni siquiera el cielo.

Regla 42: Nada es sagrado.

El mundo anónimo y sin censura de /b/ genera una gran cantidad de contenido ingenioso, divertido y ofensivo, ya que los usuarios compiten por notoriedad y popularidad. ¿Alguna vez le diste clic a un vínculo de YouTube e inesperadamente abrió el exitazo de Rick Astley de 1987 *Never Gonna Give You Up?*;[†] ese fue /b/; o tal vez hayas recibido fotos graciosas de gatos con letreros llenos de faltas de ortografía, ese también fue /b/; el grupo de *hacktivistas* Anonymous es /b/ también.[3]

Sin embargo, el anonimato también tiene desventajas. Las mujeres principiantes son frecuentemente ignoradas o insultadas, a menos que publiquen fotos o posen para la cámara web, la cual es siempre una manera fácil y efectiva de capturar la atención de los /b/tards. 4chan tiene un foro dedicado a *webcam* llamado /soc/, donde se espera que los usuarios traten bien a las *camgirls*.[‡] Diario, decenas de *camgirls* posan para la cámara ahí. Aunque tonta, accidental y ocasionalmente puede uno llegar a /b/.

---

[*] La expresión equivalente en la región central de México es «vete a la mierda». [*N. de T.*]

[†] Si te pasó, fuiste una de los más de veinte millones de personas que fueron troleadas ese año.

[‡] Chicas que posan frente a una cámara web. [*N. de T.*]

Aproximadamente veinte minutos después de que la primera fotografía fuera publicada, un usuario pidió que Sarah se tomara una foto desnuda con su nombre escrito en algún lado de su cuerpo. Poco después, otro usuario pidió que se tomara otra foto y posara con algún medicamento que estuviera tomando. Ella cumplió puntualmente las dos peticiones. Esto fue un error.

> **Anónimo dijo:** Mierda, espero que nadie la *doxee*.* Se entregó sola. Parece una buena chica.
>> **Anónimo contestó:** We, cálmate, dio su nombre, el nombre completo de su médico y hasta el área de dormitorios donde vive; quiere que la encuentren.
>> **Anónimo contestó:** Es nueva. Cualquier chica que escribe su nombre en su cuerpo es claramente una novata en *camwhoring*† y no sabe en lo que se mete.

Sarah, sin darse cuenta, publicó suficiente información personal para que los usuarios la doxeen, es decir, rastreen su identidad. Otros /b/tards fueron alertados y rápidamente se unieron al hilo; en 4chan, doxear a una chica en la *webcam* es visto como una extraña incitación; y pronto hubo usuarios que localizaron a Sarah en las listas públicas de su universidad y revelaron su nombre completo, dirección y número de teléfono. Al siguiente día la rastrearon en sus cuentas de Facebook y Twitter. Sarah seguía mirando frente a su computadora, incapaz de detener aquello.

> **Anónimo dijo:** Paren. En serio. Pinches gordos perdedores.
> **Anónimo contestó:** Qué bueno verte; sigues en el hilo, Sarah. Por cierto, bienvenida.

---

* Tomamos el verbo *to doxx* como extranjerismo adaptado. En inglés, significa exponer la verdadera identidad de una persona con datos obtenidos de su actividad en internet. [*N. de T.*]

† *Camwhoring* significa hacer poses sexuales explícitas frente a la cámara web. [*N. de T.*]

Anónimo contestó: Hey, Sarah, ¿puedo agregarte en Facebook? Es broma, borra esa madre antes de que tus desnudos les lleguen a tus amigos.

Anónimo dijo: Literalmente, hizo privado su jodido Twitter, cuando estaba viendo sus fotos. Pinche zorra.

Anónimo contestó: Confirmado, lo borró. Estoy anotando a las personas en las listas de sus amigos y su relación con ella. Empezaremos a enviarles los desnudos pronto.

Anónimo contestó: LOL. Borró su Facebook. Pero dudo que pueda borrar a sus familiares.

Anónimo contestó: Solo guarden su nombre. En algún momento, cuando esto pase, las reactivará y verá sus fotitos robadas de nuevo. No tendrá paz otra vez después de este robo. Y pasará un rato vergonzoso, como la chingada, con su familia.

Anónimo dijo: Pinches *nerds*, ¿consiguieron su Facebook? Son unos chingones. Una chava los complace en esta mierda de sitio y ustedes la acosan. No ma, pinche /b/.

Anónimo contestó: Lárgate de aquí, pedazo de mierda, basura *moralFAG*.*

Anónimo contestó: ¿Cuánto tiempo pasas aquí? ¿Realmente te sorprende esto?

Anónimo dijo: Las que publican desnudos no merecen ninguna desgracia.

Anónimo contestó: Ja, ja, ja, ja, ja, ja, debes de ser nuevo por aquí. Es por los *lulz*.†

Anónimo dijo: No quiero parecer un caballero, pero siendo uno, me pregunto por qué /b/ hace esto. Nos enseña tetas y, mierda, «nosotros» le hacemos esto. El internet como máquina de odio a todo lo que da.

---

* Este término define a los recién llegados a /b/. [*N. de T.*]

† *Lulz* es el plural que deriva de LOL (Laugh Out Loud, «reír a carcajadas»).

Anónimo contestó: /b/ *camwhoring* 2004-2013. R.I.P. Gracias.

Anónimo contestó: Lo que más me impresiona es cómo ustedes nunca se callan: «Si las siguen doxeando, ya no habrá *camwhores* :(». Dense cuenta que lo han dicho por casi una década.

Anónimo dijo: Como sea, aquí está una lista de todos sus amigos en Facebook. Pueden enviarles mensajes a los amigos y a los amigos de sus amigos, para que cualquiera que contacte a Sarah por medio del amigo de un amigo lo sepa.

Anónimo contestó: ¿Ya alguien envió mensajes a sus amigos y a su familia, o puedo empezar?

Anónimo contestó: Vas, vas, vas.

Un usuario creó una cuenta falsa, armó un *collage* con las fotografías de Sarah y las envió a su familia y sus amigos con un corto mensaje: «Hey, ¿conoces a Sarah? La pobrecita niña ha hecho cosas muy malas. Aquí están las fotos que publicó en internet, para que todo el mundo las vea». En cuestión de minutos, a casi todos los que estaban en las redes sociales de Sarah les enviaron las fotografías.[4]

Anónimo dijo: (xxxxx) es su número de teléfono. Confirmado.

Anónimo contestó: Le acabo de hablar, está llorando. Parecía una ballena triste sollozando.

Anónimo contestó: ¿Alguien más la está llamando a cada rato?

Esto es lo que en /b/ llaman «vida arruinada»; es decir, ciberacoso intencionado que, como el nombre sugiere, es el resultado del sufrimiento sostenido por largo tiempo.

No es la primera vez que /b/ ha doxeado chicas que posan para la cámara. Un eufórico participante celebró la victoria y creó otro hilo para compartir historias y capturas de pantalla de decenas de otros «clásicos» de vidas arruinadas; publicó fotografías de una chica, cuya cuenta de Facebook fue hackeada,* su contraseña cambiada y las fotos explícitas que publicó /b/ las compartió en su muro.

Anónimo dijo: Me siento mal por ella. Era sexi, y, carajo, estaba bonita. Qué mal que haya sido tan idiota como para filtrar su nombre y todo lo demás. Bueno, esas pendejadas pasan.

Anónimo contestó: Si hubiera sido lista, se hubiera largado; pero no, entonces se merece las consecuencias.

Anónimo contestó: No me importa lo que pase. La perra posaba para la cámara y tenía novio.

La operación duró una hora. Pronto, el hilo se había disuelto y Sarah había sido olvidada.

Doxear chicas en la *webcam* solo es una de las numerosas maneras en las que las personas abusan, intimidan, provocan, molestan o trolean a otros en línea. Celebridades, periodistas, políticos, deportistas, académicos y casi cualquiera que esté bajo la mirada pública o tenga muchos seguidores en línea regularmente reciben insultos, comentarios provocadores y amenazas de personas desconocidas. En 2011 Sean Duffy fue enviado a prisión después de haber hecho comentarios ofensivos, incluyendo una publicación donde se burlaba de una adolescente de quince años que se había suicidado. Cuando la periodista Caroline Criado-Perez triunfó junto con otros, en 2013, en una campaña para que se pusiera a Jane Austen en los billetes de £10, fue bombardeada con mensajes abusivos de usuarios anónimos de Twitter; todo esto culminó con amenazas de bomba y de

---

* Se prefiere el término *hacker* y sus derivados como extranjerismo, sobre el español «pirata informático», ya que en español la palabra *pirata* solo expresa el aspecto negativo del término *hacker* y no toma en cuenta otros aspectos como los *hackers* éticos, que no son piratas, también llamados *white hat*. [*N. de T.*]

muerte. La policía las consideró lo suficientemente serias para recomendarle a la periodista que se mudara a un refugio seguro. Después de su aparición en el programa de televisión de la BBC, *Question Time*, la clasicista de la Universidad de Cambridge Mary Beard recibió «amenazas en línea» de tipo sexual.[5] En junio de 2014, la autora J. K. Rowling fue brutalmente atacada en línea por donar un millón de libras a la campaña que se oponía a la independencia de Escocia: *Better Together.*[6]

Algunas formas de troleo ocurren en casi cada sitio de internet: YouTube, Facebook, Twitter; cada una evolucionó para adaptarse a su entorno, como los pinzones de Darwin. Los troles de MySpace tienen un registro y un tono perfectamente adaptados para molestar a los músicos adolescentes con aspiraciones. En los sitios de pornografía hay troles que saben con precisión cómo ofender a los exhibicionistas. La sección de «comentarios» de renombrados sitios de noticias normalmente está repleta de insultos.

En los últimos cinco años hubo un auge dramático de este comportamiento. En 2007, 498 personas en Inglaterra y Gales fueron sentenciadas por usar algún dispositivo electrónico para enviar mensajes extremadamente ofensivos, indecentes, obscenos o de carácter amenazante.[7] Para 2012 ese número se había incrementado a 1 423. Casi uno de cada tres jóvenes británicos de dieciocho a veinticuatro años conoce a alguien que fue víctima de abuso anónimo en línea. De una muestra de casi 2 000 británicos, 2% afirmó que había insultado, de algún modo, a alguien en línea; extrapolado, esto nos da como resultado casi un millón de troles solo en Reino Unido.[8] «Trolear» hoy en día se ha vuelto sinónimo de cualquier comportamiento en línea que es desagradable o amenazador, aunque hay mucho más en el troleo que solo abuso. Zack acaba de cumplir treinta años y habla con un ligero acento del estuario del Támesis; ha troleado por más de una década. «Trolear no es acosar gente, es desbloquear. Liberar situaciones, crear nuevos escenarios, superar límites, probar nuevas ideas, calcular la mejor manera para provocar una reacción. Amenazar de violación a alguien en Twitter no es trolear, solo es amenazar de violación».

Zack pasó años refinando sus tácticas de troleo. Su técnica favorita es, según él, unirse a un foro, cometer faltas de ortografía o gramática básicas intencionalmente, esperar a que alguien insulte lo que escribió y atraparlo en un argumento de política. Me mostró un ejemplo reciente que guardó en su *laptop*. Publicó lo que parecía un inocuo y mal escrito comentario en un popular sitio de derecha; reclamó que los derechistas no serían de derecha si leyeran más. Un usuario enfurecido respondió y compartió una foto de Zack desnudo, que él mismo subió tiempo atrás a un oscuro foro donde usó un seudónimo idéntico. El anzuelo había sido mordido. Zack contraatacó de inmediato:

> No deberías denigrarte. Si al mirar esas fotos quieres tocarte el pene, hazlo..., o tal vez quieras también unas de mi trasero. O si quieres podemos hablar sobre por qué las ideologías retrógradas, en general, son mala idea, y por qué las personas que las adoptan comprenden el mundo con más dificultad que quienes aceptan el progreso y el desarrollo social.

Entonces Zack publicó una serie de videos intercalados de su pene en varios estados de excitación, con insultos para los derechistas y citas de Shakespeare y v. «Prepárate para sorprenderte», dijo Zack, con picardía, antes de enseñarme las publicaciones.

Para él fue una clara victoria. Su crítico fue silenciado por el diluvio que inundó la sección de comentarios durante varias horas.

—Su incapacidad de dar una respuesta coherente fue tal que su único recurso fue buscar cosas en mi historial que, pensó, podían avergonzarme; pero no soy fácil de avergonzar.

—Pero ¿cuál era el objetivo? —le pregunté—. ¿Tratabas de exhibir a grupos de extrema derecha?

—Sí, y al publicar desnudos obtuve la atención de todo el sitio. El troleo consiste en crear un escenario, con el fin de atraer cada vez más gente, para hacerla reflexionar sobre el tema expuesto.

—¿Crees que lograste tu objetivo?

Tras una breve pausa dijo:

—No sé, pero fue divertido. Realmente no importa si hubiera sido de otra manera.

Para Zack, el troleo es, en parte, una ciencia, un arte, una broma, un acto político y muchas otras cosas.

—Trolear es una cultura, es una manera de pensar que ha existido desde que nació internet. Si quiero saber dónde se originó este problema, aparentemente moderno, tengo que remontarme hasta los inicios.

Finger

La Arpanet, precursora de internet, hasta 1980 estaba reservada a una pequeña élite. Sin embargo, estos «arpanautas» se dieron cuenta de que disfrutaban platicar tanto como intercambiar datos. En los cuatro años posteriores a su creación, la función Talk (diseñada originalmente como un accesorio, para acompañar la transferencia de una investigación; como una nota) era responsable de tres cuartos del tráfico de todo Arpanet. Talk, que posteriormente se transformó en correo electrónico o *e-mail*, fue revolucionario, ya que, al sentarte frente a tu escritorio de trabajo, en tu departamento, podías platicar con varias personas a la vez en tiempo real, sin tener que verlos o hablarles.[9] Las oportunidades puestas al alcance por esta nueva tecnología hicieron que, ocasionalmente, este grupo de académicos de clase mundial se comportara de maneras extrañas.

Un grupo de investigación, formado en 1976, fue el responsable de decidir qué se incluiría en el encabezado del correo electrónico. Se nombraron a sí mismos Header People y crearon un foro sin moderación para discutir el asunto. El grupo se volvió famoso (o infame) por las ásperas y agresivas conversaciones que sostenían. Las peleas estallaban por cualquier cosa. Ken Harrenstien, académico que creó el grupo, los describiría más adelante como «un montón de golpeadores feroces aporreando el cadáver de un caballo hasta hacerlo papilla».

En 1979 otro equipo de académicos trabajó en el desarrollo de una función llamada Finger, la cual permitiría a los usuarios saber la hora en que otros usuarios entraban o salían del sistema. Ivor Durham, de la Universidad Carnegie Mellon, propuso un *widget* para que fuera opcional activar o no Finger, en caso de que decidieran hacer privada su actividad en línea. El equipo debatía los pros y los contras, pero alguien filtró la conversación (interna) al resto de Arpanet. Durham fue atacado despiadada e implacablemente por otros académicos de todo Estados Unidos, quienes creían que esto comprometía la transparencia y la apertura de Arpanet.[10]

Muchos académicos se conocían, así que moderaban las peleas en línea por el temor de toparse con su enemigo en la siguiente conferencia de ciencias. Aun así, los malentendidos y la legítima indignación se extendieron por todo Arpanet. Un participante del incidente Finger pensó que los comentarios irónicos eran a menudo malinterpretados y propuso que los sarcasmos tuvieran como sufijo un nuevo tipo de puntuación para evitar que los usuarios los malinterpretaran: ;-) Pero ni siquiera los primeros emoticonos fueron suficientes, ya que los usuarios empezaron a incluirlos después de haber ninguneado sarcásticamente a alguien, lo cual resultaba aún más molesto.[11] («Y encima ese p**che pen**jo me hace un guiño»). Preocupados por que la red se convirtiera rápidamente en un lugar incivilizado, los arpanautas publicaron una guía de *netiquette*, o «etiqueta de la red», para los recién llegados. Esta aconsejaba evitar la sátira y el humor, ya que son especialmente difíciles de transmitir y, a veces, son percibidos como algo grosero o despectivo.

Provocaciones en el BBS

En 1978 Ward Christensen y Randy Suess inventaron Bulletin Board System (BBS, en español: Sistema de Tablón de Anuncios) vía telefónica, o BBS. Cualquiera con un módem, un teléfono y una computadora podía crear o conectarse a un BBS y publicar mensajes. Desde principios de los ochenta en adelante, los BBS fueron la primera experiencia en línea de muchas personas.

Al año siguiente, insultar a extraños en los tablones era ampliamente aceptado en los BBS. Las peleas entre los grupos Finger y Header eran más frecuentes que los sosiegos debates entre académicos. No obstante, las personas empezaron a unirse a grupos con el único propósito de iniciar una discusión. Esto fue llamado *flaming*; es decir, provocar a extraños, inquietar a otros grupos y crear tensión por el puro gusto de hacerlo. Las mejores «provocaciones» estaban bien redactadas, eran sutiles, inteligentes y mordaces. Los buenos *flamers* (que a menudo publican bajo un seudónimo) se crean una reputación; las personas esperan ansiosamente sus publicaciones y guardan sus mejores líneas. Esto es más que una simple ofensa, pues para muchos provocadores era la oportunidad de experimentar, superar límites y conseguir que sus creaciones fueran leídas y valoradas. Un destacado provocador incluso publicó *Otto's 1985 Guide to Flaming on BBS* (*La guía 1985 de Otto para provocar en el BBS*), donde aconsejaba a los provocadores en potencia que causaran tanta polémica como les fuera posible, ya que era la única manera de que la gente leyera sus opiniones. «Es muy difícil ignorar una *flame war* que se extienda por todo el tablero o incluso por toda la red», escribió Otto.

Aparecieron grupos dedicados a la discusión sobre cómo provocar a otros de la manera más efectiva.[12] En 1987 un usuario de BBS llamado Joe Talmadge publicó otra guía, *Los 12 mandamientos del Flaming*, para ayudar a provocadores, tanto veteranos como principiantes, a crear su propio estilo:

> Doceavo mandamiento: Ante la duda, insulta. Si olvidas los otros once mandamientos, recuerda este. En algún punto de tu maravillosa trayectoria como provocador, indudablemente te encontrarás en el campo de batalla con alguien que será mejor que tú… En ese momento solo queda una cosa por hacer: ¡insulta a esa basura! «¿Sí?, pues tu madre hace cosas raras con las verduras».

Los grupos BBS eran controlados por los administradores del sistema (*sysop*); estos tenían el poder de invitar o bloquear a usuarios y eliminar *flames* antes de que llegaran a sus víctimas. Generalmente etiquetados como *censorsop*, ellos mismos eran blanco de hilos provocadores ofensivos llamados *abusing*. Los provocadores atormentaban a los *sysop* con insultos o cualquier cosa que se les ocurriera.[13] Algunas veces los provocadores colgaban los tablones con errores o publicaciones de vínculos disfrazados de juegos, para que los usuarios desprevenidos los descargaran. Otra trampa era subir mensajes para atraer a las autoridades fisgonas hacia los desprevenidos *sysop*.

Flame wars en Usenet

En la misma época en que fue inventado el BBS, dos académicos de la Universidad de Duke iniciaron una tarea aún más ambiciosa. Tom Truscott y Jim Ellis estaban preocupados de que Arpanet fuera elitista y cara; el acceso costaba $100 000 al año, así que en 1979 crearon una nueva red llamada Usenet, a la que esperaban que cualquier persona pudiera acceder. (Alguna que tuviera una computadora conectada con UNIX, que eran muy pocas).

Puede afirmarse que en Usenet nació el troleo moderno. Los *usenautas*, una pequeña camada de académicos, estudiantes, arpanautas y *nerds*, usarían un seudónimo o se unirían a un «grupo de noticias» lleno de desconocidos; como en el BBS, cualquiera podía iniciar un grupo de Usenet, pero a diferencia del BBS los administradores, quienes mantenían toda la red, tenían control sobre qué grupos permitirían. La esperanza de una reinante armonía fue frustrada casi de inmediato. Los *usenautas* discutían con los arrogantes arpanautas cómo deberían hacerse las cosas en este nuevo espacio, y los arpanautas llamaban a los nuevos *usenautas* «basura» por ser ignorantes e inexpertos. Una simple falta ortográfica iniciaba una reacción en cadena, cuyo resultado era pasar meses intercambiando insultos y desmantelando sus publicaciones.

Los *usenautas* eran un grupo de rebeldes. En 1987 los administradores de Usenet impusieron lo que fue conocido como la «Gran Restructuración»: dividieron todos los caóticos grupos en siete «jerarquías». Estas eran: *comp.** (cómputo), *misc.** (misceláneo), *news.** (noticias), *rec.** (recreación), *sci.** (ciencia), *soc.** (sociales) y *talk.** (charla), bajo las cuales los usuarios podían crear sus propios subgrupos de relevancia. Para nombrar al grupo, se tomaba el nombre de la jerarquía principal y después se añadían más categorías.* John Gilmore, quien cofundó el movimiento *cypherpunk* con Tim May y Eric Hughes en 1992, trató de iniciar un grupo sobre drogas llamado rec.drugs. Su propuesta fue rechazada por los administradores. Entonces Gilmore y dos experimentados *usenautas* crearon su propia jerarquía, en la que no habría censura. La llamaron *alt.**, abreviatura de *alternative* (también fue pensada

---

* Una jerarquía de este libro, por ejemplo, podría ser llamada «rec. books.darknet».

para «anarquistas, locos y terroristas»). Las provocaciones se volvieron extremadamente populares en *alt.** y los usuarios se deleitaban siendo crueles con otros de la manera más creativa e imaginativa posible. En 1990, un usuario trol llamado Macon respondía a las provocaciones con un único y buenísimo revoltijo de insultos, que había escrito a través de los años: «Eres el diabólico engendro de un indigente lisiado y un camello sifilítico. Usas ropa extraña y mal combinada, con manchas en lugares raros…».[14] Cuando en 1993 un usuario llamado Moby pidió al grupo alt.tasteless un consejo sobre cómo lidiar con un par de gatos en celo que estaban arruinando su vida amorosa, recibió una explosión de soluciones maniacas que iban desde esterilizarlos él mismo, ejecutarlos con un revólver o incinerarlos, hasta sugerirle tener sexo con los felinos.

Tanto en Usenet como en el BBS se creaban nuevos modismos, reglas y normas, pero este mundo estaba a punto de padecer una plaga. A principios de 1990 creció de forma exponencial la cantidad de usuarios y la mayoría iba directo a uno de los más activos e interesantes sitios en línea: *alt.**. Los *usenautas* se encolerizaban con las repentinas entradas de inmigrantes e intentaban ahuyentarlos. En 1992, en el grupo alt.folklore.urban, un nuevo tipo de provocación fue mencionado por primera vez, y estaba dirigido a los recién llegados: el troleo. La idea era «trolear[*] novatos»; es decir, que un usuario experimentado publicara un mito urbano o leyenda sobre Usenet, esperando provocar una reacción de sorpresa en alguien nuevo y, de este modo, exponer su estado. ¡Caíste! Quien contestara se convertiría a partir de ese momento en objeto de despiadadas burlas.

Con tantas víctimas potenciales, la provocación y el troleo se expandieron y se volvieron cada vez más sofisticados. En

---

*   El término *trol* proviene del inglés *troll*, que se refiere a la técnica de pesca al curricán (*trailing/trolling*) y no del mítico ser escandinavo que mora en una cueva.

alt.* se crearon varios grupos de troleo. En 1999 un usuario de nombre Cappy Hamper publicó una lista de seis tipos de troles: el trol cabrón que provoca directamente («¡Fácil, publiquen en alt.skinheads con el encabezado "¡bola de racistas mamones, coman pastelitos de caca de perro!"», explicaba Cappy Hamper); el trol novato, despistado y bromista; el trol que provoca y observa; el trol seguro o táctico; el trol creativo o de publicación cruzada y la banda de troles.[15]

Los maulladores eran un grupo tristemente célebre de troles. En 1997 un grupo de estudiantes de Harvard se unió a un abandonado grupo de Usenet, alt.fan.karl-malden.nose, para publicar noticias sobre la situación del campus. Entonces provocaron a otros grupos de Usenet para, según escribió uno de ellos, «molestar e irritar a la gente estúpida». Matt Bruce, del grupo de Harvard, sugirió como blanco alt.tv.beavis-n-butthead. A los usuarios de beavis-n-butthead no les cayeron muy bien estos arrogantes estudiantes y en respuesta publicaron en alt.fan.karl-malden.nose; después se unieron usuarios de otros grupos. Las publicaciones eran tantas que los estudiantes de Harvard abandonaron el grupo y este fue invadido por los usuarios de beavis-n-butthead, quienes se nombraron «maulladores» en despectiva referencia a un estudiante de Harvard cuyas iniciales eran CAT y firmaba sus publicaciones con «miau». Los maulladores crearon otros grupos de Usenet (incluyendo alt.alien.vampire.flonk.flonk.flonk, alt.non.sequitur y alt.stupidity), desde los que invadían a otros grupos publicando comentarios al estilo *Monty Python*, y evitaban que alguien más publicara o entrara a la discusión.[16] Esta técnica, llamada «inundar de idioteces», todavía es muy popular entre los troles. En 1977 y 1978, los maulladores iniciaron el festival «inundar de idioteces» en grupos por todo Usenet, ellos lo llamaban «muestra de arte en vivo en Usenet». También mandaban correo basura a quienes los combatían usando *remailers*, para disfrazar la dirección del remitente; esta acción duraba al menos dos años. El sistema de correo de la Universidad de

Boston resultó averiado por la inundación de correo basura de los maulladores.

El colectivo de troles alt.syntax.tactical se especializaba en trolear con publicaciones cruzadas. Tomaban una publicación genuina (del grupo alt.smokers, por ejemplo) y la reenviaban en un *remailer* anónimo con la dirección de correo original intacta a un grupo que, creían, no se lo tomaría muy bien (alt.support. non-smokers). Así, iniciaban una pelea entre los dos grupos, quienes no tenían idea de quién realmente los estaba troleando. Los ataques de alt.syntax.tactical eran planeados con cuidado e incluían trampas, imitaciones y dobles agentes.[17] Troles como los de alt.syntax.tactical no iban por las victorias fáciles, sino por las reacciones más agresivas y duraderas posibles. Esto, afirman, es lo que diferencia a los troles de los *flamers*. Estos últimos solamente provocan una avalancha de insultos. Aunque hay ciertas coincidencias entre ellos, un trol es considerado más cuidadoso, sutil e imaginativo, «un trol observa en silencio y sabe cómo dar un golpe más fuerte», publicó un usuario anónimo en el grupo alt.troll, y entre más grande el golpe, mejor:

> Cualquiera puede meterse en re.sport.baseball y escribir «el beisbol apesta». Pero se necesitan habilidad y disciplina increíbles para provocar una *flame war* prolongada. Eso es lo que hacemos, pero solo se logra con la combinación de talento y números. Únicamente admitimos a quienes usan la inteligencia para crear caos.

En alt.syntax.tactical eran explícitos con sus objetivos:

—Que nuestros nombres aparezcan en archivos de historial del comando *kill*.*

---

* Cuando el administrador del foro ejecuta el comando *kill* para terminar la sesión del usuario de manera forzosa, deja un rastro en el archivo de historial de *kill*. [*N. de T.*]

—Que la gente normal abandone los grupos de noticias.

—Que recibamos muchos correos con amenazas.

El troleo y su fama se extendieron. En esta época surgió la respuesta estándar de la industria: «¡No alimenten a los troles!», que incitó a muchos troles a ser más extremos y ofensivos en su comportamiento.

A finales de 1990, el troleo cayó en lo vulgar. Los troles de la época tenían un código de conducta informal, pero ampliamente aceptado: «Trolear se combina con el ingenio…», escribió un usuario anónimo en alt.trolls en 1999:

> La disputa debe estar confinada al «nivel del campo de juego» de Usenet. Lo que algunos publican en dicha red es considerado blanco de troleo. Pero indagar en la vida real de quien publicó con su nombre verdadero no debería ser objetivo para alguien que no usa su nombre verdadero (o uno común y, virtualmente, imposible de rastrear).[18]

Pero la distinción entre el mundo digital y el real se fue haciendo cada vez más vaga para los usuarios nuevos. Dos episodios en la historia de internet que persistieron por largo tiempo borraron el límite del mundo real. Un pequeño desacuerdo en alt.gossip.celebrities, entre los usuarios Maryanne Kehoe y Jeff Boyd, rápidamente se convirtió en una pelea. Kehoe creía que Boyd creaba *spam* en el grupo con sus mensajes sin sentido y escribió a su empresa para pedir que se tomaran medidas. El mezquino trol resultó ser un sensible programador que acababa de convertirse en papá.[19] Tal vez el caso más largo de troleo es el del desarrollador de juegos Derek Smart, quien fue insultado repetidas veces por su (ciertamente decepcionante) juego de 1996, *Battlecruiser 3000AD*. «Fue por sus típicos desajustes antisociales que, al toparse con una persona como yo, a la que le importan una mierda los demás, bueno, todos salen llorando, embarrados», dijo Smart en un correo electrónico. Las peleas en los grupos de Usenet, cuando se lanzó el juego, se extendieron por todo internet y no hacían sino ir en aumento, en parte porque Smart sostuvo un contratroleo. «Haciendo memoria, dejé que este tipo de cosas me molestaran». En el año 2000 muchos de los comentarios eran sobre su vida privada, y sus títulos profesionales fueron supuestamente publicados por un hombre llamado Bill Huffman, un autoproclamado *Derekólogo*, director de una compañía de *software* en California. Smart también fue acosado por alguien de dieciséis años, que decía poseer una pistola.[20] Entonces pidió órdenes de restricción y lo denunció ante la confundida fuerza policiaca.[21] La pelea final —acerca de un sitio de internet que inició Huffman— se resolvió en 2013.

Este nicho del mundo en línea fue absorbido por los nuevos usuarios: los códigos de conducta de Usenet sobre el troleo cada vez tenían menos sentido. Esto se pondría cada vez peor.

GNAA y *Goatse*

A finales de los noventa algunos temían que Usenet se arruinara debido al troleo, pero al final la innovación fue quien terminó con este. Internet era cada vez más accesible y la velocidad de descarga (pero aún más importante, la de subida) se incrementó, y permitía a los usuarios publicar más contenido en línea, como fotos y videos. Usenet, como todas las nuevas y emocionantes tecnologías, estaba obsoleta.

Al final del milenio, los troles migraron de Usenet hacia esta nueva estirpe de sitios hechos por los usuarios, irreverentes y sin censura, que pronto fueron etiquetados como «no aptos para el trabajo» (NSFW, por sus iniciales en inglés) y casi siempre creados por estudiantes y adolescentes como somethingawful.com, fark.com y slashdot.com; estos, a diferencia de los medios tradicionales, estaban llenos de historias, vínculos, sugerencias y comentarios para sus lectores.[22] Cualquier historia que fuera muy leída o compartida por los usuarios subía el *ranking* del sistema; es decir, la popularidad no era determinada por un sistema editorial centralizado, sino por lo que hicieran para llamar la atención de la comunidad. Esto creó, como muchos sectores en línea orientados al contenido, un incentivo natural para ser escandalosos; con frecuencia, las historias más ofensivas, groseras o extrañas eran las más populares. Fark tuvo un millón de visitantes diferentes en sus cuatro años de existencia,* una generosa rebanada del pastel de internet en el año 2000, cuando solo 360 millones de personas en todo el mundo estaban en línea.

Los moradores de estos nuevos sitios adoptaron y propagaron la filosofía de sus predecesores, los troles: aborrecer la censura, el pensamiento considerado arcaico y analógico y la idea de que nada en línea debe ser tomado con seriedad. El humor, que sigue caracterizando a mucha de la cultura de internet, era abstracto, autorreferencial e irreverente.

Los troles integraron lo ofensivo al servicio de esta ideología, casi siempre de maneras desagradables pero creativas. *Goatse* es una abreviación de *goat-sex* y también es el nombre de un sitio creado en 1999. (No les recomiendo que lo busquen). La página de inicio muestra a un hombre de mediana edad abriendo su ano. Los troles usaron este sitio para su táctica de bromas «señuelo y cambio», que consistía en el envío de aparentes vínculos que direccionaban a quien hacía clic al sitio de *goatse*. Esto también se conoce como *shock trolling*. En el año 2000 fueron publicados vínculos *goatse* en el chat de *Soul Stories*, de Oprah Winfrey, con engañosos mensajes como: «Últimamente me he sentido muy deprimido, les dejo el vínculo de un poema que escribí». Hubo una gran cantidad de fans ofendidos de Oprah, a tal punto que el chat

---

* Un impresionante número si se considera que en los dos primeros años este sitio no fue más que una fotografía de una ardilla con enormes testículos.

fue cerrado. Los usuarios de somethingawful.com, a partir de esta broma, celebraron este ataque contra la formalidad, que parecía estar expandiéndose por todo internet.[*]

La Unión Estadounidense de Negros Gays (GNAA, por sus iniciales en inglés) fue creada en 2002 y representaba a este tipo de troleo extremo. Su página de inicio mostraba la siguiente invitación: «¿Eres gay? ¿Eres negro? ¿Eres un negro gay? Si contestaste que sí a todas las preguntas anteriores, entonces ¡GNAA puede ser lo que estabas buscando!». Los creadores de GNAA eran supuestamente programadores muy hábiles[†] que se dedicaban a crear y diseminar material muy ofensivo, con el objetivo de molestar a blogueros, celebridades, sitios populares y cualquiera que el grupo eligiera como blanco. A menudo inundaban sitios con basura; llenaban las funciones de chat con sinsentidos, tal como lo hacían los maulladores una década antes, y hackeaban otros sitios populares. GNAA describía su propósito como «sembrar incertidumbre en internet»; sin embargo, a la larga se formó una organización de seguridad de internet, que hackeaba sitios para demostrar lo susceptibles que eran a los ataques. Lo llamaron *Goatse Security*, «mostrando grandes hoyos», y mientras sus miembros eran investigados por el FBI por varios hackeos ofensivos, *Goatse Security* también había identificado y solucionado varias fallas de seguridad en productos importantes de internet y *software*. Zack era un viejo admirador de GNAA y *Goatse*. «Las personas estaban más que listas para ser ofendidas por cosas como *Goatse*; es divertido molestar a quienes están listos para ofenderse, pues cuando lo hacen, te demuestran que estabas bien; es circular», dijo.

---

[*] Los usuarios de somethingawful.com continúan atacando tablones y foros de maneras similares.

[†] Se cree que el «expresidente» de GNAA es el *hacker* y trol llamado Weev.

Hacerlo por los *lulz*

De alguna manera, Zack, GNAA y otros troles NSFW sentían que era «su» internet y que estaba siendo invadido por los comerciantes, las celebridades, el mundo de los grandes negocios, las autoridades y las legiones de gente ordinaria, de la misma manera que los *usenautas* se sintieron invadidos en 1993. Personas extrañas a la tribu y todos se tomaban todo tan en serio. De este medio viene Christopher Poole, fan de catorce años de Somethingawful, que fundó un sitio para compartir imágenes japonesas llamado Futaba, y permitía publicar a cualquiera de manera anónima.[23] Los sitios NSFW eran estimulantes, atrevidos, pero sus participantes casi siempre podían identificarse y, con frecuencia, estos sitios eran moderados. Los anónimos usuarios de Futaba eran muy creativos, ofensivos e incontrolables. En Japón el sitio se destacaba por la ficción sangrienta sobre estudiantes que mataban a sus maestros, *anime* porno y muchas otras cosas que causaban indignación moral. La página web de Futaba era www.2chan.net, como tributo a otro indignante sitio llamado 2channel, así que cuando Poole decidió crear un equivalente en inglés en 2003 lo llamó 4chan. «¡Es 2 veces el *chan*, cabrón!», publicó bajo el seudónimo de Moot.[24]

Zack se unió inmediatamente: «Estábamos tratando de hacer nuestro propio espacio, nuestra parte correspondiente en internet». El casi obligatorio anonimato en /b/ lo convirtió en el hogar de los troles.[25] El troleo en /b/ está por todas partes y es extremadamente variado, con decenas de categorías diferentes. El colectivo de *hacktivistas* Anonymous estaba formado por /b/tards, y usaban este sitio para planear y coordinar sus «operaciones». La primera gran operación se llamó *Project Chanology*, y estaba dirigido contra la Iglesia de la Cienciología luego de que intentara borrar videos embarazosos de Tom Cruise en la red. Aunque el mensaje era genuino acerca de la censura y la transparencia, al mismo tiempo llevaron a cabo demostraciones serias y hackeos consistentes en innumerables llamadas de broma a la línea de la cienciología, letreros inspirados en 4chan y cientos de faxes negros.*

El anonimato impuesto, el ansia de superar a los colegas y la decisión de impulsar la ofensa en nombre de una vaga ideología anticensura se amalgaman en un lema de troleo en /b/: «Lo hice por los *lulz*», frase usada para justificar cualquier cosa cuya motivación sea hacer reír a costillas de otro. El problema, como lo explica Zack, es que los *lulz* son un poco como la droga, necesitas una dosis cada vez mayor para sentir el mismo efecto. Trolear puede convertirse en una espiral fuera de control. La popular red social y de noticias Reddit alguna vez alojó un grupo llamado Juego de Troles, cuyas reglas eran muy simples: si podías molestar a alguien en Reddit sin que se diera cuenta de que estaba siendo troleado, ganabas un punto. Si eras identificado como trol, perdías un punto. Los puntajes más altos estaban en el tablón de los líderes. Un usuario visitó un popular *subreddit* y publicó una historia inventada sobre los problemas que estaba teniendo con un compañero de trabajo. El mismo usuario respondió como si se tratara del compañero en cuestión y ofreció una disculpa explicando que tenía dificultades para hacer amigos. Los usuarios de Reddit creyeron la historia, incluso algunos ofrecieron mandarle flores al ofendido colega. El grupo había sido troleado con éxito. «Fue glorioso», recuerda un testigo. Con el tiempo Juego de Troles fue bloqueado por Reddit, un paso muy inusual para un sitio muy liberal en otros tiempos, testimonio de la penetrante y la persistente presencia de los troles en Reddit.

La competencia por insultar y ofender mediante cualquier medio necesario puede dirigirse casi siempre a impactantes extremos. En 2006 Mitchell Henderson, de dieciséis años, de Minnesota, se suicidó con el rifle de su padre. Sus compañeros crearon un monumento virtual para él en MySpace y escri-

---

* Un fax negro es un facsímil de una página totalmente negra que es enviada para gastar la tinta del fax del destinatario.

bieron una breve elegía, la cual contenía reiteradas alusiones a Mitchell como «un héroe»: «Es un héroe por haberse disparado, por habernos dejado a todos atrás. Dios, deseamos que lo traigas de regreso». La combinación de faltas de ortografía con la opinión de que suicidarse era «heroico» causó gran hilaridad en 4chan. Después de enterarse de que Mitchell había perdido un iPod justo antes de suicidarse, los usuarios de /b/ crearon imágenes de él y su aparato perdido en Photoshop. Incluso alguien tomó una foto de un iPod y se la mandó a sus desconsolados padres. Durante casi dos años después de su muerte, siguieron recibiendo llamadas de personas que afirmaban haber encontrado el iPod de Mitchell.

Conocer a los troles

Encontrar troles de verdad es difícil. Muchos usan servidores *proxy* para ocultar sus direcciones IP y la mayoría tiene decenas de cuentas con diferentes nombres para cada plataforma que usan. Si son bloqueados por un sitio en particular, simplemente vuelven a unirse con un nuevo nombre. Al igual que los maulladores, los troles de hoy disfrutan pasar tiempo con otros troles; mucho del peor troleo que existe es coordinado desde canales escondidos o salas de chat secretas.

Zack aceptó mostrarme uno de sus escondrijos invitándome a un canal secreto que ha frecuentado por dos años: un grupo privado en una conocida red social; «una base pirata para troles», me dijo. La página principal, la que ve un usuario típico, es una serie de fotografías de personas masturbándose. «Es una fachada para mantener lejos a los idiotas», refiere Zack. Para estar en la acción, tienes que ser invitado a unirte como moderador por alguien que ya sea moderador, así garantizas el acceso al sistema de correo interno del grupo. Una vez dentro, el ritmo es frenético, todos los días hay constantes, largas e hilarantes peleas de hasta veinte moderadores a la vez; algunos se conocen y otros no. Todos usan nombres falsos, ya que todos han sido bloqueados antes del sitio. Yo no sobresalía, podía ser cualquiera. Todos se trolean sin parar aquí, todos los comentarios son graciosos y mordaces. Según Zack, por lo menos dos de los colaboradores son profesores universitarios. Se siente como si estuviera en un lugar de entrenamiento para troles, un lugar para probar tácticas nuevas y pelear con otros sin hacer mucho daño. Un lugar para relajarse entre iguales.

Mientras estuve ahí un inicuo trol se hizo moderador también. Zack me explicó que este trol en particular se describe como *celin*, abreviatura de «célibe involuntario». Este trol era bien conocido en el medio por haber creado un blog en el que sostenía ampliamente que el gobierno le debía una mujer para tener sexo, y presumía que la desesperación lo había llevado a tener sexo con su propia madre. Cuando insistió en el grupo con el mensaje de que debería poder tener sexo con quien quisiera, que el gobierno debería ayudarlo a hacer esto, ya que de cualquier manera todas las mujeres eran unas zorras, nadie podía entender si estaba troleándolos o no. Aunque todos estaban fascinados, decidieron probar un contrataque.

Hey, *celin*, ¿eres homofóbico? Por ejemplo, imagina que afuera hay una habitación real en la que empezamos a besarnos _____ y yo, ¿cómo te sentirías al respecto? Si se volviera realmente apasionado y agarrara sus suaves nalguitas mientras meto mi lengua en lo profundo de su garganta, ¿cuál sería tu opinión?».

«No».

«Hey, *celin*, ¿tu mamá es bonita? ¿Cuánto del uno al diez? ¿Como siete y medio? Solo siento curiosidad de saber si necesitas una mujer que esté tan buena como tu madre».

«Sí, claro, no puedo más q reírme de ti».

Los otros troles del grupo parecían estar midiéndolo, buscando sus debilidades. A esta situación se le llama «troles troleando troles»; es decir, cuando nadie está seguro de quién está troleando a quién. No se trata de ganar o perder, sino más bien de foguearse.

Old Holborn es llamado el «trol más vil» de Inglaterra por el diario *Daily Mail* por sus muchos abusos en línea, incluyendo sus ataques a las familias de los noventa y seis fans del Liverpool que murieron en la tragedia de Hillsborough, en 1989. Tuiteó y bloqueó constantemente, escondiendo su rostro tras la máscara de Guy Fawkes. Sin la máscara, no es nada intimidante: un hombre de Essex, de mediana edad, bien vestido y que habla rápido. Me dice que es un exitoso programador y reclutador. «Puedes decirme hablador», me decía en un café, «siempre lo he sido, soy demasiado antiautoritario». Él es más que eso, es minarquista, alguien que cree en un sistema de gobierno lo más mínimo posible. «Solo necesitamos a alguien que proteja la propiedad privada, lo demás lo podemos manejar nosotros». Resume su visión del mundo como: «El gobierno debería dejarnos en paz». Trolear es su manera de causarle problemas al sistema: «Quiero ser la comezón, la piedrita en los engranes». En 2010 protestó ante el Parlamento en Cambridge, usó su máscara y frustró la Comisión Electoral cambiando su nombre a Old Holborn por decreto unilateral. En ese tiempo también se manifestó dentro de una comisaría en Manchester, usó la máscara y llevó una maleta llena de billetes de £5 para pagar la fianza del dueño de un bar que no acató la prohibición de 2007 de fumar en espacios cerrados. Esto, dice, también es trolear.

Es difícil vislumbrar qué conexión hay entre insultar a las familias de las víctimas de la tragedia de Hillsborough en Twitter con el minarquismo; sin embargo, la hay. Para vivir en el utópico mundo libertario y sin Estado de Holborn, se necesita ser fuerte, independiente y hacerse responsable de sus acciones. Teme a una sociedad silenciosa y obediente, donde todos se ofendan y terminen autocensurándose. Ve su papel como el de un incitador y explora los límites de lo ofensivo para mantener a la sociedad alerta. Sus objetivos son los ciudadanos de Liverpool, para probar, según él, que padecen síndrome de victimismo; tanto para Old Holborn como para los troles de Usenet, la unidad de éxito es la reacción. «Puedo ser polémico solo para mostrar que les encanta ser las víctimas. La respuesta fue fenomenal: amenazaron con quemar mi oficina, mi casa y violar a mis hijos. ¡Jaja! ¡Estaba en lo correcto! ¡Demostraron que tenía razón!».

Como consecuencia fue doxeado y, poco después de que nos reunimos, se mudó al sur de Bulgaria para, en sus propias palabras, «causar problemas a tiempo completo desde allá». «Soy el bueno», gritó en la cafetería. «Yo soy quien expone la hipocresía. Soy quien está tratando de volver más libre a la sociedad».

La verdad sobre los troles

En los ochenta y noventa, mientras un número cada vez más grande de personas estaba en línea, hubo psicólogos que se interesaron en cómo la computadora cambia nuestros pensamientos y comportamientos. En 1990 el autor y abogado estadounidense Mike Godwin propuso una ley natural del comportamiento de Usenet: «Mientras más dure una discusión, la comparación que involucre a Hitler o los nazis se acerca cada vez más a 1».[26] En resumen, entre más hables en línea, eres más propenso a ser ofensivo; si hablas lo suficiente, es una certeza. (La ley de Godwin puede observarse fácilmente hoy en día en la mayoría de las páginas de comentarios de los diarios). En 2001 el efecto de desinhibición en línea de John Suler propuso una explicación. Se listaban seis factores que permitían a los usuarios de internet ignorar las reglas sociales y normas que aplicaban fuera de línea.* Suler sostuvo que como no conocemos ni vemos a las personas con las que hablamos (y ellas tampoco nos ven), la comunicación es instantánea, aparentemente sin reglas ni responsabilidad y tiene lugar en un espacio que parece una realidad alternativa; es decir, hacemos cosas que no haríamos en la vida real. Suler llama a esto «desinhibición tóxica». De acuerdo con otros estudios académicos, entre 65 y 93% de la comunicación humana es no verbal: expresiones faciales, tono, movimiento del cuerpo.[27] De forma simple, nuestro cerebro ha evolucionado por millones de años para que de manera subconsciente atienda estas señales, para poder empatizar mejor con los demás. La comunicación a través de las computadoras elimina estas señales y la vuelve abstracta y suelta, o como reza el comic *Penny Arcade*: «La gran teoría del imbécil de internet: "persona normal + anonimato + público = desacato total"».

La manera más fácil de lidiar con un trol es quitándole el anonimato, obligar a los sitios de internet a insistir en que todos inicien sesión con sus nombres reales. Por supuesto que eso no evitará del todo las ofensas en línea, pero haría a los troles más responsables de sus acciones y tal vez los haría dudar antes de atacar a otros. Pero eliminar el anonimato de internet tiene sus contras. El anonimato no es una invención moderna diseñada para proteger a los troles, también permite a las personas ser honestas, abiertas e invisibles cuando la ocasión lo amerita. Con eso dejamos de lado los riesgos.

Si nos deshacemos de los troles también nos deshacemos de algo más. La línea entre lo criminal, las amenazas, las ofensas y

---

* Los seis factores de Suler son *anonimato disociativo* (mis acciones no pueden ser atribuidas a mi persona), *invisibilidad* (nadie puede saber cómo me veo o juzgar mi estilo), *asincronía* (mis acciones no suceden en tiempo real), *introyección solipsista* (no puedo ver a esa gente, tengo que imaginar dónde están y sus intenciones), *imaginación disociativa* (esto no es el mundo real; no son personas reales) y *minimización de la autoridad* (no hay figuras de autoridad aquí, puedo actuar libremente).

la sátira también es muy delgada. Troles como Old Holborn ocasionalmente proyectan una mirada satírica a la autoimportancia de la sociedad, exponiendo lo absurdo de la modernidad, la ansiedad moral o nuestra histriónica cultura de noticias las veinticuatro horas. Una rama de troles llamada «de monumentos memoriales» tiene como blanco a personas que publican en páginas en honor a los recién muertos. De acuerdo con Whitney Phillips, académica que hizo su doctorado sobre troles, su objetivo más común es lo que llaman «turistas afligidos»: usuarios que no tienen ninguna conexión en la vida real con la víctima y quienes posiblemente no estén de luto. Los mismos troles afirman que los turistas afligidos son chillones, taimados y todos merecen ser un blanco.[28] La Asociación Estadounidense de Negros Gays publicaba frecuentemente noticias ridículas con la intención de que los periodistas perezosos las copiaran. Por ejemplo, una historia de GNAA afirmaba que afroamericanos habían saqueado casas durante el huracán Sandy con la finalidad de robar mascotas, lo cual fue ampliamente difundido por los canales locales. Dentro de la comunidad trol, los indiscutibles campeones del troleo en la «vida real» son el comediante estadounidense Stephen Colbert y el escritor de comedia británico Chris Morris, ambos famosos por picar los inflados egos de políticos y celebridades.

Zack asegura que su trabajo también tiene un valor y un propósito: «trolear el interés público» para exponer la hipocresía y estupidez en la sociedad. Había incluso creado su propia y complicada religión, la cual le tomó años armar, simplemente para usarla como herramienta para trolear. La llama «pragmatismo autodidáctico de viaje en el tiempo», una mezcla de humor absurdo, física y fragmentos de otras religiones, y la usa para trolear grupos religiosos y políticos; es la probada, comprobada y poco clara táctica de presentar algo que es imposible saber si se debe tomar en serio o no, ya que es imposible saber dónde termina la broma y empieza la seriedad. Es una táctica inteligente y, para mi asombro, con varias ramificaciones para el debate teológico contemporáneo.*

Mientras muchos troles son simples adolescentes aburridos tratando de provocar problemitas, los troles serios parecen, por lo general, seguir una ideología libertaria y creen que parte de vivir en una sociedad libre es aceptar que ninguna idea está más allá de la burla o el ridículo, y nada es más agobiante para la libre expresión que el miedo de ofender o molestar. Los troles han existido desde que existe la computación en red, lo cual seguramente dice algo sobre la necesidad de muchos de nosotros de explorar los aspectos más oscuros de nuestra naturaleza. Cada trol con el que he hablado afirma que lo que hacen es natural, un humano necesita superar un límite simplemente porque está ahí.

El problema con la filosofía de superar límites es que puede usarse para justificar el acoso y las amenazas hacia las personas sin importar las consecuencias. Cuando le pregunté a Zack si alguna vez había ido demasiado lejos, asintió y dijo: «Sí, creo que hubo un par de personas a las que acosé tanto que no volvieron a internet. Una tuvo una crisis mental». ¿Te sientes responsable? «En ese tiempo, no; todos sabíamos lo que hacíamos. Aunque ahora no estoy muy seguro». Old Holborn es más decidido: «Elijo a mis objetivos cuidadosamente. Siempre se lo merecen». Pero los ricos y poderosos no siempre son los objetivos, muy a menudo son los más débiles, los principiantes como Sarah, quienes son los más fáciles de atacar. Usuarios anónimos en /b/ eligen a chicas que posan ante la cámara, porque sus fotos e hilos de conversación son muy populares, mucho más que los hilos normales de los /b/ tards. Old Holborn básicamente concuerda con /b/: «¿Publicarías fotos tuyas en internet? ¿Entonces, ella por qué lo hizo? No se trata de enseñarle una lección, se trata de que asuma su responsabilidad». Zack no está tranquilo con lo de Sarah, pero

---

* Has sido troleado.

concluye: «Bueno, aunque tal vez no debería haber subido las fotos, no merecía las consecuencias».

Para mí, el *doxeo* de Sarah es una vulgar ofensa. Los perpetradores hicieron un tímido esfuerzo para justificarlo: «Esa estúpida perra aprendió la lección más importante en su corta vida: publicar fotografías de tu cuerpo desnudo en internet es una idea monumentalmente mala. Estoy seguro de que aprendió una dolorosa lección, pero solo fue un efecto secundario de esa "vida arruinada"»:

> **Anónimo dijo:** Soy un maricón moralista
> No veo ningún problema en doxear a la tal Sarah
> Es por los *lulz*
> En la cima del árbol de la vida no hay amor, hay *lulz*

Cualesquiera que hayan sido sus motivos, incluso los peores, quizá podamos aprender algo de los troles. El troleo es una religión muy extendida, desde acosadores en /b/ hasta filósofos *amateur* y desde las ligeras ofensas hasta la ilegalidad. Un creciente deseo de afirmación digital nos está llevando a compartir cada vez más nuestra intimidad en línea, casi siempre con completos desconocidos. Lo que nos gusta, lo que pensamos, adonde vamos. Entre más ventilemos nuestra vida en línea y más susceptibles seamos a los insultos, más materia hay para alimentar a los troles. A pesar de que cada vez hay más reglas en las redes sociales, el troleo nunca nos abandonará; ha sido una característica de la vida en línea desde mediados de los setenta, evolucionó y mutó de una inesperada brizna en la comunicación electrónica en el nicho de una comunidad hasta casi un fenómeno social aceptado. Para personas como Zack, la degeneración del troleo de arte creativo a amenazas y acoso al azar es frustrante, pero esto no lo detendrá.

Nos guste o no, el troleo es una característica de la vida en línea hoy en día. Mientras todos nosotros vivamos más nuestra vida en línea, los troles podrían ayudarnos a reconocer algunos de los peligros de hacerlo, a volvernos un poco más cuidadosos y a tener la piel un poco más gruesa. Tal vez un día les agradezcamos por eso.

Epílogo

Cuatro días después de la dura experiencia de Sarah, otra chica que posaba para la cámara en /b/ fue doxeada y sus fotos fueron enviadas a toda su familia, a su empleador y a su novio. «¿Sabías de las fotos de las tetas de tu novia publicadas en internet? Las puedes ver aquí _____».

«Otro día y otra dura realidad», escribió alguien.

«Ya regresará», contestó otro.

2

El lobo solitario

La primera vez que me reuní con Paul fue en un club de trabajadores, en un pueblo al norte de Inglaterra, una fría tarde de otoño. Era joven, con un rostro atractivo, pelo corto y oscuro, y tenía tatuajes que asomaban por su cuello. Era una agradable compañía: educado, atento y risueño. En resumen, Paul y yo nos llevamos muy bien, hasta que la plática versó sobre política. «Solo piensa en la belleza que morirá, Jamie, ¿qué piensas de que el mundo sea dominado por negros, *pakis* o morenos? ¿Te lo imaginas? Cuando solo quedemos unos cuantos miles de blancos, espero que alguno de ellos incendie la Tierra y todo lo que hay sobre ella».

Paul es un partido político de un solo hombre, una máquina de propaganda; pasa todo el día tratando de provocar un despertar racial entre los británicos blancos. Administra un blog sobre etnocentrismo y orgullo blanco, además produce y publica videos donde se ataca a las minorías. Abre su *laptop* y me muestra su actividad reciente: un debate con miembros de un grupo político de izquierda, mensajes de apoyo para el partido griego Amanecer Dorado y con blancos supremacistas en Estados Unidos. Inicia sesión en Facebook y Twitter; miles de personas de todo el mundo siguen sus apasionadas publicaciones en las redes sociales. Ha encontrado en línea una comunidad que comparte sus creencias y aprecia sus publicaciones. También ha atraído a un ruidoso grupo dedicado a rebatir sus opiniones y sacarlo de línea. Vive en un mundo unidimensional de amigos y enemigos, correcto y equivocado, al cual le ha invertido cada vez más tiempo. El Paul digital es dinámico, agresivo y destacado defensor del movimiento del orgullo blanco. El Paul real es un desempleado de treinta y tantos años que vive solo en una casa pequeña.

En el tren de regreso a casa, luego de una de nuestras entrevistas, le envié un mensaje de agradecimiento. Como de costumbre, respondió inmediatamente: «No tienes nada que agradecer Jamie :-). Que tengas un buen viaje de regreso. P.D. La pasé muy bien». A diferencia de otras reuniones, pronto nuestras conversaciones por correo se volvieron menos frecuentes. El Paul ruidoso de siempre guardaba silencio. Me preguntaba con esperanza si nuestras pláticas habrían hecho la diferencia, o si tal vez la policía descubrió quién era en realidad o algo peor.

Una nueva plataforma

Paul no es el único que encuentra en internet el lugar perfecto para difundir su mensaje. Se ha convertido en una plataforma vital para grupos políticos de todo el mundo. La lucha por ideas, influencia e impacto se llevan a cabo en línea: desde la campaña electoral de Obama en Facebook y los mítines relámpago del movimiento okupa, hasta la fama en internet del comediante y político Beppe Grillo. En la década pasada, Paul y miles de personas como él abandonaron los medios tradicionales del movimiento nacionalista en favor de Facebook, Twitter y YouTube.

Fueron unos de los pioneros en este lugar. Las organizaciones extremistas rechazadas en medios públicos e incapaces de plantear sus ideas en público se adaptaron a las nuevas oportunidades que los nuevos medios y plataformas les ofrecían. En los ochenta y noventa, por ejemplo, las organizaciones supremacistas blancas Stormfront y Aryan Brotherhood crearon y mantuvieron populares grupos de apoyo en Usenet y BBS. (De hecho, Stormfront nació como un sitio de internet). De acuerdo con Alexa, compañía que mide el tráfico en los sitios web, el Partido Nacional Británico, de extrema derecha, es mucho más popular que los partidos Laborista y Conservador. *Blood and Honor*, epicentro de la escena musical del neonazismo extremo, tiene decenas de páginas en YouTube abiertas y foros cerrados.[1] El sitio de internet de Stormfront (stormfront.org) aloja un viejo foro ya consolidado, con cerca de 300 000 miembros, quienes han publicado cerca de diez millones de mensajes. Twitter es particularmente popular entre los neonazis, quienes generalmente utilizan en su nombre de usuario los números 14 y 88. Catorce hace referencia a las «Catorce palabras»: «Debemos asegurar la proliferación de los nuestros y un futuro para los niños blancos»; mientras que 88 se refiere a la octava letra del alfabeto. HH: *Heil Hitler*. De acuerdo con investigadores del King's College de Londres, los neonazis usan Twitter, además de para diseminar ideas y compartir propaganda, para mantener un sentido coherente de autoidentidad.[2] «¡Los Rothschild deben ser destruidos si queremos salvar nuestra raza! 14/88. *Sieg Heil!*», publicó un usuario que encontré después de una somera búsqueda. Algunos nacionalistas encuentran foros para niños e inocuos grupos de Yahoo! en los cuales reunirse. Tablones de discusión sobre historia anglosajona son especialmente populares entre los nacionalistas ingleses; ahí, cientos de usuarios con nombres como Aethelred o Harold discuten sobre cómo instituir una Inglaterra más pura y blanca. A principios de 2007 simpatizantes del partido nacionalista de Francia, Front National, fueron los primeros en establecer una oficina política en el mundo virtual de Second Life;[*] esto provocó una ola de protestas en línea de otros usuarios.[3] El mismo año, sus xenófobos avatares visitaron una mezquita virtual, se sentaron en el Corán virtual y publicaron frases antisemitas antes de activar un «*hacker script*» que expulsaba automáticamente a todos del edificio. La organización judía para los derechos humanos Simon Wiesenthal Centre estima que, hasta 2013, hubo 20 000 sitios de «odio» activos en internet, tales como páginas, grupos de redes sociales y foros cuyo número va en aumento.[4] El mundo en línea es un paraíso para racistas y nacionalistas y da a los extremistas políticos la oportunidad de darles voz a sus opiniones, compartir sus ideas y captar simpatizantes.[5]

Nick Lowles, director del grupo Hope Not Hate, ha trabajado para grupos antifascistas desde mediados de los noventa. «Internet les ha dado a las personas ordinarias acceso a grupos de extrema derecha de una manera que era impensable hace una década. También está cambiando la demografía del típico nacionalista», explica Nick. Los objetivos ya no son los *skinhead* con botas. El nacionalista moderno es joven, con mucho tiempo libre, instruido en tecnología, capaz de conectarse fácil y rápidamente de manera virtual con personas con la misma opinión en cualquier parte del mundo. Personas como Paul.

El más infame de esta nueva camada de extremistas virtuales es Anders Behring Breivik, el extremista de derecha que mató a 77 personas en un ataque terrorista en Noruega, en julio de 2011. Después de dejar la escuela, comenzó a trabajar en servicios al cliente, pero su talento para la programación lo llevó a empezar su propio negocio. A los veinte, el joven Breivik pasaba todos los días y las horas leyendo blogs y artículos sobre el inminente fin de la raza blanca y la amenaza del «marxismo cultural» sobre la cultura europea. Se convenció de que el islam dominaría a Europa y que la violencia era la única manera de frenar su avance.

---

* Mundo virtual parecido a Los Sims, sitio web: www.secondlife.com. [*N. de T.*]

En los años precedentes a su ataque, escribió, bajo el seudónimo de Andrew Berwick, un manifiesto de 1 516 páginas titulado *2083:A European Declaration of Independence* (2083. Una declaración de independencia europea). Es mitad autobiografía y mitad manual práctico para lo que veía como la guerra racial que se avecinaba. Amplios fragmentos de este fueron copiados de internet (después admitió en la Corte que tomó gran parte de Wikipedia), de fuentes tan diversas como el filósofo del siglo XVII Thomas Hobbes y el conductor británico de televisión Jeremy Clarkson, cuyo artículo en el *Times* sobre multiculturalismo fue ampliamente citado por Breivik.[6]

Aunque era inusual en un ataque terrorista de esta magnitud, los servicios de seguridad noruegos creen que Breivik actuó completamente solo, como un «lobo solitario», sin cómplices ni otros conspiradores. El término fue popularizado por el supremacista blanco Tom Metzger en los noventa, cuando sugirió a compañeros neonazis comprometidos con las acciones violentas a actuar solos para evadir la detección.[7] De acuerdo con Jeffrey D. Simon, autor de *Lone Wolf Terrorism: Understanding the Growing Threat,* el lobo solitario es «el más innovador, creativo y peligroso» tipo de terrorista. Los lobos solitarios no están limitados por ideología o jerarquía y no necesitan preocuparse por alienar a su grupo u organización, aunque lo más destacable es que su falta de comunicación los hace más difíciles de identificar. Desde el punto de vista de Simon, la riqueza de información de fácil acceso favorece el aumento de lobos solitarios. El número de casos se incrementó incesantemente en la última década, incluyendo el caso del islamista, mayor del ejército, Nidal Malik Hasan, quien asesinó a trece compañeros militares en la base Fort Hood en Texas en noviembre de 2009, al parecer en protesta por las guerras de Irak e Afganistán.

Breivik era un lobo solitario; no obstante, tenía una red. Creía que las redes sociales, en especial Facebook, ayudarían a los «movimientos de resistencia blancos» a contratacar el

multiculturalismo que detestaba, ya que ofrecía nuevas oportunidades para compartir propaganda y contactar a personas con
las mismas ideas en todo el mundo. Su objetivo era distribuir su
manifiesto a simpatizantes que, esperaba, pudieran fortalecer
la causa nacionalista y quizás hasta imitarlo. Así que en el curso
de dos años creó meticulosamente una vasta comunidad virtual usando dos cuentas de Facebook para conectar a miles de
compañeros extremistas por toda Europa. En *2083* documenta
las largas horas dedicadas a la monótona pero importante tarea
de encontrarlos:

> Estoy usando Facebook para captar a varios grupos nacionalis-
> tas e invitar a cada miembro [a ser mi amigo en Facebook]…
> aaaaarrrrgggghh :/ me vuelve loco, LOL… He estado haciendo
> esto por 60 días seguidos, 3 o 4 horas al día… Dios, no me
> imaginaba que esto fuera tan p. aburrido :D

Breivik consiguió direcciones de correo para después hacerse amigo de esas personas en Facebook. A principios de 2001
Breivik tenía miles de amigos en Facebook y colaboraba en varios blogs, incluyendo el sitio derechista noruego document.no,
donde comentó varios artículos que criticaban al islam. De
acuerdo con el Southern Poverty Law Center, Breivik también
había sido miembro de Stormfront desde octubre de 2008,
y usaba el alias year2183. Para junio de 2011, había reunido
8 000 direcciones de correo de «alta calidad»; «*Ofc*,[*] es una
tarea muy tediosa, aunque no puedo imaginar alguna manera
más eficiente para estar en contacto directo con nacionalistas
de todos los países europeos».[8]

Breivik vio oportunidades por doquier en línea. «Wikipedia era un muy buen lugar para agitar la opinión pública
editando cuidadosamente las páginas», insinuó. Jugaba en línea
Call of Duty para pulir sus habilidades de tiro (también era un

---

[*] Del inglés *of course*. [N. de T.]

fanático de juegos en línea como *World of Warcraft*) y aconsejaba a sus compañeros de la resistencia a usar el navegador anónimo TOR para evadir la detección del gobierno. Al final de *2083*, Breivik suplicó a todo aquel que fuera patriota a «crear un sitio de internet atractivo y abrir una página de Facebook con buen aspecto… para posicionar a la organización».

De pronto, en 2011, el normalmente ruidoso Breivik guardó silencio; detuvo la actividad en sus redes sociales. La mañana del 22 de julio publicó un video en Facebook exhortando a sus camaradas a abrazar el sufrimiento. Unas horas después envió por correo su manifiesto a más de 1 000 direcciones que recolectó de Facebook. A las 3:25 p. m. detonó su bomba casera afuera de los edificios de gobierno en Oslo, matando a ocho personas, antes de partir a Utoya, en Islandia, donde disparó y asesinó a 69 activistas del Partido Laborista Noruego que asistían a un campamento de jóvenes.

Permanece como incógnita quiénes exactamente recibieron las copias de *2083*. Alrededor de 250 personas recibieron una copia en el Reino Unido, algunos de ellos simpatizantes de una página inglesa de Facebook muy popular a la que, bajo un seudónimo, Breivik había dado *like* en 2010, y que elogiaba en su manifiesto.[9] Aquí es donde empieza la aventura de Paul.

E-E-EDL

La English Defense League (EDL, Liga Inglesa de Defensa) es característica de una nueva generación de movimientos nacientes en Europa que guardan poca relación entre sí. Su ideología es difícil de determinar, pero combina la preocupación sobre la destrucción de la identidad nacional debida a la inmigración a gran escala, especialmente de países islámicos, con la creencia de que una élite, la clase dirigente aislada, no sabe ni le importa lo que les pase a las personas comunes. Es aparentemente no racista y busca apoyar la equidad, democracia, libertad y cultura tradicionalmente británicas (o algunas veces, cristianas). Sobre todo, cree que los valores británicos e islámicos son incompatibles.

Desde la Segunda Guerra Mundial, el número de miembros de los partidos formales disminuyó de alrededor de tres millones en los años cincuenta, hasta menos de medio millón en 2013. A diferencia de un partido político tradicional, cualquiera puede ser miembro de la EDL; no es necesario tener dinero, energía o tiempo. En 2012 la EDL se convirtió en uno de los movimientos más reconocibles en el Reino Unido. Sus simpatizantes realizaron cientos de manifestaciones por todo el país y miles se unieron al grupo de Facebook. Para un grupo nacionalista, este éxito veloz era inesperado y sin precedentes. En su apogeo, en 1973, cuando en el Reino Unido cundió el pánico debido a la inmigración, el partido de extrema derecha National Front tenía aproximadamente 14 000 miembros. El pico en el número de miembros del Partido Nacional Británico, en 2009, fue casi el mismo. A dichos partidos les tomó años de campaña coordinarse para acumular ese número de miembros; sin embargo, a la EDL solo le tomó algunos meses.[10] Para abril de 2014, más de 160 000 indicaron que les gustaba la página de la EDL en Facebook; el mismo número lo tenía el Partido Laborista del Reino Unido. Había sedes locales en cada región del país; se llevaban a cabo manifestaciones, protestas y actividades cada mes, ya que sus simpatizantes iban y venían fácilmente del mundo en línea al real. Su tamaño y escala ocultan sus humildes orígenes, una simple cuenta de Facebook.

En marzo de 2009, un pequeño grupo de islamistas radicales de Luton anunció sus planes de organizar una protesta en contra de la presencia del ejército del Reino Unido en Irak y Afganistán, en el desfile de bienvenida del Royal Anglian Regiment. Stephen Yaxley-Lennon, que ahora lleva por nombre Tommy Robinson, leyó sobre la protesta y supo del grupo que regularmente repartía panfletos cerca del salón de bron-

ceados que tenía en el centro de Luton.[11] Aunque Tommy fue
miembro del Partido Nacional Británico por un corto periodo,
no estaba particularmente interesado en la política, pero fue
motivado por la protesta planeada. Junto con algunos amigos,
Tommy decidió oponerse al grupo y apoyar a los soldados,
para mostrarle al mundo «que Luton no estaba infestado por
extremistas islámicos».

En la primera manifestación participaron decenas de personas, hubo un enfrentamiento y la noticia fue transmitida por los
periódicos locales. Tommy y algunos amigos decidieron crear
un nuevo grupo para perturbar mítines y los esfuerzos de reclutamiento de las organizaciones islamistas de Luton.[12] Llamó
a algunos contactos que tenía en pequeños grupos nacionalistas
patriotas, incluyendo la United British Alliance (UBA, Alianza
Británica Unida). Se autodenominaron *United People of Luton*
(UPL) y organizaron una segunda manifestación, esta vez más nu-
merosa, en junio de 2009,[13] la cual atrajo a cientos de personas
y terminó en enfrentamientos con la policía y nueve arrestos.[*]

Tommy le pagó a un camarógrafo £450 para que realizara
un video breve de ese día, el cual posteó en YouTube. «Esta
vez entré a todos los foros de futbol y lo publiqué», me dijo en
un bar sobre la calle de New Scotland Yard. Instantáneamente
empezó a recibir mensajes de apoyo de todo el Reino Unido.
Alrededor de una decena de miembros del naciente movimiento se reunieron en un bar inmediatamente después para hablar
sobre el futuro. Decidieron crear una organización en línea
con alcance internacional. Junto con otro amigo, Tommy creó
un nuevo grupo en Facebook que llamaron English Defence
League (EDL, Liga de Defensa Inglesa).[14]

---

* El siguiente mes hubo otra manifestación convocada por UBA y UPL, la cual
terminó mal, con numerosos arrestos. Se cantaron consignas como «*U-U-U-BA*» y
«*What's like to wear a dress?*» (¿cómo es usar un vestido?). La UBA nombró un portavoz,
llamado Wayne King, que de hecho era Tommy. «Usé el nombre porque era gracioso.
Cuando Victoria Derbyshire [una locutora de la radio de la BBC conocida por su voz
ronca] me presentó en la radio, ¡sonaba como si dijera "*wanking!*" [masturbarse]».

Me gusta

Facebook era inmejorable como herramienta de reclutamiento y plataforma organizacional de un movimiento nacionalista recién creado, sin dinero y con un limitado apoyo. Les abrió todo un mundo. A las pocas horas de haberse creado, cientos de personas se unieron al grupo. «Estuvo de locos, cientos de personas de todo el país se unieron», recuerda Tommy. Era una manera barata pero efectiva de reclutar gente nueva, informar sobre las manifestaciones y compartir fotos y anécdotas de protestas previas. A Queen Lareefer, una simpatizante de la EDL a punto de cumplir los treinta, en un principio le llamó la atención la página de la EDL cuando notó que un amigo compartió el vínculo de una discusión sobre temas recientes: «La gente en Facebook discutía sobre la quema de amapolas y vi que alguien indicó que le gustaba la página de la EDL, así que la visité, indiqué que me gustaba, hice un comentario, alguien lo respondió y empecé a hablar». Fue a su primera protesta el mes siguiente.

A finales de 2010, la EDL había usado Facebook para organizar alrededor de cincuenta protestas en todo el país; algunas con hasta 2 000 manifestantes. Aunque el sitio del grupo enunciaba su compromiso con las manifestaciones pacíficas, en los mítines casi siempre había violencia por ebriedad, comportamientos antisociales, cantos islamófobos y arrestos, frecuentemente por enfrentamientos con el movimiento de izquierda Unite Against Fascism. Aun así, la reputación del grupo aumentaba, así como su cobertura en los medios; lo que se traducía en que más personas visitaban la página de Facebook y el sitio de internet de la EDL.[15]

Mientras Tommy iba de un lado a otro del país a las manifestaciones mensuales, Paul se dejaba llevar la mayoría de las veces por las drogas y la fiesta. Un día, en el verano de 2010, recibió una notificación de Facebook cuando un amigo indicó que le gustaba la página de la Liga de Defensa Inglesa. «Yo nunca había escuchado de ella, hasta ese momento. Pero algo en el nombre llamó mi atención», comentó. Como quería saber más, indicó que le gustaba y recibió notificaciones diarias sobre este nuevo movimiento.

Al igual que Paul, cualquiera podía simplemente hacer clic para unirse al grupo o abandonarlo. Pero se unía más gente de la que lo abandonaba y muchos querían hacer algo más que solo indicar que les gustaba. Pronto, apasionados simpatizantes crearon sus propias páginas y grupos de EDL, entusiasmados por crear grupos locales y organizar sus propias manifestaciones. Sin embargo, en 2010, la dirigencia decidió imponer una estructura más formal en la organización que se expandía rápidamente; se dividió en gestión y administración junto con fracciones según el área y el tema, y se mantuvo un movimiento libre, descentralizado y flexible.

Pero este tipo de modelo tiene desventajas. A finales de 2012, el entusiasmo inicial de los miembros decayó, cuando se dieron cuenta de que los cambios políticos perdurables requerían más que palabrerías en línea y manifestaciones de fin de semana. Con este tipo de jerarquía, el grupo rápidamente se dividió en varios subgrupos en disputa y otras facciones. A principios de 2013, la EDL estaba al borde de la implosión. Tommy (quien para este punto había estado preso por violar la caución que le prohibía asistir a las manifestaciones) estaba exhausto, agobiado por amenazas de muerte y listo para renunciar. Entonces, la mañana del 22 de mayo de 2013, un soldado británico llamado Lee Rigby fue asesinado por dos islamistas radicales a plena luz del día, en una concurrida calle al sur de Londres. En las semanas siguientes el apoyo en línea al grupo aumentó dramáticamente y Tommy apareció en todos los medios. No podía renunciar.

Admins y mods

Tiempo después de que Paul se unió a la página de la EDL en Facebook empezó a interactuar con otros miembros y a publicar comentarios.[*] Estos eran tan elocuentes y enérgicos que lo hicieron notar entre los miembros con más experiencia del grupo, quienes mantenían la página. ∫Unas semanas más tarde lo invitaron a unirse a un grupo secreto de Facebook de miembros acérrimos de la EDL, que operaba bajo un alias. Poco tiempo después, fue invitado a ser moderador o «mod» de una página dedicada a revelar la homosexualidad de islamistas extremos. Este fue un gran paso para Paul. Antes de que pudiera darse cuenta, ya era parte de algo.

No importa si un foro es abierto o cerrado, alguien tiene que controlar el caos y regular el tono de las conversaciones. Es un papel importante, ya que tienes el poder de bloquear usuarios y borrar o editar las publicaciones de otros. A principios de 2012, más de 1 000 personas formaban parte del grupo que Paul administraba; no solamente tenía voz y un programa, sino también un creciente nivel de poder y responsabilidad. «Me encantaba. Podía estar ahí horas publicando, monitoreando, editando», comentó. Mantener grupos de Facebook y Twitter es una posición extremadamente importante en un grupo nacionalista. Cuando Lee Rigby fue asesinado, Tommy contactó a los miembros que mantenían los grupos de redes sociales. Le pidió al administrador (admin) de la cuenta de Twitter de la EDL convocar a la acción. Alrededor de las 6:30 p. m. se hizo un anuncio: «Tommy Robinson, líder de la EDL, se dirige hacia Woolwich en este momento. Salgamos a las calles, ¡ya basta!».

Cientos de personas retuitearon el mensaje y llegó a miles. Simpatizantes de la EDL rápidamente se reunieron al sureste de Londres.

---

[*]   Generalmente la página de Facebook de la EDL es pública y cualquier usuario puede expresarse ahí.

La administradora del Twitter de la EDL es una amable adolescente de dieciséis años de nombre Becky. Al momento de escribir estas líneas, aproximadamente 35 000 personas siguen las noticias de última hora sobre eventos importantes, información acerca de manifestaciones, propaganda y apoyo que publica en el canal oficial de la EDL. Al igual que Paul, la pusieron a cargo cuando el exadmin de Twitter de la EDL notó que Becky publicaba con regularidad mensajes relevantes y vínculos desde una cuenta personal. Después de «probarse ella misma» bajo vigilancia de otro admin, fue nombrada «admin permanente». «Es un trabajo intenso e importante. Algunas veces estoy desde que me levanto hasta que me acuesto», explica. Incluso cuando sale con sus amigos está tuiteando. «Eso no les molesta, ellos saben lo que hago y lo entienden». Toma la responsabilidad en serio, decide cuidadosamente qué va a publicar para encontrar el tono adecuado. «No me imagino haciendo nada más, me encanta».

Son ocho los administradores que mantienen la página de la EDL en Facebook, y cada uno es responsable de encontrar y publicar artículos relevantes, sugerir próximas manifestaciones, borrar comentarios inapropiados, contestar mensajes directos cuando los reciben, agradecer a los simpatizantes y encarar a los troles. «Hay muchos troles», me dijo uno de los admins. Según Hel Gower, asistente personal de Tommy Robinson (aunque lo que mejor la describe es el término *fixer*), el trabajo que más tiempo consume a los administradores es deshacerse de los racistas que insultan.[16] Este trabajo es aún más difícil por el hecho de que la página de Facebook también es seguida por muchos usuarios antiEDL, personas que se hacen pasar por fans, pero solo causan problemas en el grupo. Cada admin gasta una hora diaria lidiando con todo esto.

Debido a que son muy importantes, la dirigencia mantiene un estricto control sobre los puestos de admin y mod.* Esto

---

* Comúnmente, un administrador está a cargo de toda la página o grupo; en cambio, un moderador tiene poderes específicos para editar o borrar las publicaciones de otros usuarios.

significa mantener un control casi policiaco de las contraseñas. En 2010 un miembro de un grupo disidente convenció a un admin de una rama local de la EDL de revelarle su contraseña. El recién llegado rápidamente cambió la contraseña, bloqueó al antiguo admin y secuestró la página. Le tomó dos semanas a Tommy Robinson rescatar la contraseña, aunque finalmente logró obtenerla. Le pregunté cómo lo hizo. «Unos chicos la consiguieron por ahí», contestó. Exactamente, ¿cómo la consiguieron? «Nos aseguramos de tenerla de vuelta», respondió.

Paul pasó cada vez más tiempo como titular de la contraseña del grupo, compartió historias y construyó una red virtual de amigos. Era tan sociable como político. Con la membresía aparecía un sentido de solidaridad y camaradería. «Todos estábamos en contra de las mismas cosas y nos sentíamos como un equipo que hacía la diferencia», refiere. Pero una comunidad virtual también puede resultar sofocante. Entre más tiempo pasaba en línea, más extremista se volvía su visión. Estaba cada vez más preocupado por los islamistas y la amenaza que representaban, según él. «Aprendí lo sofisticadas que eran sus técnicas, cómo lentamente tratan de robarnos la identidad y de quedarse a cargo de nuestra política». También fue aquí, en estas ásperas y agresivas páginas de Facebook, donde empezó a interactuar por primera vez directamente con musulmanes. Los encontró incluso tan molestos como él mismo lo estaba. Cada interacción parecía obligarlo a aumentar el número y la intensidad de sus ataques. Y sus adversarios estaban más que decididos a contratacar. «¡Escoria! ¡Escoria subhumana!», decía encolerizado, mientras recordaba las «batallas» que había librado. Estas peleas en línea formaban parte de la rutina diaria de Paul y consumían cada vez más su tiempo. «En promedio, ¿cuánto tiempo pasabas diario en internet?», pregunté. «Tal vez me resultaría impresionante, si lo hubiera calculado (después estimó que 90%). No hay tiempo para algo o alguien más», señaló, y confesó que durante este tiempo se volvió «un poco sociófobo». Cada vez hablaba menos con sus padres, porque eso le parecía demasiado «mundano», comparado con las conversaciones que mantenía en línea. Mientras su perfil en línea crecía cada vez más, su perfil real disminuía.

Paul y yo caminamos un breve momento por su pequeño pueblo. Hay muy poco que hacer ahí. Me dijo que le hubiera encantado meterse en la política, y tal vez mudarse a una ciudad más grande, pero con poca experiencia laboral y cualificación y sin dinero, las posibilidades de que eso pasara eran muy pocas. Me refirió que, no mucho tiempo atrás, había caminado al lado de un grupo de simpatizantes de la EDL, pero no habló con ellos. En línea se convertía en un respetado miembro de la escena nacionalista, con amigos y simpatizantes de todo el mundo; no obstante, en el mundo real no era nadie.

La batalla por el ciberespacio

A principios de 2012 Paul decidió atacar. Encontraba al grupo de partidos nacionalistas tradicionales un poco serio y anticuado. Más que conformarse con lo que había ahí, y convencido de sus poderes retóricos, empezó un movimiento nuevo. Pasó semanas aprendiendo cómo hacer videos e iniciar un blog personal, así como una cuenta de Facebook y Twitter. Invirtió bastante tiempo para que la imagen y el aspecto visual fueran perfectos. «Estaba tratando de crear un emblema que todos voltearan a ver, un emblema sólido». Su experiencia en Facebook lo había convencido de adoptar un perfil secreto y anónimo con el que pudiera ser más honesto y estar sin temor a represalias.

Paul se vio envuelto cada vez más en una batalla en línea entre oponentes nacionalistas y antifascistas («antifa»). Grupos de extrema derecha y antifa solían enfrentarse en las calles, y todavía lo hacían, pero entonces la mayoría de las batallas se libraban en línea. Los grupos antifa monitoreaban cada movimiento que la EDL y otros como Paul hacían en línea, viendo constantemente cuentas clave, infiltrándose en sus grupos y haciendo capturas de pantallas de todo lo que consideraban polémico, ofensivo o ilegal, lo cual hacían público inmediatamente y lo enviaban a la policía.

El más duradero de estos grupos es Exposing Racism and Intolerance Online, usualmente abreviado como Expose. Este es un colectivo en línea basado principalmente en Facebook y Twitter, con alrededor de una docena de administradores y quizás unos doscientos voluntarios que ocasionalmente ayudan. Su principal actividad consiste en tomar y guardar capturas de pantalla de la propaganda y comunicaciones de la extrema derecha.[17] En los últimos cuatro años Expose ha reunido 10 000 de estas capturas de pantalla, las cuales incluyen algunos de los primeros mensajes que vinculaban a Anders Breivik con la EDL.

Antifa está lleno de un nuevo tipo de ciudadanos activistas. Mikey Swales ha estado involucrado desde el principio. Lo contacté por Facebook. «Solo somos un grupo normal de personas», indicó. «Somos padres, madres, hijos e hijas. Reconocemos el racismo, odio e intolerancia cuando lo vemos y ayudamos, junto con otros grupos antifa, a mostrarles a las personas allá afuera quiénes y qué constituyen a la EDL y sus facciones». Los antifas pasan tanto tiempo en línea como Paul. Un solitario vigilante utiliza el alias de @Norsefired. Cuida la actividad de la EDL y publica alrededor de cien tuits al día «desafiando, exponiendo y ridiculizando a grupos extremistas». Al igual que Paul, se involucró por accidente, cuando su actividad en Twitter disminuyó por participar en un grupo de antirecortes y notó que uno de los atacantes tenía un vínculo con la EDL. Y tal como Paul, piensa que pasa mucho tiempo en línea. «Se me caen las orejas de tanto oír que debería utilizar mi tiempo libre para fines más lucrativos». @Norsefired piensa que usar un seudónimo le permite confrontar a sus oponentes de manera más enérgica. Fuera de línea, piensa que «es improbable acercarse a un grupo de simpatizantes de la EDL. Pero mi imagen pública de @Norsefired puede ser bastante astuta, directa e hiriente». Una de sus tácticas favoritas es «ocupar» su cronología, usar varias cuentas de Twitter falsas para ser amigos de tantos como sea posible y publicar artículos antiEDL y noticias simultáneamente. Un miembro de Expose, Alex, me explicó que el humor es una parte muy importante en lo que hacen. «Básicamente, me burlo. Tengo una amplia colección de imágenes y videos que he hecho para molestar a los de derecha». Sus diversos métodos pueden ser muy efectivos. Cuando supuestamente se dijo que la modelo Katie Price era simpatizante de la EDL, Alex consiguió ponerse en contacto con ella y convencerla de que lo negara públicamente.

Si eres antifa, infiltrarse en los grupos «cerrados», que requieren permisos o contraseñas para unirse, es el verdadero premio. Para hacer esto, los antifas crean cuentas falsas (o títeres) que fingen simpatizar con la causa de la EDL. Algunas veces una sola persona controla decenas de títeres diferentes, cada uno con su propia personalidad y afiliaciones. Hablé con un activista que pasó dos años preparando su red vinculando con cuidado ciertas páginas, publicando comentarios apropiados, construyendo una red de amigos. Muchos foros y páginas, tanto de la EDL como antifa, se ahogan en cuentas falsas. Tommy Robinson me refirió que casi cada grupo de la EDL había sido infiltrado, tanto por facciones de derecha como por activistas de izquierda.[18] «¿También tu gente se infiltraba?», pregunté. Se notó un poco evasivo. «Bueno, debe de haber algunos que hagan eso: quieren saber qué están diciendo sobre nosotros, pero no les pido que lo hagan».

Lo cierto es que en ambos lados se hace eso. Recientemente, un grupo de Expose eliminó a un usuario simpatizante de la extrema derecha que se había unido a 650 grupos de Facebook, incluyendo cientos de izquierdistas y grupos antifascistas. Inició publicando mensajes de apoyo para ganarse la confianza de los grupos antifa, luego mantuvo un perfil bajo y observó en silencio para recopilar información sobre sus tácticas y objetivos. Del otro lado, la infiltración había sido un eterno problema para los Casuals, un grupo de extrema derecha con raíces en la cultura de los hinchas del futbol. El año pasado, un antifa creó el grupo Free the Brierfield 5 (simpatizantes de la EDL encarcelados) como una trampa y algunos *casual* se unieron, compartiendo valiosa información. «Algunos de nosotros no hemos aprendido nada en tres años que llevamos acosados por estos tipos raros en línea», expresó Joe *Stabby* Marsh a los otros miembros del blog Casual.

Siempre pasa algo que saben que enojará a los patriotas; crean grupos para atraparlos diciendo cosas con enojo, que esperan que hagan mella.

Si publicas dónde trabajas o lo mencionas en la conversación, harán una captura de pantalla y llamarán y escribirán a tu trabajo para tratar de provocarte problemas.

La sofisticación de estos grupos es destacable. Los voceros son una inusual mezcla de musulmanes, ateos, modelos y exsoldados, la mayoría mujeres y programadores muy hábiles. Lo más cercano a un vocero en este colectivo sin líder es Charlie Flowers, un exmúsico de *punk-rock*, de casi cuarenta años, que tenía cierta simpatía por la EDL en sus inicios, pero que abandonó este grupo cuando tomó un matiz más extremo. Los voceros están comprometidos a encarar cualquier tipo de extremismo en línea. Unas pocas decenas de ellos de todo el mundo se reúnen frecuentemente en un grupo secreto de Facebook para planear sus acciones. También han sido llamados *cibergánsteres* por sus enemigos. Es un reclamo injusto, sin embargo, actúan ocasionalmente como empleados para causas con las que simpatizan; sus métodos son legales pero no muy honestos. Charlie consiguió que algunos sitios cerraran poniendo un aviso de la Ley de Derechos de Autor de la Era Digital, a la espera de que sus adversarios tomaran una captura de pantalla y utilizaran este material sin su permiso, lo cual reportaba inmediatamente.

Podían apelar, por supuesto, pero solo si firmaban una declaración pública jurada con sus nombres y direcciones reales, lo cual muchos de los blogueros preferían no hacer. «Un arma potente, si se usa correctamente», dijo Charlie sonriendo. La treta más extraña de todas las que he visto fue una página de Facebook iniciada poco después del asesinato de Lee Rigby, por alguien que aseguraba que era parte de los antifas. Se llamaba «Lee Rigby se lo merecía». El administrador, que publicó una fotografía de él mismo, declaró: «Trabajo para el grupo antifa Hope not Hate y el Partido Comunista». Y continuó diciendo: «Creo que Lee Rigby se ha convertido en un mártir de la extrema derecha y su muerte se ha usado como pretexto para usar la violencia, el vandalismo y demás mierdas de la EDL. Quiero encabezar la revolución comunista y tomar las calles de Gran Bretaña y declarar esta nación la Unión Soviética Británica». El propietario de esta página no era de ninguna manera un antifa, sino un radical de derecha que (me parece) quería llevar a los miembros de la EDL a tener una visión más extremista de los grupos antifa. Aunque era muy evidente lo humilde y transparente del intento, parecía funcionar: la página explotó con furia por horas. Un usuario llamado Dave amenazó: «Te voy a ensartar tu propia cabeza, bastardo», mientras alguien más, de nombre Kevin, declaró que rastrearía la dirección de quien había hecho la publicación: «No vas a sobrevivir la semana, buena suerte, cabrón».

Con todo este engaño, saber quién es quién puede ser increíblemente difícil. Fiyal Mughal, jefe de *Tell mama*, un grupo creado para encontrar y documentar el odio antimusulmán, ahora contrata a detectives en internet que usan información de dominio público para tratar de descifrar las identidades en el mundo real y sus redes. Aun así, dice: «Solo estamos sesenta por ciento seguros».[19] Tratar de encontrar la identidad real de alguien y vincularla con su persona fuera de línea, doxearlos, es una táctica tan común como controvertida, usada por ambos bandos, ya que va contra la etiqueta en internet y puede ser extremadamente dañina para la persona que es descubierta. SLATEDL y Expose, dos de los grupos claves de antifa, discutían sobre si publicar las direcciones de trabajo y particulares e ir tras los usuarios en la vida real era aceptable. Mikey de Expose dijo que doxear «es un campo que nunca jamás será permitido en nuestro grupo». Hel Gower, sin embargo, me refirió que alguien de Expose publicó información personal en su página de Facebook, que encontraron en el registro de Companies House (lo cual comenté con Mickey, quien me dijo que solo publican información de dominio público, que podía incluir el registro de Companies House).

El más infame sitio de doxeo es RedWatch, una página iniciada en 2001. Su autoproclamado objetivo es encontrar e identificar «izquierdistas», traidores, publicar sus direcciones, lugares de trabajo, nombre de sus hijos y cualquier otra información que obtuvieran, sobre todo de aquel que crean culpable de acosar y atacar a «nacionalistas británicos y sus familias».[20] No hay novedades a menudo, pero mantiene cierta notoriedad en línea.[21] En 2003, dos personas que aparecieron en este sitio web fueron víctimas de bombas en sus carros. Tanto Paul como @Norsefired temían ser doxeados por razones parecidas. Paul nunca usó su nombre real; sin embargo, dice que le hubiera gustado, dadas las amenazas en línea que ha recibido. @Norsefired teme que su nombre termine en RedWatch. Insistió en que no revelara nada que pudiera identificarlo. Quienes doxean no parecen conocer límites y la policía no puede hacer nada, a menos que exista una amenaza directa y específica hacia alguien.[22] Las personas llegan muy lejos para doxear a otros.[23] En 2010, dos colectivos de *hackers*, ZCompany Hacking Crew y TeaM P0isoN, lograron hackear la cuenta de Facebook de la EDL y desmantelar su página principal. El año siguiente, TeaM P0isoN hackeó a la EDL de nuevo y filtraron detalles sobre los líderes del grupo, números telefónicos, direcciones de correo electrónico y particulares, e incluso las contraseñas de los admins que mantenían todos los sitios (algunas graciosas como Cameron, Winston1066, Anglosaxon1 y Alla666, por listar algunas).

Mientras estaba con Paul, me mostró cómo un antifa trató y casi logró doxearlo. Se sintió asediado. «Podía sentir cómo me volvía cada vez más radical por lo que esta gente me estaba haciendo. No soy alguien violento, pero podría ver a esta escoria sufrir y sentir felicidad».

El desenlace

Muchos nacionalistas se sienten completamente desvinculados, frustrados y enojados con las políticas tradicionales; algunas veces con justa razón. Al sentarme con Paul en un ruinoso bar, el mundo de Westminster se sintió muy, muy lejano. Queen Lareefield nunca votó antes de ser parte de la EDL. «Me sentía avergonzada por considerar asentada la democracia que se me otorgó». Tommy Robinson dejó la EDL a finales de 2013, para tratar de perseguir sus ideales con menos violencia. Era un hincha de un equipo de futbol y ahora tenía planes para crear su propio grupo de investigación política para la clase trabajadora.[24] Internet y las redes sociales han facilitado cada vez más el acceso a la política y atraído a innumerables personas; esto es algo bueno.

Por otro lado, la misma dinámica permite a individuos y a miles de comunidades, a menudo pequeñas y cerradas, rodearse de información y de personas que corroboran su visión del mundo, dándole a violentos racistas y xenófobos una plataforma en la que pueden difundir su mensaje rápida y efectivamente. Crear nuestras propias realidades no es nada nuevo, solo que ahora es más fácil que nunca encerrarse en cajas de resonancia donde solo oímos nuestro propio eco.[25] Nacionalistas y antifas se rodean de información que confirma lo que ya piensan. Eso puede orientar a las personas hacia una dirección muy peligrosa. Breivik se convenció a sí mismo de que Noruega estaba al borde de la destrucción. La caja de resonancia de Paul lo llevó a creer que los blancos son «hermosos, inteligentes, artistas, creativos, magnánimos», pero ahora una «pequeña minoría» de millones de migrantes (burlones, violentos, traficantes) está inundando Inglaterra. En el universo de Paul, vivido a través de una pantalla, esta es la realidad. Le recordé que en Inglaterra 85% son blancos, pero se negó a creerlo.

Paul de verdad piensa que se alza por su país y su cultura, enfrentando una amenaza existencial del islamismo radical. Los antifa creen que los fascistas están en auge por todo el país y que todo miembro de la EDL es un vándalo racista no declarado y violento; asimismo, creen que enfrentan un posible resurgimiento del fascismo en el país. La realidad posee muchos más matices, pero en sus cajas de resonancia personales se han vuelto demonios y enemigos unos de otros. Ninguno es tan malo como el otro piensa.

En todos nuestros meses juntos, traté de comprender cuál de las fuerzas, la cámara de resonancia o la esfera pública, tenía más influencia sobre Paul. En línea siempre aparentaba ser violento y enérgico, aunque claramente estaba muy orgulloso de ser una voz en el debate público. Sin embargo, Paul me expresó que considera a Breivik un «héroe»; aunque también niega firmemente que pueda lastimar a alguien a pesar de su lenguaje extremo. No obstante, empecé a preocuparme sobre adónde podría llevarlo todo esto. Hay muchísimas personas expresando su odio en línea, sin embargo, solo una pequeña parte cometería un acto violento. Es casi imposible decir quién pueda ser, pero cada vez que conocía a alguien en persona me sentía un poco aliviado. Las diatribas de Paul siempre comenzaban con una disculpa. Para él, el mundo en línea y el real eran dos lugares muy distintos.

No obstante, cuando Paul desapareció, empecé a preocuparme. Temía que sus dos mundos hubieran colapsado; quizá la policía lo había rastreado o algo peor. Dos meses después, recibí un correo electrónico de una dirección desconocida. Paul no había ido a ningún lado, solo necesitaba un descanso. «Me estaba convirtiendo en alguien lleno de odio, paranoico, me estaba impregnando de sangre hasta los huesos», expresó. Se sentía bajo muchísima presión por todo el troleo y abuso, también preocupado por los efectos que los ataques tuvieran en él. Entonces decidió matar al Paul digital que había creado. «Fue duro, porque anhelaba tener una voz».

La última vez que supe de Paul había creado una nueva persona en línea: una mujer, cuyo perfil creaba con afán y publicaba en la sección de comentarios de sitios de política. Lenta, vacilante, pero muy deliberadamente trataba de arrastrar a algunas personas más hacia su visión del mundo detrás de una pantalla de computadora.

3

En la quebrada de Galt

Nosotros, los *cypherpunks*,* estamos dedicados a construir sistemas anónimos.

ERIC HUGHES, *A CYPHERPUNK MANIFIESTO*
(1993)

Un gran Pizza Express abandonado al norte de Londres es un lugar muy inusual para empezar una revolución. Sin embargo, setenta de nosotros oímos cómo la crip-todivisa bitcoin cambiará el mundo. Solo son un puñado quienes hablan, la mayoría aquí está para escuchar a un joven escritor de código llamado Amir Taaki. Compartimos el espacio con otra decena de okupas, que recientemente se asentaron aquí. Circulaban latas de cerveza y el aire se sentía viciado por el humo de cigarro, lo cual confería al evento un matiz rebelde, especialmente para los miembros de la audiencia que, como yo, son sedentarios y no fuman. Hubo silencio cuando un hombre sin afeitar, de cabello más o menos corto y una pequeña cola de caballo, caminó hacia el frente de la habitación. Amir es un joven veinteañero; no obstante, está considerado uno de los programadores más talentosos. En 2014 *Forbes* lo incluyó entre

---

* A la fecha no existe un término aceptado en español para *cypherpunk*. Sin embargo, no debe confundirse con *ciberpunk*. Un *cypherpunk* es un ciberactivista dedicado a trabajar con la privacidad y el cifrado de información personal de acuerdo con sus ideales. [*N. de T.*]

los treinta principales emprendedores menores de treinta años. Con frecuencia le ofrecen trabajos muy bien pagados en el sector de la tecnología; sin embargo, vive en lo que llama una «colonia tecnoindustrial» en Calafou, España. Ha estado trabajando noche y día en un *software* de bitcoin desde hace cuatro años, y se puede decir que conoce más de esta nueva y extraña divisa que cualquier otra persona; está aquí para contarnos acerca de su último proyecto, que llama Dark Wallet.

La razón por la cual Amir y muchos otros están emocionados por bitcoin es porque es una forma de dinero en internet con consecuencias de gran alcance. Un bitcoin no es más que una cadena única de números. No tiene valor independiente, y no está ligada a ninguna divisa del mundo real. Su solidez y valor están basados en el hecho de que las personas creen en ella y la usan. Cualquiera puede bajar un *wallet* en su computadora, comprar bitcoines con divisas tradicionales mediante un tipo de cambio y usarlas para comprar o vender un creciente número de productos y servicios, de manera tan fácil como enviar un correo electrónico. Las transacciones son seguras, rápidas y gratuitas, no poseen autoridad que controle su valor o su suministro, ni algún intermediario recibe una sola tajada. Ni siquiera tienes que proporcionar tu nombre real para crear una cuenta. Ningún grupo o persona está a cargo de bitcoin: todos lo están.

El bitcoin fue presentado al mundo a través de una publicación en una exclusiva lista de correos electrónicos de criptógrafos. Rápidamente obtuvo muchos seguidores y pronto se convirtió en la divisa preferida de Silk Road. Un número creciente de personas empezó a cambiar bitcoines por dólares, lo cual puso su tasa de cambio de \$0.001 en 2009, a \$100 en abril de 2013. En octubre de ese año, un portavoz de la Reserva Federal de Estados Unidos sugirió que el bitcoin podría convertirse en una «divisa viable», y al mes siguiente el valor de un bitcoin era de \$1 000. Millones de dólares en bitcoines se comercializan cada año. En algunas partes del mundo casi se puede vivir con estos.[1]

El dramático aumento en la importancia del bitcoin dio como resultado una explosión en la inversión, compañías de cambio e, incluso, cajeros automáticos. Muchos miembros de la comunidad bitcoin han llevado a cabo complejas negociaciones con los gobiernos y reguladores sobre cómo hacer funcionar la nueva divisa junto con las tradicionales. Bitcoin Foundation es un organismo semioficial que representa a la divisa; fue fundado en 2012 para estandarizar el núcleo de desarrollo requerido para mantener el sistema trabajando de manera segura y efectiva. Sin embargo, nadie realmente está a cargo de Bitcoin, esta fundación es lo más cercano a un órgano de gobierno. En 2013, la conferencia anual de Bitcoin Foundation fue llamada «El futuro del pago», título que refleja el punto de vista de muchos de sus usuarios, que piensan que Bitcoin puede ser parte del sistema, aunque no todos comparten esta perspectiva.

Amir empieza su disertación sobre Dark Wallet y describe algunos de los desafíos técnicos que ha enfrentado, pero pronto deriva en polémica. «Los bitcoines no son ninguna jodida innovación en los pagos», refiere Amir en voz alta. «Los bitcoines son un proyecto político».

«Tal vez debamos trabajar con los gobiernos. ¿No ayudaría eso a extender el alcance del bitcoin?», dice un miembro de la audiencia.

«¡No! ¡El gobierno está formado por una bola de gánsteres! ¡No puedes aplacarlos! Ahora mismo somos nosotros los que tenemos la iniciativa y no la regresaremos», responde Amir.

Para personas como Amir, los bitcoines son el frente de una batalla más grande por el derecho al anonimato y la libertad en línea. Amir piensa que se debe ser libre para ser, decir y hacer lo que quieras en línea, sin censura ni vigilancia, y tal libertad logrará revoluciones políticas. Él es un *cypherpunk*.

La lista de correo

Un día a finales de 1992 el empresario retirado Tim May, el matemático Eric Hughes y el experto en informática John Gilmore, creador de *alt.* *, invitaron a veinte de sus programadores y criptógrafos favoritos a la casa de Hughes en Oakland, California.[2] Después de estudiar la carrera de Física en la Universidad de California, en Santa Bárbara, May trabajó para Intel en 1974, donde tuvo una brillante entrada al rediseñar los chips de memoria de la computadora Intel. Se retiró a la edad de treinta y cuatro y se dedicó a leer sobre computación, criptografía, física, matemáticas y política. Gilmore era el empleado número cinco de Sun Microsystems y, como May, se retiró joven para perseguir ideas políticas. Hughes, un brillante matemático de la Universidad de California, Berkeley, pasó algún tiempo trabajando en Holanda, con David Chaum, quizás el mejor criptógrafo hasta entonces. May, Gilmore y Hughes congeniaban naturalmente; los tres eran libertarios radicales y habían adoptado tempranamente la tecnología de las computadoras, y compartían un interés en los efectos que esta tendría en la política y en la sociedad. Pero mientras algunos liberales de la Costa Oeste estaban celebrando el comienzo de una nueva era libertaria y electrónica, Hughes, May y Gilmore se dieron cuenta de que la computación en red podía anunciar una edad de oro para el espionaje y el control del Estado. Todos ellos creían que el gran problema político actual era que los gobiernos del mundo usarían internet para asfixiar la libertad y la privacidad individuales mediante la vigilancia digital, o que los individuos autónomos minarían o, incluso, destruirían el Estado a través de las herramientas subversivas que también prometía la computación digital.[3]

En su primera reunión, May presentó su visión al emocionado grupo de rebeldes de cola de caballo entre los veinte y los treinta años.[4] «Si el gobierno no puede monitorearte, no puede controlarte». «Afortunadamente, gracias a la computación moderna, la libertad del individuo puede ser garantizada por algo más confiable que las leyes hechas por el hombre: las inquebrantables leyes de las matemáticas y la física existentes en un *software* que no pueda ser borrado», dijo May. «La política no le ha brindado a nadie libertad perdurable y nunca lo hará, pero los sistemas de cómputo lo harán», escribió en 1993.[5] May sostenía que lo que se necesitaba era un *software* nuevo que ayudara a las personas a evadir la vigilancia del gobierno. Este grupo fue creado para encontrar el cómo.

Pronto, el grupo empezó a reunirse cada mes en la oficina de Cygnus Solutions, negocio que Gilmore había iniciado recientemente. En unas de las primeras reuniones en 1992, un miembro, Jude Milhon, quien escribió artículos para *Mondo 2000* bajo el alias St. Jude, describió este creciente movimiento como *Cypherpunks*, jugando con el nombre del género de ficción «ciberpunk», hecho popular por escritores de ciencia ficción como William Gibson. El nombre perduró. «Para ser honesto, fue un poco una estratagema», dijo May al teléfono, desde su casa en California. «Un poco como Anonymous usando las máscaras de Guy Fawkes».

El grupo empezó a crecer. Eric Hughes decidió crear una lista de correos para llegar a otros interesados más allá de la zona de la bahía. La lista se alojaba en el servidor que mantenía el sitio personal de Gilmore: toad.com.[6] La primera publicación en esta, incluso antes de que Hughes la presentara, fue una republicación de un discurso de 1987 del matemático Chuck Hammill llamado «Desde las ballestas hasta la criptografía: boicot al Estado por medio de la tecnología». Marcó la pauta perfecta para lo que seguiría: «Por una fracción de la inversión de tiempo, dinero y esfuerzo que me tomaría tratar de convencer al Estado de que abrogue el espionaje y todas las formas de censura, puedo enseñarle a cada libertario que esté interesado en cómo usar la criptografía para abrogarlo unilateralmente», escribió Hammill. La lista pronto creció hasta incluir a cientos de suscriptores que publicarían a diario e intercambiarían ideas, discutirían desarrollos y propondrían y probarían cifrados. Esta destacable lista de correo electrónico predijo, desarrolló o inventó casi cada técnica usada hoy por los usuarios de computadoras para evitar la vigilancia del gobierno. Tim May propuso, entre otras cosas, criptodivisas seguras; herramienta que permite a las personas navegar por internet de manera anónima, un mercado no regulado, al cual llamó BlackNet, donde cualquier cosa podía ser comprada o vendida sin ser rastreado y un prototipo de sistema para filtrar información.[7] Los *cypherpunks* eran agitadores, provocaban controversia, eran radicales, intransigentes, pero también prácticos. Elaboraron cosas. Alguien escribía un fragmento de *software*, lo publicaba en la lista y los otros lo probaban y hacían mejoras. Cuando Hughes puso en marcha un programa para *remailers* anónimos, una manera de enviar correos electrónicos a las personas sin ser rastreado, otro participante de la lista, Hal Finney, trabajaba en corregir las fallas que encontraba en este y publicaba su versión mejorada.[8] Entre los *cypherpunks*, escribe Andy Greenberg, periodista de *Forbes*, en su historia de informadores, la creatividad es más admirada que la teoría. Fue Hughes quien acuñó la expresión que los definiría: «Los *cypherpunks* escriben código».[9]

Sobre todo, el código que querían escribir era de criptografía. La criptografía es el arte y la ciencia de mantener en secreto cosas que no se quiere que otros sepan y revelarlas a quienes sí se quiere que las sepan. Desde la época del Imperio romano hasta los años setenta del siglo pasado, la encriptación estaba basada en el modelo de «una sola llave» con el mismo código para bloquear o desbloquear el mensaje. La computación moderna hizo la encriptación más potente, pero el problema subyacente era el mismo: si quieres comunicarte con alguien de manera secreta, tienes que haberle enviado la llave, lo cual presenta el mismo problema del que partimos. Dos matemáticos del MIT, Whitfield Diffie y Martin Hellman, resolvieron esto en 1976 con un sistema llamado «encriptación de llave pública». A cada usuario se le da su propio sistema de cifrado personal de «dos llaves» que son diferentes, pero relacionadas matemáticamente a través de un número primo compartido; las matemáticas detrás de esto son complejas, pero la idea es simple. Quiere decir que puedes compartir tu llave «pública» con todos y ellos pueden usarla para cifrar un mensaje convirtiéndolo en un revoltijo carente de sentido que puede ser decodificado solo por tu llave «privada» secreta. La encriptación de llave pública transformó los usos potenciales de este proceso, ya que de pronto las personas podían enviarse mensajes encriptados entre ellos, sin tener que intercambiar código ni, de hecho, haberse reunido antes.[10] Hasta principios de los noventa, una encriptación fuerte estaba reservada solo para los gobiernos. Estados Unidos incluso clasificó la encriptación fuerte como «municiones» en 1976, e hizo ilegal su exportación sin licencia.

Mientras más personas se aventuraban en el ciberespacio, el gobierno de Estados Unidos puso más interés en lo que hacían las personas ahí. En 1990 el FBI aplicó una desmesurada mano dura contra los *hackers* informáticos, conocida como operación Sundevil. Esta fue rápidamente secundada, a principios de 1991, por una ley propuesta por el Senado de Estados Unidos, que obligaba a los proveedores de servicios de comunicación electrónicos a entregar los datos individuales de las personas. (La cláusula clave S.266 fue impulsada por el presidente del Comité Judiciario del Senado, John Biden). Peor aún, en 1993 el gobierno estadounidense anunció el chip *clipper*, un estándar de la industria de la encriptación para internet, del que la Agencia de Seguridad Nacional poseía todas las claves.

Muchos de los primeros que adoptaron la red consideraron esto como un intento del gobierno de Estados Unidos por controlar el ciberespacio, que hasta ese entonces operaba en gran parte fuera del control estatal. Phil Zimmermann, un activista antinuclear y programador, estaba preocupado por que las tecnologías digitales erosionaran la privacidad del ciudadano, más que liberarlo. Por años, Zimmermann soñó con crear un sistema de encriptación para las masas, basado en la encriptación de llave pública, que permitiría a activistas políticos comunicarse, libres de los ojos fisgones del gobierno. Sin embargo, hacía malabares con un trabajo *freelance* y dos niños, y nunca tuvo tiempo de realizarlo. Cuando se enteró de la cláusula de Biden S.266, completó fervientemente el proyecto y casi pierde su casa en el proceso. Cuando Zimmermann terminó su *software* en 1991, lo publicó en línea, en un grupo de Usenet, por supuesto, libre para todo aquel que quisiera usarlo. Lo llamó Pretty Good Privacy (PGP, Privacidad Bastante Buena) y en semanas fue descargado y compartido por miles de personas en todo el mundo. «Antes de PGP no había manera de que dos personas se comunicaran a gran distancia sin el riesgo de intercepciones», dijo Zimmermann en una entrevista reciente.[11] «Ni por teléfono, ni FedEx, ni fax». Sigue siendo la forma más usada para encriptar correos electrónicos hasta ahora.

El gobierno de Estados Unidos evidentemente estaba molesto. Creía que si mucha gente usaba criptografía fuerte, como PGP, les haría la vida más difícil a los servicios de seguridad. El gobierno británico también vigilaba nervioso. Sir David Omand, que trabajaba entonces para la agencia de inteligencia británica GCHQ, recuerda bien ese periodo: «Estábamos muy preocupados por la difusión y la adopción de criptografía fuerte como PGP». El gobierno británico incluso consideró brevemente, junto con Francia, legislar para controlar la encriptación, aunque al final decidieron no hacerlo.[12] Una vez que Zimmermann liberó el código en línea, sería casi imposible quitarlo del dominio público. Además, era cada vez más obvio que la tecnología de encriptación era vital para el bienestar de la rápida expansión de internet, especialmente para los negocios y el comercio en línea. La gente confiaría más en un internet seguro. El gobierno de Estados Unidos tomó un curso diferente. La liberación del código en internet por Zimmermann era considerado por el gobierno como exportar municiones. El Servicio de Aduanas de Estados Unidos inició una investigación criminal, buscaba perseguir a Zimmermann bajo el Acta de Regulaciones de Exportación de Armas.

Esta batalla por la encriptación llegó a ser conocida como *Crypto-Wars* y fue peleada por el gobierno y por quienes creían que los ciudadanos tenían el derecho de tener una criptografía fuerte. Para May, Gilmore y Hughes asegurar que la criptografía estuviera disponible para todos era el medio para lograr un fin. Los *cypherpunks* esperaban y creían que sus esfuerzos a la larga provocarían una revolución económica, social y política. Había efervescencia de radicalismo político en sus listas. En 1994, May publicó en la lista de correos el *Cyphernomicon*, un manifiesto sobre su punto de vista del mundo *cypherpunk*.[13] En este, explica que «muchos de nosotros somos explícitamente antidemocráticos y esperamos usar la encriptación para minar los así llamados gobiernos democráticos del mundo». En su conjunto, los *cypherpunks* eran libertarios recalcitrantes que creían que, hasta ese entonces, muchas decisiones que afectan la libertad del individuo eran determinadas por el voto popular de los gobiernos democráticos. Se les aconsejó a los *cypherpunks* leer *1984*, las novelas de ciencia ficción de culto *The Shockwave Rider* y *True Names,* el artículo «Security without Identification: Transactions Systems to Make Bigbrother Obsolete» de David Chaum y, quizás el más importante, *Atlas Shrugged*.[14] En la obra maestra de Ayn Rand, los ciudadanos más productivos de la distópica sociedad estadounidense se oponen a pagar impuestos y se esfuman en la quebrada de Galt, una recóndita comunidad cuyos habitantes son libres de perseguir la grandeza. May esperaba ver «regiones virtuales» similares, donde los individuos pudieran hacer acuerdos económicos consensuales entre ellos mismos, sin intervención del Estado.

La lista de correos parecía ser el antro donde talentosos programadores y *hackers* informáticos se reunían, muchos de los cuales usaban la lista para aprender sobre criptografía, antes de partir a la búsqueda de la visión de May a su particular manera. Uno de ellos era un programador llamado Proff, quien se unió a la lista a finales de 1993 o a principios de 1994. Inmediatamente se vio atrapado entre los ásperos y agresivos intercambios que caracterizan a los *cypherpunks*, como insultar a los nuevos, la crítica despiadada, si percibían fallas en la técnica del otro, y la planeación de la caída de los gobiernos. Cuando Esther Dyson, líder de *Electronic Frontier Foundation* (EFF), grupo comprometido con la libertad de expresión en internet y privacidad, cofundado por Gilmore, sostuvo en la lista que algunos límites en el anonimato podrían ser permitidos si hubiera leyes estrictas que respetaran la privacidad, Proff devolvió el tiro: «Es claro que las creencias personales de los que están involucrados en la EFF son la aceptación, las políticas actuales y la falta general de una fibra moral». Proff incluso especulaba que Dyson trabajaba para la CIA.[15] Dyson contestó: «No soy un instrumento de la CIA ni me han presionado, aunque no hay ninguna razón para que me creas».* Resultó que Proff era un talentoso programador australiano llamado Julian Assange. Aunque Assange era libertario, no compartía el desvergonzado elitismo de May. En el *Cyphernomicon* May hablaba despectivamente de los «ciudadanos no productivos», los sementales de la ciudad y, lo más notorio, el despistado 95%. En una de sus últimas publicaciones en la lista, Assange escribió (probablemente refutando a May) que «noventa y cinco por ciento de la población que compromete a la multitud nunca ha sido mi objetivo y tampoco debería ser el tuyo. Es 2.5 por ciento en cada extremo de lo normal, en el que tengo puesta mi vista». (Cuando le pregunté a May si Assange era un verdadero *cypherpunk*, contestó: «Por supuesto que sí. Lo veía como uno de nosotros. Hizo cosas, empezó cosas, construyó cosas»).[16]

El disgusto de May por el gobierno parecía ser un descubrimiento intelectual, producto, principalmente, de la lectura

---

*   Después se volvieron amigos, a pesar de sus acalorados intercambios.

voraz. Para Assange, era más emocional. En 1991, había sido arrestado por hackear la compañía de telecomunicaciones australiana Nortel, bajo el seudónimo Mendax. Aunque evitó la cárcel, la amenaza de un juicio penal perduró sobre él dos años, antes de declararlo culpable de veinticuatro cargos de *hacking* en 1994. La experiencia, escribió más tarde, le permitió «ver a través de esa apariencia que los educados juran no poder creer, ¡pero siguen servilmente con todo su corazón!».[17]

Assange vio que la criptografía podía usarse para atacar, pero también para defender. Creía que el anonimato criptográfico proveería, facilitaría y alentaría a los informadores a revelar secretos de Estado. Para Assange, la criptografía podría forzar a los gobiernos a ser abiertos, más transparentes, más confiables, para ver a través de esa apariencia y quizá destruirlos un poco.

Su inspiración la tomó de otro *cypherpunk* de la lista de correos llamado John Young, quien en 1996 fundó el sitio de internet cryptome.org, para publicar documentos filtrados especialmente, o cualquier documento y reportes confidenciales del gobierno.[18] Assange contactó a Young en 2006 para decirle: «Me conociste con otro nombre en los días de *cypherpunks*», y le informó sus intenciones de crear una nueva organización, que llamó WikiLeaks, la cual creía que podía cambiar el mundo: «La nueva tecnología y las ideas criptográficas nos permiten no solo alentar la filtración de documentos, sino facilitar su acceso a escala masiva. Intentamos poner una nueva estrella en el firmamento político del hombre».[19]

Por casi una década la lista de distribución *cypherpunk* fue el centro del cibermundo. Cientos de personas la usaban para proponer y aprender cifrado, evadir la detección y discutir políticas radicales. Finalmente, esto fue descontinuado en 2001, cuando John Gilmore dejó de alojarlo en su servidor, toad.com, por razones no del todo claras; Gilmore declaró que se había «degenerado».[20] Pero había un resultado notable: había *remailers*

anónimos por doquier, el desarrollo de un navegador anónimo
que permitía a los usuarios navegar por la red sin que nadie
pudiera rastrearlos; el sitio de filtraciones *cryptome* se estaba
convirtiendo en una espina para las agencias de inteligencia.
Mejor aún, el gobierno de Estados Unidos abandonó la investigación contra Phil Zimmermann y PGP estaba siendo usada
por todo el mundo.

Una sola cosa faltaba. Aunque los *cypherpunks* trataron de
construir un sistema anónimo de pago digital, nunca lo lograron. Después de que Gilmore cerrara la lista de correos original, surgieron muchas más en su lugar y estaban dedicadas
a mejorar la criptografía. La más notable fue la lista de correos
criptográfica de Perry Metzger, adonde migraron muchos de
los *cypherpunks* originales. Pero también atrajo a una nueva
generación que solo se interesaba en publicar documentos e
ideas sobre cómo evadir la vigilancia gubernamental y mejorar
la privacidad en línea. A principios de 2008, un colaborador
de la lista criptográfica llamado Satoshi Nakamoto publicó un
mensaje que cambiaría todo.

Hacia Calafou

Seis semanas después de la plática de Amir, me encontraba
caminando cuesta abajo por un polvoriento cerro y un puente
de concreto hacia un complejo industrial textil de siglo XIX. Las
palabras «Calafou: *còlonia ecoindustrial poscapitalista*» estaban
pintadas afuera en grandes letras negras con verde sobre un
muro. Era media tarde. Me aproximé a un hombre barbado y
de cabello largo que deambulaba por la entrada y pregunté por
Amir. «Debe de estar en el espacio para *hackers* o durmiendo»,
dijo. Entré.

Calafou es un experimento de vida cooperativa. Es mantenido y administrado por los más o menos treinta habitantes

permanentes, en asociación con un organismo llamado Cooperativa Integral Catalana (CIC).[21] La visión de la CIC es encontrar nuevas maneras de vivir de forma sustentable, ética y comunal, fuera del sistema capitalista, basadas en el principio de autodeterminación económica y política.[22]

Todo en Calafou es grande. El terreno debe de tener unas ochenta hectáreas, sin embargo, no podría decirlo con exactitud, ya que está llena de construcciones. Hay alrededor de treinta departamentos, cada uno de cuatro pequeñas habitaciones y más de 10 000 m^2 de un antiguo espacio industrial, incluyendo un comedor común y una vieja iglesia abandonada, la cual servía a las necesidades espirituales de los trabajadores de la fábrica que vivían ahí. El lugar se encuentra en un estado de destrucción creativa, desordenado por motores de motocicletas, bicicletas medio armadas, una hilera de paneles de yeso, botes vacíos de cerveza, una llanta de tractor tirada, una pila de ladrillos y dos impresoras tridimensionales. Finalmente, encontré el área de los *hackers*, cuando me dirigía al fondo del complejo. Se llega ahí a través de un gran corredor sin techo y subiendo por un par de escaleras de concreto. Es aproximadamente del tamaño de una cancha de tenis, que está llena de computadoras viejas, cajas repletas de módems, cables y teléfonos (después supe que cada computadora que tenían era reciclada o de segunda mano). Hay un par de sillones raídos dispuestos en línea en el muro del fondo junto con una gran mesa que alberga más computadoras, comida y una línea telefónica fija. Un dibujo hecho con aerosol de Captain Crunch, el *hacker* de teléfonos de 1970, y de Alan Turing, el genio criptógrafo británico, lo cual hace dudar sobre la lealtad del grupo.

Hay algunas personas escribiendo códigos, dos jóvenes en una esquina y un hombre ligeramente mayor, con una sudadera, sentado frente a tres pantallas de computadora y fumando un cigarro, está profundamente concentrado. Debe de ser Pablo, el jefe colaborador de Amir. Pablo es el responsable de la interfaz del usuario (la parte que ves en tu computadora) de Dark Wallet. Entré, nadie levantó la mirada de sus lugares. Me presenté con él y pregunté si tenía tiempo de dar un paseo. «No puedo, estoy peleándome con un problema de programación, espera un rato». Me senté en uno de los sillones. Así es como muchos programadores y *hackers* trabajan. «La programación avanzada es una tarea creativa», me dijo Amir en Londres. Cuando tienes una buena racha, continúas trabajando, y era evidente que Pablo la estaba teniendo.*

Finalmente, dejó de escribir en el teclado. Armó otro cigarro y se sentó conmigo en el sillón. Empezamos a hablar de la fábrica. Pablo es un residente permanente de Calafou. Me dice que es una etapa emocionante en la CIC, ya que los residentes están negociando comprar todo el complejo industrial; cada persona pagará 25 000 euros por departamento. Por ahora están todos rentados. Por poco más de 100 euros tendrás un cuarto y un espacio para trabajar durante un mes. Si participas en el sistema de cocina comunal, puedes arreglártelas con muy poco y ser libre de desarrollar tus propios proyectos (cuando no estás colaborando en el trabajo comunitario).[23] «Dark Wallet es uno entre las decenas de proyectos en Calafou», dice Pablo. Justo antes de que yo llegara, hubo una sesión de impresión 3D. En la habitación de al lado hay un experimento científico para desarrollar una cepa de amibas que puedan almacenar energía. El plan a largo plazo es crear computadoras orgánicas; otros residentes están creando baños secos y manufacturando paneles solares, vendiendo hornos de barro y construyendo telecomunicaciones de código abierto. Todos los departamentos están ocupados ahora, pero siempre hay más personas haciendo *couch surfing*, especialmente si hay un evento público, lo cual sucede a menudo.

---

* Alguien me refirió después que trabajaba 48 horas seguidas y luego dormía un día para recuperarse. Cuando terminó, Pablo finalmente me dijo que estaba recibiendo la primera transacción exitosa de bitcoines usando una «dirección furtiva» que no puede ser rastreada.

«Calafou es más que un espacio para vivir», señala Pablo. Es también una filosofía inspirada y parcialmente fundada por un hombre llamado Enric Duran. «Es un hombre fantástico», afirma con cierta emoción. Y sí, lo es. A finales de 2008, Duran, apodado el Robin Hood de los bancos, hizo circular 200 000 copias de un periódico llamado *Crisis* para explicar cómo había pasado los dos últimos años engañando a treinta y nueve bancos para que le prestaran casi medio millón de euros. Pagó los primeros préstamos para asegurar un buen historial crediticio, pidió prestado más, suspendió el pago y donó el dinero a activistas sociales (después me enteré que también a Calafou) y a futuras ediciones de *Crisis*. En 2009, Duran promovió la CIC como un ejemplo práctico de los ideales detallados en su segundo periódico: *¡Podemos vivir sin capitalismo!*[24] En 2009, Duran fue arrestado por los cargos contra él de parte de seis de los bancos y pasó dos meses en prisión antes de ser liberado bajo fianza. Cuando en 2011 un fiscal pidió ocho años de condena, se ocultó.

Después de más o menos una hora, Amir entró tranquilamente en la habitación con dos amigos del extenso movimiento anticapitalista Ocuppy London, que estaban de visita. No se dio cuenta de mi presencia y tampoco de la de Pablo. «Amir», gritó Pablo. «¡Recibí la primera transacción con bitcoines desde la dirección furtiva!». Amir miró fijamente la pantalla de Pablo por un momento, y asintió mientras sus ojos la recorrían. Parecía bastante impasible. «*Cool*», dijo.

Amir nació en Londres, es de padre iraní y de madre escocesa, aunque creció cerca de Kent. Aprendió programación en la escuela y rápidamente se metió en problemas por apagar la red de televisión de circuito cerrado. Era excelente en matemáticas, entró a estudiar a la universidad y la abandonó tres veces. Se convirtió en okupa y conoció a Pablo, con el que pasó cinco años trabajando en un juego de computadora de código abierto. Justo antes de ser lanzado, el proyecto colapsó. «La política y la gente se interpusieron. De pronto me vi sin dinero ni educación, sentí como si hubiera tirado cinco años a la basura», explica Amir. Sin embargo, Pablo y él se llevaron bien. La experiencia de trabajar en un equipo más grande no tuvo éxito: «Lo peor que puedes hacer en tu vida es hacerles caso a otros», añadió.

Entonces, al pasar más tiempo en línea, ganó dinero como jugador profesional de póker. Durante dos años jugó cientos de partidas diarias. Múltiples partidas a la vez. No hizo gran fortuna, solo la necesaria para vivir; también este fue el inusual sitio de su educación política. En el Black Friday de 2011, los fundadores de la compañía más grande de póker en internet fueron imputados en una investigación del FBI e incautaron los sitios electrónicos. (En 2012, el gobierno de Estados Unidos descartó todas las querellas civiles contra PokerStars y Full Tilt Poker). Miles de jugadores, incluyendo a los amigos de Amir, perdieron su dinero en algún lugar del ciberespacio. Amir experimentó con su propio sitio de internet *peer-to-peer*, para detener a las compañías de póker en línea (y el interés que cobraban por cada mano), pero no encontró un sistema de pago decente y seguro. En 2011, se toparía con Bitcoin, donde trabajó varios de sus proyectos; incluso fundó y mantuvo el primer cambio de bitcoines de Gran Bretaña llamado *britcoin*, que permitía a las personas cambiar bitcoines por libras esterlinas, en vez de dólares. Al indagar en los protocolos de Bitcoin, notó que no era tan seguro ni anónimo como todos pensaban. Era un invento brillante, por supuesto, pero al añadir algunas cosas podría ser aún más subversivo. Es cuando se le ocurrió la idea de Dark Wallet. Se mudó a Calafou y se trajo a Pablo junto con Cody Wilson, el criptoanarquista estadounidense que creó la primera pistola impresa en 3D, y juntos reunieron 50 000 en un mes vía Indiegogo, sitio de internet de financiamiento colectivo. Aunque la experiencia y el conocimiento técnico de Amir son admirables, sus ideales y motivaciones lo colocaron en el ala radical de lo que se ha vuelto una creciente y respetable comunidad de Bitcoin.[25] Dark Wallet ha enfrentado por sí solo a organizaciones que buscan capitalizar y controlar Bitcoin y su mercado. «Muchos desarrolladores destacados de Bitcoin están coludidos activamente con miembros de la policía y buscan la aprobación de los legisladores del gobierno», reza la publicidad de Dark Wallet. Creemos que estos no son los intereses propios de los usuarios de Dark Wallet, sino que sirven a los intereses de las grandes empresas que se autonombraron Bitcoin Foundation.[26] En una entrevista de 2014 con *Newsweek*, el científico a la cabeza de Bitcoin Foundation, Gavin Andresen, dijo que piensa en Bitcoin como «absolutamente el mejor y más eficiente dinero, libre de caprichos políticos. No como una herramienta del todopoderoso mercado negro, que será usado por anarquistas para derrocar al sistema». Algunos miembros de la más amplia comunidad de Bitcoin están preocupados por que la política radical de Amir impida a esta divisa ser tomada en serio. «El idiota de Taaki se está apropiando de todo el pastel...», escribió alguien en un foro sobre Bitcoin. «¡Depende de nosotros como comunidad sacarlos de escena!», me escribió Mike Hearn, uno de los programadores en jefe de Bitcoin Foundation, a quien no le importa si el control del gobierno sobre las personas disminuye a través de los bancos. «Considero que Bitcoin es principalmente un proyecto técnico. Pienso que las personas (como Amir) se decepcionarán cuando se descubra que ese dinero sin fondos no provoca ninguna anarquía».

Amir no presta atención a este tipo de comentarios. Él lo ve precisamente como una herramienta para derrocar al sistema. «Las personas de la fundación están tratando de censurar el Bitcoin», comenta. Tanto él como Cody Wilson han propugnado por que Dark Wallet sea usado para comprar drogas de manera más segura y afirman que cualquier acuerdo con el gobierno amenaza la visión de Bitcoin.[27] Teme que su potencial de libertario radical esté siendo diluido. Bitcoin Foundation está introduciendo mecanismos de censura o mayor centralización (por ejemplo, en la minería), para ayudar a que funcione de manera más efectiva y segura como sistema de pago.

Pero esto también reduce su capacidad como tecnología de código abierto, que permite a la gente negociar directamente entre ellos.

Satoshi

Tim May y los *cypherpunks* no inventaron las criptodivisas digitales, pero han visto lo que podrían hacer. El honor es de un criptógrafo llamado Davis Chaum. Aunque nunca asistió a una reunión, su trabajo sobre sistemas de pago anónimos inspiró a muchos *cypherpunks*, incluyendo a May.[28] El principio básico de una criptodivisa es que cada unidad de la moneda es una cadena única de números que los usuarios pueden mandar a alguien más en línea. Sin embargo, las cadenas de números pueden ser fácilmente copiadas y usadas varias veces, lo cual provoca que pierdan todo su valor. Chaum resolvió este problema creando un único libro de contabilidad centralizado, el cual registraba las transacciones de cada persona para asegurarse de que cada unidad de esta divisa no estuviera en dos lugares a la vez. Incluso inició una compañía en 1990, llamada DigiCash, para llevar acabo esos planes, pero la idea de tener solo un sistema centralizado que verificara toda la red lo hacía parecer poco fiable para muchos. DigiCash nunca terminó de despegar. Satoshi publicó en la lista de correos criptográfica la proposición de una nueva criptodivisa, la cual, sostenía, resolvía este problema al crear un sistema de verificación distribuido. Lo llamó Bitcoin. «De entrada se recibió con escepticismo», recuerda Hal Finney, *cypherpunk* veterano que vio ir y venir muchas propuestas. Sin embargo, también notó que Satoshi había agregado algo que no había visto antes, la llamada cadena de bloques o *blockchain*.

Cierta cantidad de bitcoines es almacenada en una dirección Bitcoin, la clave es una cadena única de letras y números

que puede conservarse en un sitio de internet, una computadora de escritorio, un teléfono celular o incluso una hoja
de papel. Cada vez que alguien manda bitcoines como pago,
un registro de la transacción es almacenado en la cadena de
bloques. Las transacciones son recolectadas en bloques y cada
uno representa alrededor de diez minutos de transacciones.
Los bloques son ordenados cronológicamente e incluyen una
firma digital o *hash* del bloque previo, que administra la soli-
citud y garantiza que el bloque nuevo pueda unirse a la cadena
solo si comienza desde donde el precedente acaba. Una copia
del registro de cadenas de bloques, un registro de todas y
cada una de las transacciones hechas, es mantenida por todo
aquel que haya instalado el *software* de Bitcoin. Para asegurar
que todo funcione como es debido, las cadenas de bloques
son verificadas constantemente por las computadoras de todos
aquellos que utilicen el *software*. El resultado es que, en cualquier momento, el sistema sabe cuántos bitcoines hay en mi
cartera, de manera que no puedan ser copiados o usados dos
veces. Por primera vez, podía transferirse la propiedad, pero
no duplicarse, todo esto sin la ayuda de un libro de contabilidad
controlado de manera centralizada. Una genialidad.

Después de que Satoshi y Finney hicieron la primera transacción (y resolvieron algunos problemas iniciales), Satoshi
lo hizo un proyecto de código abierto, e invitó a otros a que
ayudaran en el desarrollo del código y el concepto. Cada vez
más usuarios se unieron a la lista de correos y se transfirieron
bitcoines entre ellos, siempre con la expectativa de que hubiera
alguna falla en el sistema, pero nunca sucedió.

La razón de que el Bitcoin sea tan amado por los libertarios
es porque le quita al Estado el control del suministro de dinero.
Satoshi no confiaba en el sistema bancario global y vio a su criptodivisa como una manera de minarlo. También detestaba que
el Estado tuviera la llave del suministro del dinero y la usara
para sus propios fines; incluso añadió una línea de texto fuera
de lugar en el «bloque Génesis» (el primer *bit* de la cadena de

bloques, su transacción con Finney), la cual decía: «*The Times* 03/ene/2009, ministro de Hacienda al borde de un segundo rescate financiero para los bancos».[29]

Para mantener a los gobiernos y los bancos centrales fuera de esto, Satoshi puso un límite al número total de bitcoines que pueden ser producidos: 21 millones. No obstante, los bitcoines pueden ser comprados y vendidos con divisas del mundo real, pues los nuevos no son acuñados por ninguna autoridad central. En vez de eso, cualquiera que dedique su potencia de cálculo para verificar las transacciones en la cadena de bloques compite por ganar una pequeña cantidad de nuevos bitcoines cada vez que las verifica (esto se conoce como «minería»). Entre más bitcoines son creados (hasta ahora van aproximadamente 13 millones), los restantes requieren más potencia de cálculo para extraerlos.* El último bitcoin espera ser extraído alrededor del año 2140. Pero eso no es todo, Satoshi lo diseñó para ser un sistema *peer-to-peer*, encriptado y cuasianónimo, lo que dificulta vincular una transacción a una persona en el mundo real; de esta manera cobrar impuestos y monitorear a los usuarios es muy complicado. Aunque la cadena de bloques registre cada transacción, no registra quién las hace.

Estas cualidades eran las que Satoshi tenía en mente todo el tiempo. Mientras muchas de sus publicaciones en la lista de correos criptográfica discutían los detalles técnicos de la nueva divisa, también dejó claras sus lealtades. En sus primeras publicaciones en la lista, Satoshi le escribió a Finney que el Bitcoin era «muy atractivo desde el punto de vista libertario, si lo podemos explicar correctamente».[30] «No encontrarás una solución a los problemas políticos en la criptografía», publicó en respuesta. «Sí, pero podemos ganar una batalla más grande en la escalada armamentista y ganar un nuevo territorio de libertad por varios años», contestó Satoshi.

---

* Los bitcoines pueden ser divididos hasta en ocho cifras decimales. La unidad más pequeña no divisible es conocida como «Satoshi».

Satoshi redactó su última publicación a finales de 2010 y, como un verdadero *cypherpunk*, rápidamente desapareció.[31] Amir tenía razón. En el fondo, Bitcoin es un proyecto político, aunque también es de código abierto y, para muchos, como The Bitcoin Foundation, es el futuro como mecanismo de pago. Para Amir esto diluye la visión original de *cypherpunk*, por eso está construyendo Dark Wallet.

Dark Wallet

Felizmente instalado en «Hackafou», Amir me describió los objetivos de su último proyecto. Básicamente, se trata de hacer bitcoines más anónimos y confiables. Dark Wallet incluirá numerosas características nuevas, las cuales, si se implementan de manera adecuada, serán más que un dolor de cabeza para «el sistema».[32] Una de las innovaciones clave se llama «multifirma», donde un pago con bitcoin solo puede ser liberado si dos de tres partes lo suscriben.[33] Otra es llamada «mezcla no confiable», una manera de hacer más difícil de rastrear los pagos de Bitcoin. Está basado en un proyecto llamado Coin-Join, el cual revuelve las transacciones que suceden al mismo tiempo y de nuevo las enruta al destino final. Todos reciben la cantidad exacta, pero nadie sabe quién la está enviando. La tercera innovación clave es llamada «dirección furtiva». Dark Wallet genera una dirección Bitcoin falsa como destinatario, así que es un poco difícil vincular a una persona real con su *wallet*. Aunque no hace las transacciones perfectamente anónimas, es un adelanto significativo. Amir espera que mucha gente quiera sacar ventaja de las capas adicionales de seguridad que ofrece.[34]

Como programador, Amir es excepcionalmente preciso y estricto. Pero cuando le pido que trate de definir las políticas, siento como si luchara por transformar su frustración en un conjunto de ideas claro y coherente. Donde sea que hable sobre

Bitcoin y su potencial, la conversación casi siempre se torna en una molesta polémica: el estado de vigilancia, gobiernos corruptos, corporaciones codiciosas, opresión y daño ambiental. Aunque explica que hay una simple y poderosa idea que engloba todo: la descentralización y la tecnología dan poder a los individuos. «Estoy en pro del espíritu humano y en contra del poder», expresa. Entiende su papel de construir herramientas que otras personas puedan usar para aumentar sus ámbitos de libertad. (Y es verdad que Amir está profundamente comprometido a compartir, más que a sacar partido de la tecnología que produce. Es difícil no admirar esto).

Al igual que Tim May, ve libertad en los números, leyes no hechas por el hombre: «Bitcoin es una divisa basada en las matemáticas, las más puras. Crea el mercado más puro, entre iguales sin terceros corruptos o controladores». En ese sentido, percibe a Dark Wallet como un golpe más contra los gobiernos ineficientes y demasiado poderosos en el mundo. «Un montón de gánsteres que mantienen una democracia simulada», comenta. Bitcoin elimina los desacuerdos y las ineficiencias que se interponen en el camino. (Y como explicará más tarde, tiene potencial más allá del dinero). En un sentido más amplio, hay muchos dentro de la comunidad de Bitcoin que comparten su punto de vista.

Lo siento un poco utópico, es demasiada fe en que las matemáticas y la física resuelvan los problemas sociales, sin suficiente reflexión sobre cómo lograrlo precisamente. Amir lo ve con indiferencia. «Paso mucho tiempo en comunidades y observo los problemas que tienen ahora. Veo las herramientas que tengo a mi disposición y cómo crear soluciones. No hay nada utópico en el proceso, es iterativo». Pero, pregunto, ¿acaso los gobiernos no tienen propósitos útiles? ¿Qué hay sobre los servicios de salud, la educación colectiva y la asistencia para los más desfavorecidos?

De pronto, Amir hace una interrupción y me dice: «¿No quieres jugar un videojuego?». Pone uno llamado *Mirror's Edge*.

La historia se desarrolla en el futuro cercano, donde un Estado dictatorial mantiene la paz a través de una mezcla de vigilancia tóxica e hiperconsumismo estéril. La dócil población prefiere la paz a la libertad, excepto por un puñado de rebeldes que dependen de *runners* para entregar mensajes a la resistencia clandestina. Como *runner*, tu trabajo es correr a toda prisa por los techos de edificios, escabullirte por callejones y desaparecer entre las sombras evadiendo a la policía del Estado. «Me encantan los juegos. A través de ellos los niños aprenden de política», dice Amir. Juega con la cara pegada a la pantalla y la cabeza ligeramente inclinada. Rebota un poco en su silla cada vez que su personaje salta. «Entrenamiento», dice y sonríe. Mientras se agacha y se agita, continúa con la plática que interrumpimos antes de que empezara a jugar. «Es cierto, la gente va a sufrir; es triste, pero así es».

El *cypherpunk* se extiende

Para los *cypherpunks* como Amir, Bitcoin es un medio para alcanzar un fin, al igual que para Tim May. Este fin es liberar las formas de comunicación y la relación entre los individuos, para que no puedan ser censuradas o monitoreadas. «Las divisas son solo el inicio», dice Amir. «La genialidad de las cadenas de bloques es que nos ayudarán a crear una red descentralizada que nadie pueda censurar. Es mucho más grande que Bitcoin. Transformaremos todo internet». ¿Qué significa eso?

Bueno, en este momento no controlas tus datos de Facebook, porque están alojados en los servidores de Mark Zuckerberg. Los administradores de Facebook pueden hacer lo que sea con ellos, ya que son dueños de los servidores y también de tus datos. No es realmente libre, porque está centralizado. Una plataforma de red social que use cadenas de bloques sería diferente. Tus publicaciones podrían formar parte del registro de esta cadena y cada usuario de esta podría tener su propia copia. Todo podría ser hecho de manera anónima y la censura sería casi imposible. Nadie podría apagarlo porque nadie lo posee.

Hay varios proyectos en camino que están tratando de hacer esto. Uno de ellos es la plataforma de redes sociales llamada Twister.[35] Miguel Freitas es el desarrollador en jefe y trabajó durante varios meses seguidos, incluso sin pago, tal como Zimmermann lo hizo cuando trabajó en PGP, para convertir el modelo de cadena de bloques en una plataforma de redes sociales, después de que el primer ministro, David Cameron, admitiera que su gobierno consideró cerrar Twitter durante los disturbios de Londres en 2011. «Traté de buscar alternativas de microblogueo, pero no pude encontrar ninguna. Internet por sí solo no ayudará al flujo de la información si todo el poder está en manos de Facebook y sus amigos».

Twister es uno de los muchos sistemas de nueva generación que se creó para garantizar la libre expresión y privacidad, y fue diseñado para el mercado de masas, más que para especialistas. Es amigable con el usuario, barato y eficiente. Jitsi es una aplicación gratuita, segura y de código abierto para voz, videoconferencia y mensajería instantánea, que inició como un proyecto estudiantil en la Universidad de Estrasburgo. Jabber es otro servicio de mensajería instantánea que está encriptado con el estándar industrial Secure Socket Layer y es mantenido por voluntarios y alojado físicamente en un centro de datos seguro. Phil Zimmermann ahora trabaja en un proyecto llamado Darkmail, un servicio de correo encriptado automáticamente de extremo a extremo.

Hoy en día hay cientos de personas que, como Amir y Miguel, trabajan en ingeniosas formas de mantener los secretos en línea o prevenir la censura a su ritmo y financiados por usuarios afines a la causa. Uno de ellos es Smári McCarthy, un *geek* sin complejos, un as en la computadora y miembro fundador del partido radical islandés: el Partido Pirata. Solía trabajar con Julian Assange en los albores de WikiLeaks. Sin embargo, no es realmente un *cypherpunk*, se resiste a cualquier asociación con la filosofía de Ayn Rand, pero cree que la privacidad en línea es un derecho fundamental y está preocupado por la vigilancia estatal en la red. También cree que la criptografía es una parte esencial del proyecto. Quiere que encriptes todos tus correos electrónicos con PGP, incluso (o especialmente) aquellos que les mandas a tu familia y tus amigos. La razón, explica, es generar «tráfico de camuflaje» para los que necesitan mantener cosas en secreto. Si todos lo usamos, nadie en realidad lo usa; los disidentes desaparecerán entre la multitud. Smári ha analizado a los actuales programas de la Agencia de Seguridad Nacional (NSA) y el presupuesto del gobierno de Estados Unidos, y calcula que actualmente cuesta 13 centavos de dólar por día espiar a cada usuario de internet en el mundo. Tiene la esperanza de que los servicios de encriptación por defecto, como el suyo, eleven el costo hasta los $10 000. No se detendrá el espionaje a las personas, está de acuerdo en que a veces es necesario, pero lo limitará drásticamente. Con este costo inflado estima que al gobierno estadounidense solo le alcanzará para vigilar a 30 000 personas. «Si no podemos confiar en que el gobierno hará solo aquello que sea necesario y proporcionado, y no lo logramos, entonces la economía los forzará a hacerlo. Aunque la razón por la que nadie usa encriptación es porque es complicada y difícil de configurar», explica. En contraste, Gmail es elegante, simple y rápido. Así que Smári y dos colegas decidieron desarrollar su propio sistema de correo electrónico encriptado y fácil de usar; en agosto de 2013 reunieron $160 000 de partidarios en Indiegogo para hacerlo. Se llama *Mailpile*.[36] «¡Tendrá todas las características y será fácil de usar!», explica Smári, al mismo tiempo que abre su *laptop* para darle un vistazo. En efecto, luce bien.

En 2013, documentos publicados por Edward Snowden sostenían que la NSA, junto con la Government Communications

Headquarters (GCHQ, Cuartel General de Comunicaciones del Gobierno) británica y otros estaban entre otras cosas, interviniendo los cables de internet en el fondo del mar, la columna vertebral, e instalando accesos a través de puertas traseras a los servidores de compañías privadas y trabajando para romper (y debilitar) los estándares de encriptación, a menudo sin mucho sustento legal ni mucho menos un debate público.[37] Temeroso de la vigilancia gubernamental, las personas están tomando medidas para mantenerse a salvo en línea al usar un *software* diseñado por personas como Smári para ayudarlos.

El mensaje de los *cypherpunks* no está siendo ignorado, cada vez más y más personas usan tecnologías de encriptación; la demanda de servicios como Mailpile, PGP o Jitsi está creciendo, el ritmo de adopción diario se triplicó en los meses siguientes a las revelaciones de Snowden.[38] A mitad de 1990, los *cypherpunks* frecuentemente alertaban sobre la inminente «vigilancia estatal». Resultó que durante todo este tiempo estaban en lo correcto y hoy en día el *cypherpunk* se está extendiendo gracias a un tuit.

¡Nada como un criptofestival!

En 2012 el Parlamento australiano aprobó un proyecto de ley de una enmienda a la legislación de cibercrimen, la cual daba más poder al gobierno para monitorear las comunicaciones en línea, en las narices de los grupos libertarios civiles que se oponían. Como consecuencia inmediata, un usuario de Twitter publicó un tuit en la cronología del activista de la privacidad australiano Asher Wolf: «¡Nada como un festival de instalación de programas criptográficos! Traigan sus propios dispositivos, cerveza y música. Pongámosle lugar y fecha :) ¿Quién dice yo?». Luego recordó que fue por una taza de té, después de tuitear la idea, y cuando regresó a su *laptop* encontró que en

Berlín, Canberra y Cascadia ya habían definido fechas. «A la mañana siguiente, media docena más de países estaban convocando a criptofestivales».[39]

Para personas como Amir es natural, pero la mayoría de las personas no saben cómo navegar de manera anónima por internet, pagar con bitcoines o mandar un correo encriptado con PGP. Un criptofestival es un pequeño taller para mostrarles cómo. Normalmente son unas veinte personas a las que voluntarios expertos les enseñan las bases de la seguridad en línea; cualquiera puede ir y a menudo se realiza en la casa de alguien, en una universidad o incluso en un bar.

El tuit de Wolf desencadenó una tendencia global de este movimiento.* Incluso hay una guía gratuita de criptofestivales,[40] que fue hecha de manera colaborativa en menos de veinticuatro horas por activistas de todo el mundo y sigue siendo editada y actualizada por el público.[41]

Poco después de las revelaciones de Snowden, un grupo de activistas de la privacidad llevaron a cabo un gran criptofestival en el campus de la Universidad Goldsmiths de Londres. Me uní a más o menos doscientas personas, todos querían aprender cómo permanecer anónimos en línea. En numerosos talleres, de una hora cada uno, aprendimos a usar TOR para navegar de forma anónima, cómo usar Bitcoin y PGP. Los participantes eran muy diversos. Un grupo de señoras mayores estaban encantadas mandándose correos entre ellas usando PGP (lo cual, por extraño que parezca, es gratificante). Pronto estábamos intercambiando misivas. Con un solo clic, esto:

Jklr90ifjkdfndsxmcnvjcxkjvoisdfuewlkffdsshSklr9jkfmdsgk,nm3inj219fnnokmf9n0ifjkdfndsxmcnvjcxkjvoisdfuewlkfJflgmfklr90ifjkdfndsxmcnvjcxkjvoisdfuewlkf,nm3inj219fn-

---

* He documentado por lo menos 350 criptofestivales anunciados públicamente alrededor del mundo desde 2012; en cada continente el número de participantes iba desde cinco hasta quinientos.[41]

nokmf972nfksjhf83kdbgfhydid89qhdkfksdfhs8g93kkka-
fndhfgusdug892kmgsndu19jgwdnngskgds8t48senglsdpss9sy-
31bajsakf7qianfkalhs19jaslfauwq8qoafall2kjhagfasjf993ham-
falsfuqiejfkallnjksd732j1ls0dskj

De pronto se convertía en:

¡Hola!

Conocí a un periodista que estaba preocupado por sus recursos en una parte peligrosa del extranjero y a un grupo de
estudiantes que parecían felices de haber encontrado un motivo contra el cual enojarse. Una mujer alemana me dijo que
recordaba el Stasi (el Ministerio para la Seguridad del Estado
alemán) y estaba convencida de que vamos como sonámbulos
dentro de una distopía orwelliana. «¿Confías en la policía?»,
me preguntó con una mirada fulminante. «Bueno, sí, la mayoría de las veces», respondí. «¡No deberías!», respondió con
enojo. Le pregunté si había escuchado alguna vez de Tim May
y los *cypherpunks*, pero dijo que no. De hecho, nadie había
escuchado de ellos, pero no importa. Las encuestas muestran
de forma consistente que valoramos la privacidad; nueve de
cada diez británicos manifiestan que les gustaría tener más
control sobre lo que pasa con sus datos personales en línea.[42]
El esfuerzo de las sociedades por equilibrar las libertades individuales y el poder del Estado siempre están en constante
cambio. La mayoría de nosotros aceptamos, incluso en las
democracias, que necesitamos ser espiados algunas veces, pero
eso debe ser limitado, proporcionado y bien usado. Aprobamos
leyes para tratar de asegurar esto, pero el caso es que la tecnología moderna se ha desarrollado muy rápido, y con la llegada de la computación extremadamente poderosa y el hecho
de que compartimos demasiada información sobre nosotros
mucha gente, no solo los *cypherpunks*, piensa que su derecho
a la privacidad está siendo vulnerado.

El lado oscuro

Personas como Phil Zimmermann o Smári están desarrollando la criptografía porque piensan que su trabajo ayuda
a proteger las libertades civiles de la indiscreta vigilancia,
especialmente en los regímenes represivos y, sin duda, es
cierto. Pero no son solo los que luchan por la libertad o re-
volucionarios democráticos quienes usan sus herramientas.
Terroristas, extremistas, crimen organizado, pederastas y canales populares cancelados frecuentemente son los primeros
en adoptar la nueva tecnología y también tienen una razón
para mantenerse ocultos. Los mayores productores y distribuidores, no los consumidores, de pornografía infantil, son
usuarios expertos en criptografía. Sin Bitcoin, el mercado
de drogas en línea Silk Road probablemente nunca habría
existido.

   David Omand, el exdirector de GCHQ, ahora profesor invitado en el King's College de Londres, sigue estando cerca
de las agencias de inteligencia británicas: «Es absolutamente
vital que las agencias de inteligencia mantengan la capacidad
de monitorear lo que sea necesario para mantener la seguridad pública. Internet proporciona un rango de opciones más
amplio para evitar la vigilancia. Generalmente es cierto que
terroristas y criminales peligrosos harán y usarán la última
tecnología disponible para ellos, y seguirán muy de cerca el
último avance en comunicaciones seguras. Es una carrera armamentista».

   Se ha argüido, mas nunca demostrado, que los terroristas
del 9/11 usaron encriptación PGP en sus comunicaciones. «No
tengo idea de eso», señala Omand. Pero está convencido de que
los terroristas habrían estado «encantados» con la información
filtrada por Edward Snowden. «De hecho, puedes estar seguro
de que siguieron la noticia, así como los gobiernos ruso y chino».

   Le pregunté si estaba preocupado por el aumento de los
criptofestivales o la cada vez más amplia adopción de TOR,

Mailpile y Dark Wallet. ¿Nos haría más vulnerables? «Sí, me preocupa. Pero la máquina de inteligencia no se detendrá». Piensa que los agentes de inteligencia encontrarán una manera, tienen que encontrarla, pero podrían acabar siendo más intrusivos que al usar los supuestos métodos expuestos por Edward Snowden. Relata que, durante la Guerra Fría, los cifrados soviéticos eran tan difíciles de descifrar para la GCHQ, que la inteligencia británica optó por reclutar más agentes soviéticos. Si el Estado considera que eres objeto legítimo de investigación de seguridad, pero no puede rastrearte en línea, pondrán un bicho en tu recámara. Omand pronostica más agentes y operaciones intrusivas en el futuro, «lo cual es, como de costumbre, moralmente más peligroso».

Para los *cypherpunks*, el hecho de que los criminales usen criptografía es un desafortunado resultado; sin embargo, es un costo que vale la pena pagar por la libertad adicional que nos da. Con frecuencia se le ha preguntado a Zimmermann cómo se siente acerca de que los secuestradores del 9/11 pudieron haber usado el *software* que diseñó. «Fue compensado por el hecho de que PGP es una herramienta para los derechos humanos alrededor del mundo..., la criptografía es más benéfica que dañina para una sociedad democrática». Zimmermann o Tim May no son responsables de mantener a la población segura y no leen información de seguridad clasificada. Omand sí lo hacía. No culpa a Zimmermann: «Para él no es una consideración moral que deba sopesar. Por supuesto que habría desarrollado PGP. No tendríamos los beneficios de internet sin tales avances. Sin embargo, corresponde a los gobiernos decidir si las nuevas tecnologías también representan un peligro para el público, y si se necesita hacer algo para reducir dichos riesgos hasta niveles aceptables».

La quebrada

En sus primeros días, la criptografía era un sueño libertario, una manera de iniciar una revolución. Los *cypherpunks* eran recalcitrantes libertarios partidarios de Ayn Rand, preocupados sobre todo por la libertad individual. Hoy en día, el problema del anonimato y la privacidad en línea se ha convertido en la principal preocupación de las personas a través de todo el espectro político. «Políticamente, los *cypherpunks* están por todas partes ahora», dice May, un poco triste.

La mayoría de los *cypherpunks* que trabajan en formas de evadir la detección del Estado son guerreros anti libre mercado o randianos convencidos, como Tim May. Smári es un pensador anarquista, alguien que está a favor de la abolición del Estado, como May, pero piensa que los humanos, cuando no sean influidos por intereses poderosos, tenderán a cooperar y a crear sociedades florecientes, no retiros aislados. A diferencia de May, las personas como Smári se preocupan por el bienestar, los derechos de las minorías y otras causas progresistas, aunque ambos comparten una desconfianza hacia el gobierno y los núcleos de poder, especialmente los centros de seguridad, y ven la criptografía como una manera, garantizada por las matemáticas, de inclinar la democracia hacia la gente ordinaria. Enric Duran, un reconocido capitalista, comparte mucho del punto de vista de May respecto a Bitcoin. «Una importante táctica en el camino hacia nuestro objetivo de cooperativas integradas», comenta por medio del correo electrónico. Un mundo libre de Estados nacionales. Las criptodivisas «pueden ayudar a parar nuestra dependencia del euro, y reducir la capacidad del Estado de controlarnos».[43]

Aunque representan visiones del mundo radicalmente diferentes, todos creen que el anonimato y la privacidad son esenciales para el buen funcionamiento de una sociedad libre. Para los *cypherpunks*, ya sean anarquistas o libertarios, el anonimato es preservar la capacidad de la gente para tener varias personalidades e identidades. Al proporcionar esto, la criptografía amplía los grados de libertad que los individuos tienen y con el tiempo animarán a las personas a llevar una vida más productiva y autosuficiente, y a abrir más espacios para tener nuevas formas de vivir. Así es como Amir lo ve. «Se trata de crear un espacio de libertad, de esta manera las personas pueden realizar cosas que valgan la pena. Es mejor construir redes confiables que estén basadas en establecer relaciones más que basadas en juicios, burocracia y policía», explica.

Amir está lleno de ideas. El próximo año planea construir máquinas industriales que puedan ser usadas para crear agricultura sustentable, sistemas de manejo de desperdicios. «Tendremos nuestra propia economía industrial», señala. También piensa que será capaz de construir una casa con €1 000 y revenderla en cinco veces ese precio, lo cual le permitirá reinvertirlo en otro Calafou en algún otro lugar. «Si quieren que juguemos su estúpido juego económico, los venceremos, y se los compraremos». (Ya hay un bosque ocupado cerca de Egham, a cuarenta minutos de Londres. Amir lo describe como una «federación autónoma» con alrededor de cuarenta casas).

Pero si todos empiezan a utilizar Bitcoin, la capacidad del Estado para recaudar impuestos y gastarlos disminuirá, y sufrirán la salud, la educación y la seguridad social, rubros que mantienen cohesionadas a las democracias y apoyan a los más necesitados. Las sociedades no pueden descomponerse ni arreglarse como si fueran el código de un programa, ni tampoco siguen reglas matemáticas predecibles. Si de verdad las comunicaciones encriptadas se vuelven la norma, es inevitable que sean usadas también por criminales. Algunos de los grupos progresistas e individuos que están luchando por el anonimato digital lo hacen por una buena razón. No se dan cuenta de que también están presionando la agenda política de un firme libertario radical de California.

A Tim May no le importa qué lo esté impulsando, ya que piensa que el fin del juego es inevitable. El tercer pilar de la apuesta está listo: junto con PGP y la navegación anónima, ahora hay una divisa anónima. «¡Y eso acabará con el maldito Gran Hermano!», exclama con emoción. May anticipa que en las décadas venideras los gobiernos como los conocemos se desintegrarán para ser remplazados por una «quebrada digital», algo que llama un «ciberlugar», donde los ciudadanos puedan existir sin ningún Estado, crear en línea comunidades de los mismos intereses e interactuar directamente entre ellos.[44] Como Amir, él no pasa por alto que a corto plazo será turbulento para quienes estén abajo, aunque las perspectivas a largo plazo sean buenas. «*Criptoanarquismo* significa prosperidad para quienes puedan aprovecharla, quienes sean suficientemente competentes para producir algo valioso que ofrecer para vender», escribió en 1994. No ha perdido su lado radical: «Estamos a punto de ver cómo se queman esos inútiles zánganos», me dice en tono de broma. «Cuatro o cinco mil millones de personas aproximadamente en nuestro planeta están condenados: la criptografía se trata de hacer el mundo seguro para el uno por ciento». Piensa que a corto plazo será duro. Solamente al quitar las muletas de las cuales dependemos: reglas, leyes y prestaciones sociales, podremos crecer hasta alcanzar todo nuestro potencial.

Dejé Calafou admirado por lo que Amir y otros intentan, pero preocupado por hacia dónde podría conducir. Amir es diferente de May en muchas maneras. Cree que lugares como Calafou ofrecen una mejor alternativa respecto a otras formas de vivir, para todos, no solo para los cinco principales, o incluso para el uno por ciento, eso es el motivo por el cual saldrá victorioso al final. Aunque, como May, piensa que la criptografía hará que suceda, sin analizar exactamente cómo o cuáles serán las consecuencias. Una fórmula matemática que, con la firme certidumbre de los números, creará un mundo de Calafous: pequeños colectivos autosustentables, autogobernados, poseídos y controlados por la gente.

En Calafou hay «asambleas de personas» donde los residentes se reúnen para acordar los proyectos, las responsabilidades y las demás tareas comunes. Es una especie de ágora griega: un método colectivo de toma de decisiones que trata de involucrar a todos en esta naciente y pequeña comunidad. «A nosotros, en el espacio para *hackers,* no nos interesa, no creemos en eso. Queremos promover la libertad individual. Si tienes una idea, pon manos a la obra y plásmala». Mientras abandonaba Calafou, al cruzar por el puente de concreto hacia el mundo exterior, Amir me dijo: «Hay muchísima gente quejándose y no hace nada. Nosotros hacemos cosas, resolvemos problemas». Los *cypherpunks* escriben código. Y regresó caminando a su querida «quebrada».

4

Tres clics

Los servicios ocultos TOR no son fáciles de navegar. En muchos sentidos, son muy similares a los sitios del internet superficial, pero rara vez están vinculados con otros sitios y las direcciones son series de letras y números sin sentido: h67ugho8yhgff941.onion, en vez de los familiares .com o .mx. Esto se complica aún más con el hecho de que los servicios ocultos TOR cambian frecuentemente de dirección. Para ayudar a los visitantes, hay varias páginas de «indizado» que listan las direcciones actuales. En 2013 la más conocida de estas páginas de indizado fue llamada la Wiki Oculta. Esta se ve exactamente igual que Wikipedia y lista una decena de los sitios más populares en este extraño internet paralelo: el caché de WikiLeaks, blogs sin censura, foros de *hackers*, el buzón de los informadores de la revista *New Yorker*, entre otros.

A finales de 2013 estaba navegando en la Wiki Oculta en búsqueda del infame mercado de la red oculta Silk Road. Mientras me desplazaba hacia abajo, de pronto noté un vínculo a un sitio de pornografía infantil. Me detuve. No había nada de especial en este, era un simple vínculo a una dirección hecha con una cadena de números y letras, como cualquier otro sitio listado ahí. Por un momento me quedé sentado, inmóvil, sin saber qué hacer. ¿Cerrar mi computadora? ¿Hacer una captura de pantalla? Llamé a la policía.[1]

El internet ha cambiado radicalmente la manera en que la pornografía infantil se produce, se comparte y se ve.[2] Según la Organización de las Naciones Unidas, la pornografía infantil (a la que algunos especialistas prefieren llamar imágenes de abuso infantil) es «cualquier representación, por cualquier medio, de un niño implicado en actividades sexuales explícitas reales o simuladas o cualquier representación de las partes sexuales de un niño con propósitos principalmente sexuales». De acuerdo con la legislación británica, estas imágenes están clasificadas en cinco niveles de obscenidad.[3]

Una vez abierto mi navegador TOR, me tomó dos clics llegar a la página que anunciaba el vínculo. Si hubiera hecho clic de nuevo, habría cometido un crimen extremadamente serio. No puedo imaginar ninguna otra situación donde hacer algo tan malo sea tan fácil.

Ahora más que nunca, podemos intercambiar archivos e información de manera más simple, rápida y barata. En general, es una cosa muy positiva, pero no siempre. ¿En verdad es tan fácil tener acceso a la pornografía infantil? Y si es así, ¿quién la está creando y viendo? Y, en una era de anonimato, ¿es posible detenerlo?

Un poco de historia

La prohibición de la pornografía infantil es un fenómeno sorpresivamente reciente. Durante el movimiento de liberación sexual de finales de los sesenta y los setenta, la pornografía infantil era abiertamente vendida en algunos países, de manera notable en Escandinavia, y ciertos estados de la unión americana; un interregno referido ahora como los «diez años de locura».[4] A finales de los setenta muchos gobiernos empezaron a legislar y aprobaron duras leyes para erradicarla; para finales de los ochenta la pornografía infantil era muy difícil de conseguir.[5] La revista de pornografía infantil más vendida en Estados Unidos, de la cual circularon ochocientos ejemplares, fue distribuida por un puñado de tiendas a redes pequeñas y cerradas de coleccionistas dedicados. En el Reino Unido, muchos pedófilos viajaron al extranjero para contrabandearlas.[6] Los órganos policiales de Estados Unidos consideran este problema más o menos bajo control. En 1982 la Oficina de Contabilidad General de Estados Unidos reportó que «como resultado de la disminución de la pornografía infantil comercial, las principales agencias federales responsables de aplicar la ley respecto a la distribución de pornografía infantil, el Servicio de Aduanas y el Servicio Postal de Estados Unidos, no consideran prioridad la pornografía infantil». En 1990, la National Society for the Prevention of Cruelty to Children (NSPCC) estimó que había 7 000 imágenes de pornografía infantil en circulación. Puesto que era tan difícil obtenerla, los números fueron decreciendo bastante.[7] Se requería esfuerzo y determinación, lo cual se limitó a los individuos más motivados. Incluso durante los «diez años de locura» no te la topabas por ahí, no era común.

La llegada de internet cambió todo. A principios de los noventa, las oportunidades que ofrecía la computación en red fueron rápidamente explotadas por los pornógrafos como manera de encontrar y compartir material ilegal. En 1993 la operación Long Arm detectó dos Bulletin Board Systems de paga que ofrecían acceso a cientos de imágenes ilegales.[8] Grupos anónimos de Usenet, como alt.binaries.pictures.erotica.preteen y Alt.binaries.pictures.erotica.schoolgirls fueron usados para compartir pornografía infantil a finales de los noventa.[9] En 1996 miembros de un círculo de abuso llamado Orchid Club cometían y compartían abusos en vivo usando cámaras digitales conectadas directamente a computadoras en Estados Unidos,

Finlandia, Canadá, Australia y Reino Unido. Dos años después, la policía descubrió Wonderland Club, el cual comprendía cientos de personas en más de treinta países que usaban un poderoso *software* de encriptación para comerciar en secreto fotografías a través de la red. Los miembros potenciales tenían que ser postulados por los miembros y poseer al menos 10 000 imágenes pornográficas diferentes para unirse.[10] En total, la policía descubrió 750 000 imágenes y 1 800 videos. Siete hombres británicos fueron condenados por su implicación en este grupo en 2001.[11]

Mientras más países se ponían en línea, nuevos centros de producción surgían. La infame Lolita City, en Ucrania, inundó la red con medio millón de imágenes en los años 2000, antes de ser cerrada en 2004; sin embargo, dos líderes de esta agencia fueron detenidos y luego liberados.[12]

En octubre de 2007 la base de datos de imágenes de pornografía infantil de la Interpol incautada por la policía contenía medio millón de imágenes diferentes.[13] En 2010 la base de datos de la policía del Child Exploitation and Online Protection Centre (CEOP, Centro Especializado de Explotación y Protección del Niño), del Reino Unido, almacenó más de 850 000 imágenes; sin embargo, desde entonces se ha reportado el hallazgo de dos millones de imágenes únicamente en la colección de un criminal.[14] En 2011, autoridades policiacas estadounidenses entregaron veintidós millones de imágenes y videos de pornografía infantil al Centro Nacional de Niños Perdidos y Explotados.[15]

Hoy, veinticinco años después de la estimación del NSPCC, hay enormes volúmenes de pornografía infantil en línea de fácil acceso y distribuidos de manera eficiente.[16] Entre 2006 y 2009, el Departamento de Justicia de Estados Unidos registró veinte millones de direcciones IP diferentes que intercambiaron pornografía infantil usando *software peer-to-peer* para compartir archivos. El CEOP cree que hay aproximadamente 50 000 personas en la actualidad compartiendo o viendo imágenes indecentes de niños.[17]

Resulta que no estaba solo en la Wiki Oculta. De acuerdo con los *hackers* que controlan la Wiki Oculta, en un periodo de tres días en marzo de 2014, 100 000 personas más visitaron el índice y una de cada diez visitó el vínculo que yo había visto. De acuerdo con la misma fuente, entre el 29 de julio y el 27 de agosto de 2013 había trece millones de impresiones de página en los servicios ocultos TOR y 600 000 de ellos fueron visitas a páginas de pornografía infantil, las más populares después del mismo índice.[18]

Dada la escala, no es sorpresivo que no haya tal cosa como un típico consumidor de pornografía infantil; sin embargo, hay algunas tendencias generales: casi todos son hombres a menudo bien educados de todas las clases sociales. Un académico ha registrado nueve diferentes tipos de delincuente, que incluyen los «arrastreros», que tratan de encontrar imágenes; los «colectores seguros», que están obsesionados con el secreto y construyen grandes colecciones; y los productores, que crean imágenes y las diseminan.[19] Muchos de estos delincuentes han buscado y coleccionado imágenes ilegales desde antes de la llegada de internet y por eso saben que es el lugar más cómodo para hacerlo. Sin embargo, ahora hay otro tipo de criminal, uno particular de la edad de internet: el que solo navega.

El navegante

«No tengo idea de cómo ha sucedido, realmente no. De hecho, ni siquiera me entiendo yo». Michael* parece de verdad desconcertado mientras me explica que ha sido condenado por poseer casi 3 000 imágenes indecentes de niños en su computadora. Aunque la mayoría del material fue categorizado como nivel 1 (la categoría menos seria: poses eróticas, pero sin actividad

* No es su nombre real.

sexual), su colección llegaba hasta niveles más serios y obscenos, 2, 3 y 4, y la mayoría era de niñas entre los seis y los dieciséis años de edad.

Michael es un hombre de cincuenta años, bien vestido, limpio y rasurado; entra con aplomo en la habitación y me saluda con un amistoso apretón de manos. Hasta hace poco tenía un trabajo ajetreado en una empresa mediana justo a las afueras de Birmingham. Casado, con una hija mayor y fanático del futbol que disfruta de una activa vida social. «Un tipo común y corriente», me refiere. «Nunca, ¡nunca!, me han interesado, ni remotamente, las chicas jóvenes. Nunca pasó por mi mente». Empezó a ver ocasionalmente pornografía a los veinte años y periódicamente a sus treinta. «Pero fue hasta los cuarenta que empecé a ver habitualmente pornografía en línea por alivio sexual». Sostiene que la muerte de un amigo cercano y una vida sexual decadente marcaron la pauta; sus hábitos no eran nada fuera de lo ordinario excepto por una preferencia por chicas jóvenes. «Me atraía la juventud; rostros jóvenes, cuerpos jóvenes. Encontraba a las chicas adolescentes físicamente más atractivas que las mujeres de mi edad».

La verdad ligeramente perturbadora sobre el deseo sexual es que la ley y las preferencias sociales claramente no convergen. En el Reino Unido, aunque la edad de consentimiento sexual es a los dieciséis, cualquier pornografía que incluya a alguien menor de dieciocho ha sido ilegal desde que se legisló la Sexual Offences Act, en 2003. También hay una demanda significativa y sostenida de pornografía que muestra mujeres adolescentes. El contenido «legal de adolescentes» ha sido siempre el nicho más competitivo y popular en la industria de los adultos.[20] De acuerdo con Internet Adult Films Database (Base de Datos de Películas para Adultos en Internet), un repositorio en línea de películas para adultos, la palabra más común para títulos de películas es «adolescente».[21] En 2003 dos académicos estadounidenses, Ogi Ogas y Sai Gaddam, analizaron por lo menos cincuenta millones de términos de búsqueda que los usuarios de internet han hecho en un popular motor de búsqueda entre 2009 y 2011. Uno de cada seis términos se relacionaba con la edad, y el más popular por mucho es «adolescente(s)», seguido de «joven». Ogas y Gaddam también registraron las veces que una edad en específico era incluida en la búsqueda. Las tres edades más comunes buscadas en línea por los hombres son, en orden de popularidad, 13, 16 y 14.[22]

Situados a lo largo de este vasto contenido de «adolescentes legales» hay un área enorme de pornografía conocida como «seudopornografía infantil» (aunque los mismos sitios la llaman «de menores» o pornografía «apenas legal»), la cual muestra a adolescentes que están o aparentan estar entre las edades que Ogas y Gaddam encontraron. La razón de que sea un área gris no significa que la ley no sea clara, sino que es muy difícil determinar qué edad tienen los adolescentes, especialmente porque algunos intentan parecer más jóvenes y otros, mayores. La Internet Watch Foundation (IWF, Fundación de Vigilancia en Internet) es una organización con sede en el Reino Unido que trabaja con la policía y los proveedores de servicio de internet para tratar de retirar la pornografía infantil en línea; fue fundada en 1996, después de que la Policía Metropolitana ordenara a los proveedores de servicio de internet cerrar alrededor de un centenar de grupos de Usenet por ser sospechosos de compartir pornografía infantil. Los proveedores propusieron a la IWF como un sistema de autorregulación de la industria. La IWF recibe diariamente decenas de reportes de personas que se han topado con lo que sospechan podría ser contenido ilegal en línea. En cuanto recibe el reporte, cada analista estudia cuidadosamente el contenido de la URL para determinar si el sitio contiene imágenes o videos que puedan ser ilegales. El analista intenta determinar el grado de severidad del material en uno de los cinco niveles. Si se juzga que es ilegal, el analista alertará a la policía y contactará al proveedor de servicios de internet o al administrador del sitio pidiendo que el material sea rápidamente removido. También mantienen una lista negra de las URL para ayudar a los proveedores de servicio de internet a mantener el material fuera. No obstante, como regla general, IWF solo puede procesar una referencia si creen que el sujeto de una fotografía o video tiene catorce años o menos. Nadie sabe con exactitud cuánto material de menores hay, aunque de acuerdo con Fred Langford, director global de operaciones de la IWF, han recibido un número creciente de reportes de esta situación en los últimos diez años.

Langford sostiene que es sorprendentemente fácil pasar de la pornografía legal a la ilegal simplemente siguiendo vínculos en las páginas y ventanas emergentes. Al hacer clic en un enlace de un sitio legal, como los cada vez más abundantes sitios «Tube», se llega una página ligeramente más sombría; esta a su vez muestra un vínculo a una página de menores y tal vez ahí se muestre otro vínculo y así sucesivamente. De esta manera la pornografía «apenas legal» actúa como una entrada, metafórica y prácticamente. De acuerdo con una investigación llevada a cabo por la asociación caritativa Lucy Faithfull Foundation, nueve de cada diez delincuentes sexuales en internet no buscaban intencionalmente imágenes de niños, sino que las encontraron a través de ventanas emergentes o vínculos progresivos mientras navegaban por pornografía para adultos.[23]

Es extremadamente difícil verificar estas cuentas. Podría ser un intento de un delincuente por distanciarse él mismo de su crimen. Esto es lo que Michael sostiene que le sucedió. Empezó a visitar sitios pornográficos regularmente y siempre que hacía clic en un vínculo nuevo, especialmente un sitio gratuito, provocaba un «pornado» de sitios no requeridos que se abrían en su computadora, causado por ventanas emergentes de sitios y anuncios. Estas ventanas le ofrecían una infinita variedad de fetiches y fantasías, y así fue llevado a las categorías de menores, niñas de quince o dieciséis años. Él empezó a hacer clic.

Michael dice que después de un tiempo se encontró permaneciendo más tiempo en la categoría de menores que en la de adultos de los principales sitios de porno. Nunca usó TOR o *software* de encriptación, sus búsquedas siempre las hizo en la red superficial. A pesar de esto, empezó a guardar y a conservar las imágenes o vínculos de los sitios que encontraba. Se sentía culpable después de masturbarse, pero nunca lo suficiente para borrar lo que encontraba. Eran menores de dieciocho, pero no eran *niñas*, afirma. Le es difícil explicar lo que pasó después. «No sé precisamente cuándo ocurrió; sin embargo, acepto que hubo un punto en el que crucé un límite». Dejó de ver fotografías y videos de adolescentes para ver imágenes que claramente eran de niños. «Pasó poco a poco, realmente no recuerdo cuándo pasé de adolescentes a niños, pero lo hice», continuó.

Varios estudios académicos han examinado los vínculos entre pornografía «adolescente» y pornografía infantil. Según el profesor Richard Wortley, director del Jill Dando Institute of Security and Crime Science (Instituto Jill Dando de Seguridad y Ciencia Criminal) del University College de Londres, muchos hombres llegan lejos hasta la categoría de menores; algunos visitan los sitios una vez y nunca regresan, otros los visitan en intervalos regulares cuando tienen ganas, pero a otros, como Michael, eso les estimula un deseo sexual hacia niños cada vez más pequeños. Otro estudio académico encontró que los adultos expuestos a pornografía de menores relacionan fuertemente la juventud con la sexualidad.[24] Cuando Ogas y Gaddam revisaron los datos que reunieron de términos de búsqueda sexuales, descubrieron, para su sorpresa, que mucha gente buscaba temas tabú como incesto y zoofilia. El autor sugiere que esto es debido a que los actos prohibidos también tienen la capacidad de excitar; aunque se trata de un estímulo psicológico más que físico.[25] Michael me dice que cada vez que llegaba a un tabú, buscaba otro. «Algunas veces veía una imagen o sitio y lo quitaba inmediatamente pensando en cuán terrible era, pero quedaba en el fondo de mi mente».

En una ocasión, unos tres años después de que encontrara pornografía de menores, hizo clic en una ventana emergente que lo llevó a un sitio que mostraba dos archivos, los cuales bajó y conservó. Uno era un video de un hombre adulto teniendo relaciones sexuales con penetración con una niña de ocho años. «Recuerdo que en ese momento pensé que era terrible, que nunca querría volver a verlo, pero lo conservé por si acaso».

Michael se considera un hombre profundamente moral y repite varias veces que nunca le haría daño a nadie, especialmente a un niño. «No parece real, acepto que es una falsa distinción ahora, pero en los videos o imágenes es como si no estuvieran haciéndoles daño. Inventaba excusas en mi cabeza de por qué estaba bien. Por un tiempo me dije que lo que estaba haciendo ni siquiera era ilegal».

Los aficionados a los chicos y la distorsión cognitiva

Elena Martellozzo es una académica que ha trabajado de cerca con el CEOP. Me explica que los delincuentes como Michael a menudo sostienen que hay una distinción entre el mundo real y el digital, incluso construyen locas justificaciones para convencerse a ellos mismos de que su comportamiento en línea es de algún modo aceptable.[26] Un aspecto importante del famoso efecto de desinhibición en línea de John Sule es el «efecto disociativo»; la idea de que la pantalla te permite disociar tu *yo* real de tu comportamiento en línea para crear identidades ficticias y realidades alternativas, en las cuales las restricciones sociales, responsabilidades y normas no aplican: como si el espacio en línea fuera de algún modo separado y diferente.[27] Esta imaginación disociativa es más visible en varias comunidades en línea de pedófilos. Los usuarios de estos foros «legales» se congregan para hablar abiertamente de sus deseos, sin publicar o compartir ningún material ilegal.[28] Existen numerosos sitios alojados por todo el mundo, abiertos y cerrados, frecuentemente con varios miles de miembros y visitantes. Lejos de estar incómodos o callar sus deseos, en los foros legales la pedofilia se celebra; hay miembros que proclaman que es algo incomprendido, incluso que es una condición natural. Un sitio que encontré ofrece «apoyo mutuo entre los aficionados a los chicos que se sienten atraídos sexualmente hacia los niños». Los miembros de este grupo discutían abierta y orgullosamente su atracción, usando un conjunto de términos específicos: AA (amigo adulto), EDA (edad de atracción), MN (momento con el niño: una experiencia que un adulto ha tenido con un niño en su vida diaria). «Quienes publican tienen la habilidad de relacionase con niños de una manera mágica», se lee en las reglas del foro.

Según Elena Martellozzo, esa clase de rituales permiten a los aficionados a los niños y las niñas construir una realidad alternativa específica. Algunos de estos foros establecen jerarquías fantásticas, operando de acuerdo con rigurosas reglas para construir confianza y progresar en el grupo. Un foro estudiado por Martellozzo, llamado el Reino Oculto,[*] tenía una estructura piramidal basada en títulos medievales: el Lord era el propietario absoluto del sitio, mientras que los caballeros de los reinos y el círculo interno real tenían el poder de moderar el foro y bloquear a las personas que publicaban material ilegal. Para escalar en la jerarquía, los ciudadanos tenían que publicar por lo menos cincuenta veces al día. En muchos sentidos, estos foros legales son exactamente igual que todos: jerarquías, memes, chistes locales, quejas y frustraciones. En otro foro legal registré las quejas por troleo de un usuario regular; una queja sobre los usuarios egoístas que no dan retroalimentación en los videos subidos en un sitio de pornografía infantil y varias discusiones sobre cómo los agentes de la policía los persiguen por su natural y sano amor por los niños.

---

[*] Desde entonces, ha sido puesto fuera de línea y actualmente es investigado por la Policía Metropolitana.

El más conocido de estos grupos, el cual ha estado operando desde mucho antes de internet, es llamado North American Man/Boy Love Association (NAMBLA). Fundada en Estados Unidos en 1978, su objetivo es «acabar con la extrema opresión de hombres y jóvenes en relaciones mutuamente consensuadas», aunque es difícil aceptar que eso no es más que el derecho de sus miembros a satisfacer el deseo de tener sexo con niños. Los miembros de NAMBLA se consideran parte de una «lucha histórica» y piden apoyar «el "empoderamiento" (mis comillas) de la juventud en todas las áreas» contra lo que ellos llaman la «rampante discriminación por edad».[29]

Abuso virtual y real

La relación entre estos «abusos virtuales» y el abuso de niños en el mundo real no está clara. A pesar de la gravedad de poseer pornografía infantil, los estudios académicos que han examinado el vínculo causal entre ver material y abusar físicamente de niños no son concluyentes.[30] Para algunos hombres, ver pornografía infantil puede desencadenar un interés que los llevará a tratar de contactar niños. Para otros, un interés sexual hacia los niños es solo una fantasía que no tienen intención de realizar. Muchos delincuentes sexuales en internet, como Michael, nunca violarían la ley en la vida real e incluso dan razones morales o éticas.[31] Para otros, ver material es una válvula de escape que los previene de cometer abusos en el mundo real.

Aunque ahora hay más personas condenadas por posesión de pornografía infantil que hace veinte años, no ha habido un incremento en los abusos sexuales físicos registrados. De hecho, en Estados Unidos, los datos recogidos por las agencias estatales de protección de menores apuntan una caída de 62% desde 1992, mientras que en el Reino Unido los números han permanecido estables desde mediados de los noventa (aunque con un incremento en el abuso emocional). De acuerdo con la académica estadounidense Danah Boyd, cada nueva tecnología provoca una ansiedad por la seguridad de los jóvenes, aunque frecuentemente no se basa en ninguna evidencia.[32] A pesar del miedo a los depredadores en línea, la mayoría de las víctimas son atacadas por alguien conocido: padres, padrastros, cualquier otro familiar o amigo de la familia.[33]

Pero internet ha cambiado la manera de operar de algunos agresores sexuales. La policía ha registrado un incremento en el acoso sexual de menores que involucra un elemento de interacción en línea, y está preocupada por la manera en que los acosadores navegan activamente en las redes sociales buscando jóvenes vulnerables. Según Peter Daves, exdirector del CEOP, «el internet amplificó, multiplicó y en algunos casos industrializó (el acoso) en un grado mucho mayor».[34] Al mismo tiempo, los patrones de conducta en las redes sociales están cambiando. Un estudio del CEOP y la Universidad de Birmingham indicó que el contacto físico fue una motivación en declive en el abuso sexual infantil en línea: hay una baja en el acoso para encontrarse con los niños fuera de línea y un incremento en la cantidad de abusos en línea.[35] En una operación encubierta de la Policía Metropolitana, un perfil falso de una persona fue visitado por 1 300 personas, y 450 perfiles de hombres adultos iniciaron el contacto. Ochenta de ellos se volvieron amigos virtuales con una prolongada comunicación por mensajes privados y veintitrés se vieron envueltos en un comportamiento sexualmente abusivo.[36]

Tink Palmer está especialmente calificada para explicar cómo la red ha cambiado el acoso. Ella es la directora y fundadora de la Marie Collins Foundation, una organización de beneficencia que ayuda a las víctimas de abuso sexual. Cuando Tink empezó a trabajar en esta área, en la era preinternet, el modelo aceptado de acoso era llamado «Modelo Finkelhor»; este describe el acoso hacia el abuso sexual como un ciclo de cuatro fases. Primero está la etapa de motivación, cuando el abusador desarrolla el deseo de actuar; la segunda fase requiere superar las inhibiciones, los escrúpulos morales y emocionales que pueda tener; una vez justificado, también debe superar las inhibiciones externas: miembros de la familia, vecinos, camaradas, puertas cerradas; la última etapa implica superar la resistencia de la víctima.

«Cuando empecé, el acoso era un proceso relativamente lento y cuidadoso», explica Tink. «Frecuentemente, un acosador trataría de tener acceso a una persona joven haciendo amistad con la familia o volviéndose parte de su círculo social más amplio. Tratarían lentamente de tener una buena relación con el niño y sutilmente buscarían dirigir la relación hacia el sexo antes de envolverlos en situaciones comprometedoras».[37] Tink no cree que internet haya cambiado el modelo, sigue siendo un ciclo de abuso, pero el efecto disociativo de comunicarse tras una pantalla ha acelerado todo el proceso y reducido las inhibiciones de las barreras físicas que dificultan el acceso a los niños. Los acosadores siguen necesitando construir una buena relación, explica Tink, tal como lo hacen fuera de línea, solo que ahora lo hacen con ayuda de la tecnología.[38] «Pasan horas monitoreando los perfiles en las redes sociales de sus víctimas para aprender de ellas y luego usar la información, como películas favoritas, lugares que han visitado o una actualización reciente de estado, para tratar de construir una buena relación».[39] Aprenderán el texto, el lenguaje de internet, su comportamiento y todas las abreviaturas que vienen con este. Ella enumera una decena de expresiones que asocia comúnmente con los adolescentes: «Tus pp ect?» (¿Tus papás están contigo?), «dcs» (dime cosas sucias) y cosas por el estilo. ¿Se ha vuelto más fácil acosar? «¡Definitivamente! Es rápido, anónimo y eso desinhibe. Los acosadores no tienen que salir de sus casas para agredir sexualmente a los niños», respondió Tink.

Muchos acosadores en línea son extremadamente cautelosos y dan pocos o ningún detalle sobre ellos, a menos que se sientan seguros de estar hablando con un niño real. Pero el efecto disociativo ha hecho que algunos acosadores se sientan aún más desinhibidos en lo que dicen, lo cual les permite abrir más rápido lo que Tink llama «la fase sexual». Este es el momento crítico en que el acosador toca el tema del sexo con la víctima potencial; usualmente cuando ya la han aislado en chats privados por SMS o con mensajes directos. En su cuidadoso estudio de veintitrés investigaciones de la Policía Metropolitana sobre acoso en línea, Martellozzo encontró que son sorpresivamente públicos y abiertos en sus intenciones. Uno incluso había publicado imágenes de él desnudo, mientras que otro usaba un perfil público de redes sociales que rezaba: «Soy un buen tipo, decente, muy cariñoso y amoroso, pero con un lado perverso: papi/hija, incesto, etc.».[40] Tink también ha visto a las víctimas de los acosadores cambiar sus patrones de comportamiento. Si el acoso en línea involucraba una muy lenta construcción de una buena relación, un número creciente de casos involucran ahora a la víctima que inicia la fase sexual. Esto no es de ninguna manera excusa para el comportamiento de un adulto; no obstante, Tink piensa que refleja a los jóvenes que empiezan a socializar de acuerdo con lo que creen que es esperado de ellos en línea. Me comenta el caso reciente de una chica de catorce años que en el primer contacto con un acosador veinteañero le dijo que estaba lista para tener relaciones con él. Tink ha visto a chicas jóvenes provocando a hombres mayores por diversión o para matar el tiempo en línea (lo cual ella llama «caza de pedófilos»). Pero no siempre es tan seguro como los jóvenes piensan.

Detener la marea

Para un analista de la IWF un día normal de trabajo nunca es fácil. Veinte de ellos, una mezcla de hombres y mujeres, incluyendo a un exbombero y un recién graduado, trabajan en un parque industrial indescriptible justo a las afueras de Cambridge. Cuando llegué, temprano en una fría mañana de febrero, solamente una pequeña hoja tamaño carta con las palabras «Internet Watch Foundation» en la puerta ofrecía una pista de lo que pasaba dentro. Las oficinas eran modernas, espaciosas, luminosas, sin paredes en el interior. Se podía escuchar una radio que canturreaba como fondo y la plática de los empleados. Cuatro entraron a una habitación segura, más o menos del tamaño de una cancha de *squash*. Dentro, una planta cuna de moisés se aferraba a un muro en el fondo junto a una pintura de Bansky. La única cosa que distinguía a esa oficina de otras miles de oficinas del siglo XXI era la ausencia de fotos familiares en los escritorios.

En su primer día, hace una década, Fred Langford pasó la dolorosa prueba que todo el personal nuevo debe pasar: ver imágenes y videos en orden ascendente de obscenidad, desde el nivel 1 hasta el nivel 5. Es la prueba final para el trabajo, es realmente la única manera de saber si los nuevos reclutas dan la talla. Al final de la sesión, la cual generalmente se lleva a cabo los viernes, se les dice que tomen el fin de semana para decidir si se incorporan o no. Fred recuerda que después de haber visto un nivel 1 pensó: «Bueno, no es tan malo». En cuanto recorrió todo el espectro cambió de opinión. «Mientras iba a casa en mi bicicleta, la imagen de nivel 5 daba vueltas en mi cabeza. No podía dejar de pensar en eso». Le dijo a su compañero que después de todo no podría tomar el trabajo. Pero el domingo en la tarde, como la mayoría de los nuevos reclutas, cambió de opinión. «Decidí que quería ayudar y hacer lo que fuera para detener esto».

En 2013 los analistas de la IWF documentaron cerca de 7 000 URL que contenían escenas de tortura y violación: casi todas de niños menores de diez años. Es difícil imaginar cómo alguien puede mantener su salud mental bajo tales circunstancias. Por esta razón todo el equipo, incluso el encargado de medios, es sometido a rigurosos exámenes psicológicos anualmente. Se les invita a tomar descansos cuando lo necesiten, a irse temprano y a tomar terapia mensualmente. Aun así, es difícil incluso para los analistas más experimentados. Todos aquí hacen lo posible por mantener separada su vida privada de la profesional. Esa es la razón por la cual no hay fotos de su familia en los escritorios. «Cada uno de nosotros tiene su propio mecanismo de supervivencia», comenta Fred.

El equipo de la IWF debe de sentirse algunas veces como el rey Canuto, tratando de contener la marea de archivos reproducibles y fáciles de compartir para evitar que aparezcan en internet. Cuando se fundó la IWF en 1996, su función era enfocarse en cien grupos ilegales de noticias. En 2006 ese número había aumentado hasta más de 10 000 y en 2013 eran 13 000. La IWF y la policía frecuentemente se enfrentan a nuevos retos. En 2013 la IWF empezó a recibir decenas de quejas del mismo sitio, pero cada vez que revisaban la URL, todo lo que veían era material normal para adulto. Después de un cuidadoso trabajo forense, el investigador técnico descubrió que si se accedía a través de otros sitios en cierto orden, se activaba un mecanismo que enviaba a una versión oculta de la misma página. Esto es conocido como *disguised cookie site*, un sitio disfrazado a través de la personalización con *cookies*.

A pesar de la dificultad, han tenido algunas victorias. En 2006 la IWF registró 3 077 dominios que alojaban pornografía infantil;[41] en 2013 el número disminuyó hasta 1 660.[42] Han sido particularmente exitosos al bajar sitios alojados en el Reino Unido. En 1996, 18% de los sitios estaban alojados en ese país, ahora solo 1%. No está mal, pero podría estar mejor, acepta Langford. Y a diferencia de 1980, quitar el suministro local no es suficiente. Hoy una imagen podría crearse en un país, alojarse en un servidor o sitio web en otro y ser vista por alguien en otro más.[43] El que esté fuera de jurisdicción puede ser exasperante, especialmente cuando el contenido está alojado en países donde la policía o los proveedores de servicio de internet parecen menos preocupados por el tema. Langford me refiere un sitio de «venganza porno» que está alojado en Alemania, él estima que al menos la mitad de los videos e imágenes de personas, principalmente de niñas británicas, que aparecen ahí son de menores de dieciocho años. Lleva semanas tratando de que el proveedor de servicio de internet actúe, pero es en vano.

La inmensa mayoría del material investigado por la IWF está en la red superficial, a la cual se puede tener acceso con un navegador normal como Google Chrome, y frecuentemente se aloja en países donde la policía local no muestra interés, es incompetente o no cuenta con recursos.[44] A menudo, un solo vínculo conduce a los usuarios a un sitio web infectado por un *cryptolocker,* donde se guardan los archivos sin que el propietario se dé cuenta. Aproximadamente la cuarta parte de las referencias recibidas por la IWF son de sitios comerciales, los cuales piden pagos a través de tarjeta de crédito para acceder y son anunciados a través de correo basura. La IWF no investiga URL de los servicios ocultos TOR. Esto es, en primer lugar, debido a que reciben muy pocos reportes de material de ahí y, después, porque no tienen mucho que hacer al respecto. Los servicios ocultos TOR pueden ser alojados en cualquier computadora, en cualquier parte del mundo, y el complicado sistema de encriptación de TOR hace muy difícil saber dónde o a quién dirigirse para retirar el contenido. No obstante, los servicios ocultos TOR son vitales para comprender por qué el trabajo de la IWF es tan difícil, ya que estos funcionan como un centro que produce nuevo material y recicla el viejo, poniéndolo al alcance de una amplia audiencia, guardándolo y compartiéndolo de nuevo (casi siempre mediante la tecnología de compartición de archivos *peer-to-peer*). El contenido de estos sitios es subido de manera anónima usando TOR y compartición de archivos encriptada y bajado luego por otros usuarios, descentralizando y ampliando la distribución del material inicial. Cada que un servicio oculto es dado de baja (es algo difícil, pero no imposible), la comunidad lo rescata, lo reorganiza y empieza de nuevo.

En 2011 se creía que por lo menos cuarenta servicios ocultos TOR alojaban pornografía infantil, el mayor de ellos contenía más de 100 gigabytes de imágenes y videos. El mismo año el colectivo de *hacktivistas* Anonymous (el cual, aunque generalmente está en favor de la libre expresión sin barreras en línea, se opone a la pornografía infantil) pudo localizar el lugar donde se alojan algunos sitios (incluyendo Lolita City) y los puso fuera de línea, en lo que ellos llamaron operación DarkNet. Sin embargo, en unos cuantos días, la mayoría estaba de nuevo en operación usando diferentes servidores y con más visitantes que antes. Entre junio de 2012 y julio de 2013, una banda de abusadores que explotaba niños y compartía las imágenes por medio de un servicio oculto TOR a 27 000 visitantes almacenó 2 000 videos que involucraban a 250 víctimas. En junio de 2013, Lolita City había incrementado su número de miembros a 15 000, y su base de datos era de más de un millón de fotografías y videos ilegales.

El siguiente en dar un golpe fue el FBI. En agosto de 2013, siguiendo una extensa investigación, arrestó a Eric Eoin Marques,* irlandés de veintisiete años, el cual, según, mantenía Freedom Hosting y proveía espacio en servidor para muchos de los más notorios servicios ocultos TOR, entre los cuales se encontraban el sitio criminal de *hacking* HackBB, sitios de lavado de dinero y más de un centenar de sitios de pornografía infantil. Después de que Freedom Hosting fuera puesto fuera de línea, la mayoría de los sitios que alojaba corrieron la misma suerte.[45]

Los sitios de pornografía infantil en los servicios ocultos TOR se llenaron de rumores y discusiones sobre el arresto. Trataron de averiguar de manera colectiva dónde estaban los nuevos sitios y cómo acceder a ellos, discutiendo los tiempos de descarga, la calidad del material y sobre todo las características de seguridad en los sitios nuevos. Al poco tiempo del arresto de Marques, versiones de respaldo o *mirrors* de los sitios

* Marques negaba todos los cargos.

estaban de nuevo corriendo sin problema en nuevos servidores. A medida que los usuarios empezaron a crear servidores nuevos y a subir sus propias colecciones, lentamente los vínculos activos fueron apareciendo en la Wiki Oculta. Era el turno, pues, de un par de justicieros solitarios para sacarla de línea. En marzo de 2014 un *hacker* llamado Intangir, junto con otro que en Twitter utilizaba el nombre de usuario Queefy, logró tomar el control de la Wiki Oculta a la que yo había accedido y la cerraron con todo y sus vínculos de pornografía infantil. No obstante, para cuando se esté leyendo esto es muy probable que ya estén disponibles de nuevo.

Arresto

Aunque su trabajo es difícil, las autoridades siguen arrestando a cientos de personas al año. En 2013 uno de los objetivos era Michael, quien describe que en el momento en el que la policía le presentó su orden de arresto estaba con su esposa y su hija.

Esa experiencia puede probar mucho a muchos. En 1999 el FBI incautó la base de datos de una compañía llamada Landslide Inc., de la cual se sospechaba que vendía pornografía infantil en internet.[46] La base de datos que se encontró incluía los detalles de las tarjetas de crédito y las direcciones IP de más de 7 000 británicos, estos datos fueron rápidamente entregados a la policía británica, que subsecuentemente realizó 4 000 arrestos. Esto tuvo como resultado 140 niños rescatados y el suicidio de 39 de los arrestados. Aunque los datos no están disponibles, Tink cree que las tasas de suicidio son más altas entre los arrestados por delitos en línea que los perpetrados en el mundo real. Los delincuentes en línea continúan teniendo la fantasía disociativa de Suler. «Hasta que la policía llegó me di cuenta de la gravedad de lo que había estado haciendo», dice Michael.

Por obvias razones, Michael quiere que la culpa también recaiga en la computadora. «¡No puedo creer que haya tanto de eso por ahí!», me respondió cuando le pregunté qué debería hacerse para detener el acceso a la pornografía infantil. «¿Por qué demonios fue tan fácil para mí encontrarla?». De acuerdo con el profesor Wortley, el potencial de sentirse atraído sexualmente por los niños no es un fenómeno raro, como podríamos imaginar. El impulso sexual del humano es extraordinariamente flexible y un poco determinado por las normas sociales. Sin cierto grado de demanda por estas imágenes, no se producirían ni compartirían en esas impactantes cantidades. Esto explica por qué la red ha provocado tal explosión en el número de contenidos y en el número de personas que acceden a este: al hacerlo fácil de encontrar, la demanda latente puede ser satisfecha más rápido y, en algunos casos, creada.

Esto no le quita culpa a lo que hizo Michael. El hecho de que algo esté a tres clics de distancia no lo hace menos criminal. Michael me repitió varias veces que nunca buscó activamente el material. Él claramente piensa que eso es algo en su favor. Sin embargo, la diferencia entre buscar algo y encontrarlo accidentalmente y guardarlo no tiene mucho sentido en internet. Michael hizo clic tres veces y siguió haciendo clic; no es culpa de la computadora, es culpa de Michael. Aunque hubiera sido un poco más difícil para él encontrar este material, quizá su casual o vagamente esbozada atracción hacia los niños nunca habría sido explorada. Pienso que sin internet Michael nunca habría sido un delincuente sexual convicto.

¿Y ahora qué?

La tarea de limpiar internet de la pornografía infantil es excepcionalmente difícil. Michael es solo un tipo de delincuente sexual y está en el grado más bajo de la escala. Hay delincuentes sexuales mucho más peligrosos que, sin importar lo que se haga al respecto, siempre buscarán, encontrarán y compartirán imágenes obscenas, y la policía siempre tratará de aprehenderlos. Los criminales están volviéndose más listos, pero también las autoridades. La principal tarea de las organizaciones como la IWF y las policías es, tanto como les sea posible, ir detrás de los suministros para limitar el contenido que está disponible y asegurarse de que personas como Mike, que solo navegan por internet, se enteren de que pueden ser detenidos. El flujo de material puede ser probablemente detenido, pero cualquier cosa que pueda acabar de raíz con esta marea puede hacer (y hace) la diferencia.

No obstante, ir tras los suministros es cada vez más difícil. Además de los servicios ocultos TOR, la cultura popular está poniéndose contra la IWF. Según un análisis mayor sobre la sexualización de los adolescentes, llevada a cabo en 2010 por la doctora Linda Papadupoulus para el Ministerio del Interior del Reino Unido, muchos jóvenes están desarrollando actitudes enfermizas y patrones de comportamiento encaminados al sexo. La pornografía de todo tipo está ahora disponible y es de fácil acceso para los jóvenes; la mayoría de ellos la ven a muy temprana edad.[47] Este es el secreto incómodo de la pornografía infantil: una creciente proporción es hecha por las víctimas. También ellos están sujetos al efecto disociativo. Sin embargo, los datos son muy variables; en Estados Unidos y en el Reino Unido, el estimado de adolescentes que han creado una imagen o video sexual de ellos mismos o enviado imágenes sexuales explícitas oscila entre 15 y 40%; se cree que el número se ha incrementado dramáticamente en años recientes.[48] De acuerdo con la NSPCC, el *sexting* se ha vuelto la norma entre los adolescentes jóvenes. Es una forma muy natural en que los jóvenes exploran su sexualidad, pero en el momento en que un archivo digital es publicado en línea, es casi imposible controlar quién lo ve y lo que hace con este. Hay delincuentes sexuales que «peinan» la red en busca de este tipo de material;

cuando lo encuentran lo guardan y lo comparten con otros. Según la IWF, un tercio del material que ven es autogenerado y entra en alguno de los cinco niveles de obscenidad.[49] Los archivos digitales pueden reproducirse y compartirse casi sin costo.

Después de abandonar la Wiki Oculta, me dirigí a los entornos más familiares y seguros de Facebook. Se abrió una ventana emergente: «*Hottest teens 2013*». En ella se leía: «Adolescente: ¡publica tus fotos más candentes en esta página! La que tenga más *likes* de otros usuarios de Facebook será la ganadora». Hasta ese momento se habían registrado 20 000 adolescentes.

5

Sobre la ruta

Internet ha transformado el comercio y los negocios; conecta de manera transparente a compradores y a vendedores alrededor del mundo; abre nuevos mercados y simplifica las compras. Hoy en día, aproximadamente la mitad de los consumidores globales hace compras en línea, pero esta cifra crece cada año.[1] No obstante, junto al mundo de las ventas multimillonarias del comercio electrónico con su «cómprelo ya», «compra con un clic y recíbelo al día siguiente», existe otro mercado que crece igual de rápido. Todo en este mundo, lo legal y lo ilegal, está a la venta.

De acuerdo con una encuesta de 2014, de casi 80 000 consumidores de droga de cuarenta y tres países, el número de consumidores que compran en línea va en aumento. Aproximadamente 20% de los consumidores de droga británicos refiere que las compra en internet y la mayoría de ellos las consigue en otro lugar.[2] Yo no consumo drogas ilegales y jamás las he comprado, pero esta mañana un sobre blanco en apariencia inofensivo apareció bajo mi puerta; contiene una cantidad muy pequeña de cannabis de alta calidad. Con unos cuantos clics hice lo que aproximadamente 150 000 personas han hecho en los últimos tres años: comprar drogas en Silk Road.

En 1972, mucho antes de eBay o Amazon, estudiantes de la Universidad de Stanford en California y el MIT en Massachusetts llevaron a cabo la primera transacción en línea de la historia.[3] Usando la cuenta de Arpanet en su laboratorio de inteligencia artificial, los estudiantes de Stanford vendieron a su contraparte una pequeña cantidad de marihuana. Fue el inicio de una pequeña pero muy notable tendencia. En los noventa, grupos de traficantes aparecerían periódicamente en los tablones de discusión en línea para vender narcóticos especializados a conocedores de drogas.* No obstante, en los albores de este siglo el primer mercado de drogas a gran escala apareció en el internet superficial. The Farmer's Market ofrecía psicodélicos principalmente a través de correo electrónico. Según señalamientos del FBI, entre enero de 2007 y octubre de 2009, The Farmer's Market procesó más de 5 000 órdenes y ventas por un valor de un millón de dólares en veinticinco países.[4] En 2010 The Farmer's Market se convirtió en un servicio oculto de TOR.

Hoy en día, hay en operación alrededor de 40 000 servicios ocultos TOR. Debido a su sofisticado sistema de encriptación de tráfico, TOR es el lugar ideal para mercados sin regulación ni censura.[5] Aunque muchos servicios ocultos son legales, aproximadamente 15% se relaciona con drogas ilegales. El 27 de noviembre de 2010 un usuario de nombre Altoid publicó el siguiente mensaje en el foro de internet superficial *Magic-Mushroom*, en Shroomery:

> Visité el sitio Silk Road. Es un servicio oculto TOR que dice permitirte comprar y vender cualquier cosa en línea de manera anónima. Quiero comprar, pero antes quería saber si alguien aquí ha escuchado de él y si podría recomendármelo.

---

* Este comercio *ad hoc* continúa hoy en día, a menudo en foros relacionados con prescripción de medicamentos.

Dos días después apareció en un foro sobre criptodivisas en bitcointalk.org: «¿Alguien ha visto ya Silk Road? Es como un Amazon anónimo. No creo que tengan heroína, pero venden otras cosas». Altoid publicó un vínculo a un blog de Wordpress que daba más información: ya tenían a la venta «marihuana, *Shrooms* y MDMA», e instó a los usuarios a registrarse como compradores o «unirse como vendedor». El rumor empezó a correrse y en la primavera de 2011 había más de 300 productos listados, casi todos drogas ilegales.[6] Cuando la noticia de este «nuevo mercado donde podías comprar lo que sea» fue publicada en la revista en línea *Gawker* en junio de 2011, la respuesta era previsible: los usuarios se unieron por miles.

Los nuevos visitantes encontraron una radical y nueva alternativa a sitios raquíticos y poco profesionales como The Farmer's Market o riesgosas compras *ad hoc* en foros. Como sugirió Altoid, el sitio estaba diseñado de manera profesional e intuitiva.[7] Al lado izquierdo de la página había categorías que listaban los diferentes productos y las ofertas; al hacer clic se mostraban imágenes de estos. Los vendedores también estaban bien integrados, cada uno estaba listado con una breve descripción y detalles de contacto. Resaltaba un vínculo para quejas de servicio al cliente, un carrito de compras y el saldo de tu cuenta. Tras esta profesional fachada había un sofisticado sistema de seguridad. Solo podía accederse al sitio por el navegador TOR, los productos solo podían comprarse con bitcoines y a los visitantes se les aconsejaba registrarse con seudónimos digitales.[8] Cualquier correspondencia entre vendedores y compradores se realizaba usando encriptación PGP, y una vez leídos los mensajes se borraban automáticamente. En junio de 2011 se abrió un foro seguro para permitir una mejor comunicación entre los usuarios del sitio.

Además de ser amigable con los clientes, el sitio era muy bien gestionado. En octubre de 2011, Altoid regresó a bitcointalk.com, ya no publicó como un comprador potencial curioso, sino como un miembro clave de este sitio que florecía rápidamente; buscaba un «IT pro», un profesional de las tecnologías de la información, que ayudara con el mantenimiento de este.[9] En este punto, un equipo de entre dos y cinco administradores mantenía funcionando el sitio, se encargaban de las quejas tanto de compradores como de vendedores, resolvían disputas y escudriñaban el sitio en busca de signos de cualquier posible infiltrado de corporaciones policiacas.[10] Estos administradores enviaban un «reporte semanal» al administrador principal del sitio, llamado Dread Pirate Roberts (DPR), por medio de un chat TOR y un sistema de correo interno, en el cual describían el trabajo completado y cualquier problema que necesitara resolverse, pedían asesoría y peticiones para dejar el puesto.[11] Silk Road recibía una comisión por cada venta y los administradores percibían un salario de entre $1 000 y $2 000 semanales por su esfuerzo.

A pesar de los ocasionales hackeos, arrestos de vendedores y disputas sobre las tarifas de comisiones del sitio (esto fue más notable cuando el sitio anunció cambios clave en sus tarifas, en enero de 2012), Silk Road siguió creciendo. De acuerdo con el FBI, en julio de 2013 el sitio procesó alrededor de 1 200 millones en ventas. Casi 4 000 vendedores anónimos habían vendido productos a 150 000 compradores anónimos alrededor del mundo y se cree que DPR ganaba $20 000 al día solo por comisiones.[12]

Por mucho, este fue el más sofisticado mercado de drogas jamás visto y sus motivos iban más allá de simples ganancias financieras. Cuando se entraba por primera vez al sitio original de Silk Road, te daba la bienvenida un mensaje de DPR:

Me gustaría tomarme un momento para compartirte qué es Silk Road y cómo puedes pasar la mayoría del tiempo aquí. Empecemos con el nombre. Silk Road (la ruta de la seda) era una red comercial del mundo antiguo que conectaba a Asia, África y Europa. Desempeñaba un papel muy importante, ya que conectaba las economías y las culturas de dichos continentes y fomentaba la paz y la prosperidad a través de acuerdos comerciales. Espero que esta moderna ruta de la seda pueda hacer lo mismo, al proveer una infraestructura para que los socios comerciales se reúnan para beneficio de ambos de una manera confiable y segura.

El nombre de Dread Pirate Roberts fue tomado del libro de 1973 *The Princess Bride*, en el cual el pirata no era un hombre, sino una serie de individuos que pasaban periódicamente su nombre y reputación a un sucesor. El nombre se eligió por una razón: Silk Road era un movimiento. «No somos bestias de carga para aplicarnos impuestos, ni controles, ni regulaciones», escribió DPR en abril de 2012. «El futuro puede ser una época donde el espíritu humano florezca, ¡salvaje, libre y sin ataduras!».[13]

Se creó un rico ecosistema alrededor de Silk Road y por todos los foros de servicios ocultos TOR; incluso se extendió a los foros del internet superficial como 4chan y Reddit, uniendo a un ecléctica mezcla de *roadies*: libertarios, fanáticos de Bitcoin, aficionados a las drogas y vendedores de estas, todos comprometidos por sus propios motivos con la idea de un mercado en línea sin regulación.[14] Esta naciente comunidad constantemente monitoreaba el mercado, revisaba la seguridad, las vulnerabilidades y el desempeño, e informaba a los otros sobre lo que hallaba. Contacté a uno de los moderadores que mantenía el sitio de Reddit de Silk Road antes de que fuera cerrado. «Es un paraíso seguro para la personas que piensan que ningún gobierno debería decirles qué meter o no en sus cuerpos. Usuarios y vendedores deben tener por igual la libertad de abrirse y expresarse de maneras que no les son posibles en la vida real».

Todo cambió en el otoño de 2013. A pesar de los esfuerzos de los administradores del sitio y de la comunidad de Silk Road, agentes del FBI encubiertos habían hecho compras en este sitio desde noviembre de 2011 y habían rastreado muy de cerca a

DPR, a vendedores clave y a administradores del sitio. El 1 de octubre de 2013 arrestaron al joven de veintinueve años Ross Ulbricht en una biblioteca pública de San Francisco por sospecha de tráfico de drogas, incitación de homicidio, facilitar el hackeo de computadoras y lavado de dinero.* Pensaban que habían capturado a Dread Pirate Roberts.[15]

Ulbricht era un universitario graduado y libertario confeso que, hasta su arresto, había vivido bajo el nombre de Joshua Terrey en un departamento compartido cerca de la biblioteca. Les había dicho a sus compañeros de departamento que era un corredor de divisas y que había regresado de Australia recientemente.[16] El FBI afirma haber confiscado 144 000 bitcoines (los cuales suman casi 150 millones de dólares) de su computadora. Rápidamente se realizaron detenciones de varios sospechosos de ser prominentes administradores de Silk Road y traficantes en el Reino Unido, Suecia, Irlanda, Australia y Holanda.[17] Poco después del arresto de Ulbricht, un nuevo mensaje les daba la bienvenida a los visitantes de Silk Road: «Este sitio oculto ha sido tomado por el FBI». Rápidamente se diseminó la noticia. «¡Pasó! OMFG OMFG OMFG (*oh my fucking god*)», escribió un usuario anónimo en el tablero /b/ de 4chan, compartiendo una captura de pantalla del aviso de baja a los pocos minutos de que el sitio había sido removido. «¿Saben lo que significa, chicos?», respondió otro. «No solo es contra los pedófilos y su pizza (palabra en clave para pornografía infantil) o contra nosotros y nuestras drogas, perdemos cada paraíso seguro que encontramos». Los foros de Silk Road que seguían en línea y operando desde otros servidores diferentes al del sitio estaban en pánico.

¿Era el fin? No del todo. Siete días después del arresto de Ulbrich, Libertas, quien había sido administrador del sitio desde febrero de 2013, resurgió en el foro y publicó este mensaje:

* Cargos que, hasta la fecha en que esto se escribe, Ulbricht niega.

Damas y caballeros, me complace anunciar nuestro nuevo hogar... ¡Dejemos que la policía desperdicie su tiempo y recursos mientras nosotros decimos al mundo que no permitiremos que los gánsteres abusivos del gobierno pisoteen nuestra libertad![18]

Silk Road había regresado como Silk Road 2.0: un nuevo sitio, mejor y más seguro. Libertas estimó que estaría de vuelta dentro de un mes. Como muestra de dramatismo, el Silk Road 2.0 provisional mostraba una versión modificada del aviso del FBI. Libertas y otros administradores del sitio trabajaban sin parar para reconstruir el sitio usando código fuente del original y reincorporando a la mayoría de los vendedores del sitio en el menor tiempo posible. Aunque muchos usuarios del sitio estaban descontentos por su desaparición, junto con sus bitcoines, la mayoría estaba desesperada por volver a lo que hacía. Inigo, uno de los compañeros administradores de Libertas, se quejó de la marea de correos electrónicos de usuarios que intentaban volver a comprar: «Trabajamos tan rápido como podemos», se disculpó en el foro.[19]

Un mes después estaban listos para arrancar. Haciendo honor al nombre, un nuevo Dread Pirate Roberts resurgió para mantener el sitio. (Al momento de redactar estas líneas, su identidad sigue siendo un misterio). «No se puede matar la idea de #silk-road», declaraba el nuevo titular en Twitter la mañana del 6 de noviembre de 2013. Luego escribió en el foro: «Ha resurgido de las cenizas y está listo y esperando a que todos vuelvan a casa. Bienvenidos de regreso a la libertad...»; estaba de regreso y funcionando otra vez.[20]

Pero a pesar de los esfuerzos de Libertas e Inigo, Silk Road había perdido el dominio del mercado. No era el único mercado negro en la red, solo el más grande. Otros habían visto una oportunidad y desde 2012 empezaron a competir con varios mercados, incluyendo al Black Market Reloaded y el Russian Anonymus Market Place. La desaparición del sitio líder en octubre de 2013 presagió seis meses de caos. Nuevos

mercados fueron fundados, hackeados, cerrados por la policía
y reabiertos de nuevo. Se abrieron decenas de sitios falsos
para robar a los compradores sus bitcoines. Muchos usuarios
de Silk Road usaron masivamente Sheep Market poco después de que el FBI bajara la página, pero después de un breve
tiempo de actividad desapareció, ya sea por hackeo o porque
deliberadamente lo dejaron fuera de línea junto con el dinero
de todos. El muy bien anticipado mercado Utopía se puso en
marcha en la primera semana de febrero de 2014, pero fue
bajado por la policía holandesa antes de quince días. Compradores y vendedores que estaban acostumbrados a la estabilidad
y confiabilidad de Silk Road luchaban por encontrar un sitio
confiable.[21] Las autoridades parecían haber ganado, pero no por
mucho tiempo. En abril de 2014 los mercados estaban de nuevo estables. Surgieron tres grandes sitios confiables y pronto
empezaron a crecer, vendiendo más productos que nunca. El
orden se había restablecido. Solo entre enero y abril de 2014,
Silk Road 2.0 procesó más de 100 000 ventas. Era como si
nada hubiera pasado.

Desde que llegaron estos «mercados de la red oculta» había habido, comprensiblemente, clamor y consterna-
ción. En 2011 el *Sidney Morning Herald* advirtió de «un
floreciente mercado de drogas en línea que la policía era
incapaz de detener», mientras que en 2012 el *Daily Mail*
la llamó «la esquina más oscura de internet».[22] Charles
Schumer, el senador de Estados Unidos que pidió una investigación en Silk Road en 2011, describió el sitio como
«el más descarado intento de traficar drogas en internet jamás visto».[23] Lo sorprendente no es que existan los mercados de droga en línea, lo sorprendente es que funcionen.
Los mercados de la red oculta son entornos excepcionalmente riesgosos para llevar un negocio. Los compradores y
los vendedores nunca se reúnen. No hay reguladores a quienes
recurrir si el vendedor o el sitio deciden llevarse tu dinero.[24]
Todo es ilegal y hay un constante riesgo de que los sitios sean

bajados o infiltrados por los policías. A pesar de estos riesgos, los mercados en la red oculta prosperan, pero ¿cómo?

En el lado oscuro

No puedes acceder a los mercados de la red oculta usando navegadores normales; así como ocurre con todos los servicios ocultos TOR, solo puedes acceder a ellos por medio del navegador TOR.* Por lo tanto, los compradores tendían a llegar mediante la Wiki Oculta, o muchas de las otras páginas índice que ayudan a navegar en este turbio mundo.

Acabo de entrar a un popular sitio índice y lo primero que noto es la cantidad de mercados que hay y la vertiginosa variedad de drogas que dicen vender. Ahora hay 35 mercados operando y decidir en cuál de todos comprar es muy difícil. Muchos de nosotros nos enfrentamos con este dilema cada día. De acuerdo con Nathalie Nahai, autora del libro *Webs of Influence*, un estudio sobre persuasión en línea, hacemos juicios subconscientes sobre los sitios de internet basados en «pistas confiables». Nahai explica que confiamos en un sitio si está bien diseñado, con logos en alta definición y simetría en la página, creado de manera simple y fácil de usar. Es un indicador de la cantidad de esfuerzo dedicado por las personas detrás del sitio y, como sostiene Nahai, una medida confiable de que merecen nuestra confianza y que seamos sus clientes. Las grandes compañías de comercio electrónico gastan millones en el desarrollo y el diseño de sus sitios web y muchos mercados de la red oculta también lo hacen.[25] Todos tienen logos reconocibles y desarrollan marcas únicas. Silk Road 2.0

---

* En 2014 Tor2Web ofreció a los usuarios acceder a los servicios ocultos TOR utilizando navegadores sin encriptación; sin embargo, ya que no ocultan la dirección IP del usuario, son raramente usados.

conservó el ya bien conocido logo de Silk Road: un comerciante árabe en un camello, todo en verde, cuando resurgió en
noviembre de 2013. El logo de Agora Market es un bandido
enmascarado que empuña un par de pistolas. En la cabecera de
Outlaw Market aparece un vaquero. Todos los sitios comparten
también las siguientes características básicas: página de perfil,
cuenta y lista de productos. Según Nahai, los productos que el
cliente espera ver también son pistas confiables.

Como cualquier mercado, los sitios también compiten por
los clientes. En abril de 2013 el rival de Silk Road, Atlantis,
llevó a cabo una intensa campaña para lograr la lealtad de los
usuarios: «Se necesita dar a los clientes una buena razón para
dejar su mercado actual. Hicimos esto de varias maneras, les
ofrecimos usabilidad, seguridad, tarifas más bajas (para usuarios vendedores y por comisiones), mayor velocidad del sitio
web, soporte al cliente e implementación de calificaciones»,
explicaba el administrador del sitio.[26] Cada mercado añade
sus propios ornamentos. Pirate Market, por ejemplo, tiene un
juego de apuestas tipo «piedra, papel o tijera» muy cuidado
en los detalles y la opción de retroalimentación: «Dinos qué
no te gusta de este sitio».

Logotipos y correos electrónicos de bienvenida no son suficientes en los mercados de la red oculta. La agradable estética
de Sheep Market sirvió de poco cuando el sitio desapareció con
casi 40 millones de dólares en bitcoines tanto de compradores
como de vendedores. Silk Road 2.0 fue hackeado en febrero de
2014 y perdió con esto 2.7 millones de dólares en bitcoines.
Para hacerme una idea de en quién podía confiar realmente me
dirigí a los foros de este mercado. Si hay un sitio o vendedor
fraudulento aquí te enterarás. Hay decenas de hilos en Reddit,
blogs hechos por los usuarios y foros dedicados a investigar
cada mercado que reúnen experiencias de usuarios y analizan
las características de seguridad. Silk Road 2.0 sigue siendo una
opción popular. He leído numerosas publicaciones que ala-
baban la manera en que los administradores respondieron al

hackeo de febrero de 2014. Defcon, el nuevo administrador del sitio, prometió inmediatamente rembolsar a cada vendedor el dinero perdido, incluso sostuvo que ningún administrador recibiría comisión alguna hasta que cada reclamo fuera resuelto. En abril de 2014, Defcon declaró triunfante que habían devuelto la mitad de los bitcoines. Silk Road 2.0 también ofrece la gama más amplia de productos con la lista más grande de vendedores: 13 000 listados, comparada con la segunda más grande, Agora Market, que tiene 7 400. Con una buena promoción, amplia gama de productos y una excelente seguridad, no necesito más convencimiento.

Vendedores y productos

Darse de alta en Silk Road 2.0 es muy simple: un usuario, una contraseña, completar el CAPTCHA (Completely Automated Public Turing Test to Tell Computers and Humans Apart)* y ya está. *Welcome Back!* se lee en la página principal.

Los foros estaban en lo correcto, inmediatamente me abruman las posibilidades; hay cerca de 870 vendedores a escoger que venden más drogas de las que hubiera pensado que eran posibles. Solo bajo el éxtasis había: 4-EMC, 4-MEC, 5APB, 5-IT, 6-APB, butilona, MDA, MDAI, metilona, MPA, pentadrona, píldoras. Pero la elección no solo atañe a las drogas, también hay secciones para alcohol, arte, falsificaciones y libros y una tarjeta *e-gift* de Starbucks de $100 a más o menos $40, un juego completo de la serie *The Sopranos*; un recibo por $100 para suministros de Marine Depot Aquarium,

---

* CAPTCHA, en español: Prueba de Turing Completamente Automática y Pública para Diferenciar Ordenadores de Humanos, consiste en leer letras torcidas o tachadas que las máquinas no son buenas para descifrar. [*N. de T.*]

actas de nacimientos del Reino Unido falsas, tarjetas de regalo falsas y algo llamado «resuelve a tu favor todos los reclamos de PayPal», la guía definitiva de PayPal.

La naturaleza y el volumen de comercio en la red oculta siempre han sido un misterio. ¿Cómo haces para reunir datos? A principios de 2014, un usuario anónimo de Silk Road 2.0, con un ingenioso programa de computadora, recolectó los detalles de 120 000 ventas que se habían llevado a cabo en el sitio en 99 días entre enero y principios de abril de ese año y los vació en un archivo en un foro oscuro de Silk Road. Es la mirada más exacta de lo que entra y sale en el sitio.[27]

Sin sorpresa, los productos más populares del sitio son las drogas. «Hierba» era el artículo más vendido (28% de los artículos vendidos), luego estaba el MDMA (18%), artículos electrónicos (14%) hachís (12%) y cannabis (8%). Aunque si un vendedor ofrece algo interesante y único a buen precio, puede mover grandes volúmenes rápidamente sin importar qué sea:

Artículos de máyor demanda en Silk Road 2.0 (enero-abril de 2014)

Producto	Precio (en dólares)	Ventas (en 99 días)
Valium de Roche genuino de Australia 10 x 10 mg	42	240
1 000 barras de Xanax de 2 mg Pfizer	1 050	193
Cupones de Original Lotus Collection (recibos falsos)	84	190
Testosterona Enanthate 250 (250 mg/ml) 10 ml US	40	187
Cuenta Premium de Reality Kings (pornografía)	10	142
Valium original australiano por tableta 10 mg	5.25	117

Realmente es un mercado internacional. Aunque los vendedores tienden a ser de Estados Unidos (33%), el Reino Unido (10%) o Australia (10%), la mayoría promete entregar en cualquier país del mundo.[28]

El mercado se caracteriza por un pequeño número de grandes distribuidores y una larga cola de operaciones un poco más moderadas; 21 comerciantes vendieron más de 1 000 productos entre enero y abril de 2014; mientras que 418 vendieron menos de 100.[29] (Los comerciantes más activos tuvieron 3 592 ventas en ese periodo). El vendedor típico (el promedio de nuestra muestra de 867 vendedores) vendió 178 productos.

Al calcular los datos de ventas de los distribuidores con referencia al valor de cada producto, también pude calcular el tipo de ventas que los principales vendedores hicieron aquí.

Nombre	Producto	Ventas totales (dólares)
The Drug Shop	Principalmente cocaína, heroína y ketamina	6 964 776
Heavenlost	Cocaína, MDMA	713 564
Solomio	Heroína, marihuana, cocaína	232 906
Hippie	Mayormente cannabis, un poco de ácido y MDMA	231 711
VikingKing	LSD, psicodélicos	204 803
PantherRed	Speed, cocaína, MDMA, cannabis	147 450
Thebakerman	Cocaína, MDMA	140 596

La mayoría de los vendedores no facturan esos volúmenes. Seleccioné a nueve vendedores medianos en términos de volumen de ventas. Aquí, el promedio mensual de ventas es entre $10 000 y $20 000 cada uno. Si asumimos un 100% de aumento en el precio de mayoreo, significa una entrada anual de entre $60 000 y $120 000. Un salario decente, pero no la ganancia de un capo de la droga.[30] Esto sugiere que la mayoría de los vendedores no son comerciantes internacionales a gran escala, sino vendedores medianos y distribuidores al menudeo. (Estudios sugieren que los vendedores callejeros ganan de £15 000 a £20 000 en el Reino Unido, mientras que los distribuidores más grandes y los capos ganan mucho más).[31] Algunos vendedores son intermediarios establecidos que han estado en la industria por años y tienen relaciones duraderas con importadores; simplemente están llevando sus operaciones a internet. Pero Silk Road ha traído gente nueva, desde alguien como Ace, un joven de veinticuatro años que vendió marihuana «cultivada en casa» en Silk Road en 2012 y afirma que podía tener entre diez y veinte órdenes por día, y setenta a ciento cuarenta en una semana; hasta farmacólogos que venden ilegalmente los medicamentos bajo receta de sus consultorios.[32] Angelina manejaba una empresa mediana, legal, cuando leyó sobre Silk Road en 2011 en un artículo de *Gawker*. Inició un negocio con algunos otros y entre 2011 y 2012 completaron 10 000 transacciones comprando al mayoreo directamente con los productores y llevándolo al mercado. Es un trabajo lucrativo pero no glamuroso, explicó. «Somos un importador, manufacturero y minorista con servicio de empaque y envío: operamos como una pequeña empresa minorista de embalaje y envío», dijo a la revista *Mashable* en 2012.[33]

Reputación digital

Cuando compras drogas en el mundo real, tu elección en cierta medida está limitada por la geografía y por quien conoces. En Silk Road 2.0 hay mucho para elegir: miles de productos y cientos de vendedores operan en varios sitios. Todos los mercados en línea enfrentan este problema y todos lo resuelven de la misma manera. «El comercio electrónico legal no funcionaría sin las calificaciones de sus usuarios», explica Luke Upchurch, del grupo de asociaciones de los derechos de los consumidores Consumers International. «Estas permiten a los consumidores tomar decisiones más informadas sobre los productos; además permiten a los productores hacerse de una reputación». De acuerdo con una investigación publicada por Consumers International, 88% de los compradores en línea confían en las calificaciones cuando toman decisiones de compra.

La encriptación y la criptodivisa bitcoin han creado las condiciones técnicas para que Silk Road pueda existir, pero las calificaciones de los usuarios lo hacen funcionar. Cada sitio de drogas tiene opciones de calificación, usualmente es una escala de 5 más una retroalimentación escrita; calificar su compra con exactitud y cuidadosamente es una obligación de todos los compradores. «Otros necesitan leer esta información y predecir qué ofrece el comerciante», escribe un usuario veterano a los nuevos compradores en un foro de Silk Road 2.0. «Cuando dejes retroalimentación, asegúrate de hablar sobre los tiempos de entrega, la calidad del producto, la cantidad de producto y el servicio al cliente que ofreció el vendedor».[34]

Decidí comprar un poco de marihuana para entender bien cómo funciona este sistema. Este no era un rincón pequeño, se anunciaban más de 3 000 variedades diferentes. Empecé a explorar las calificaciones de diferentes vendedores, tratando de encontrar aquellas que otros habían hallado confiables:

1/5 Este vendedor es un puto farsante, pagué por hachís y me envió ¡40 gramos de jodida parafina! NO LE COMPREN A ESTE CABRÓN (20 gramos de hachís marroquí).

Malo. Después de buscar un rato encontré uno ideal. Drugsheaven está establecido en el extranjero, pero su página anunciaba «hierba excelente y consistente de la mejor calidad y hachís por un precio justo». Aún más: tenía una política de rembolso y términos y condiciones detallados. Drugsheaven vendía una impresionante variedad de productos: Neblina del Olvido, Queso, Viuda Blanca, Somango, Bubba Kush, Olimpia, Messi, Marlboro Gold Stamp, Marlboro 15 Stamp, Sello de Oro Afgano, Polen Polo, Polen Lacoste, Polen Ferrari. Cuidadosamente revisé sus calificaciones. Tenía doce calificaciones cinco estrellas en las últimas veinticuatro horas y cerca de 2 000 retroalimentaciones en los últimos cuatro meses con un promedio de 4.8 de 5.

> La primera orden se perdió… Obtuve un reenvío y ahora estoy muy contento… ¡¡Heaven es uno de los mejores vendedores en Road!! Muy amable y con muy buena comunicación. Regresaré pronto ;) por favor consideren a este vendedor…: 5 estrellas

Igual de importantes son las calificaciones negativas ocasionales (100% de calificaciones perfectas sería poco creíble):

> El producto nunca llegó. Aunque sigue siendo un vendedor confiable, volveré a hacer pedido. A veces pasan cosas, pide bajo tu propio riesgo.

Los compradores tienen también reputaciones que cuidar: son juzgados por cuánto dinero han gastado en el sitio y cuántos rembolsos han solicitado. Una buena reputación como comprador es importante, pero como vendedor tu reputación digital lo es todo; sin ella, tu nombre, tamaño y promesas no valen nada.

La idea de mercados anónimos y sistemas de reputación, como inspirar confianza en un mundo de anonimato, se remonta a los primeros días de los *cypherpunks*, aunque sabían que si todos eran anónimos, entonces no había nadie en quién confiar. Un usuario podía estafar a alguien bajo un seudónimo un día y registrarse con otro al día siguiente. Los *cypherpunks* imaginaron que las personas crearían seudónimos digitales permanentes: individuos en línea que no deberían estar ligados con el *yo real*; sin embargo, tendrían su propia identidad y reputación construida con el tiempo. Tim May, *cypherpunk* cofundador, en su «Manifiesto criptoanarquista», de 1988, explicaba que en el futuro digital anárquico «las reputaciones serían de vital relevancia, mucho más importantes en negocios que los historiales crediticios de hoy». Una de las principales razones del éxito del Dread Pirate Roberts de Silk Road fue la confianza que construyó a través de dos años de transacciones concretadas. No importaba quién estuviera tras la máscara.[35]

Tal como en Amazon o eBay, toma tiempo construir una reputación positiva. Cuando el primer Silk Road fue puesto fuera de línea, los vendedores perdieron sus antiguos perfiles digitales y, con ellos, sus reputaciones. «Muchos de nosotros hemos gastado mucho tiempo y dinero para incrementar nuestras estadísticas de compra-venta en nuestras respectivas cuentas», se quejaba un vendedor en Silk Road 2.0 con los administradores en octubre de 2013. «¿Hay alguna posibilidad de que los datos sean respaldados en alguna parte y transferirse al nuevo mercado?». «No, no hay respaldo», se leía en una respuesta cortante. Todos los datos anteriores se habían ido junto con el sitio. «Somos principiantes de nuevo, me temo», añadía otro administrador: «Es su trabajo reconstruir su reputación y recordarles a sus clientes por qué los eligieron en el lugar anterior: por los excepcionales servicios al cliente y los productos de alta calidad.

Con todo el dinero que circula en esos lugares y con una buena reputación como clave para obtener una tajada de este, algunos vendedores tratan de jugar con el sistema de calificaciones. Los trucos más comunes son crear cuentas falsas desde las cuales publican calificaciones positivas, escribir malas calificaciones de la competencia, pagarles a otros para que les otorguen una buena calificación e incluso ofrecer productos a cambio de buenos comentarios.[36] Pero hay una

increíble autorregulación aquí, una genuina voluntad de identificar y retirar a los estafadores. The Rumour Mill es el foro
más popular en Silk Road 2.0. Está dedicado exclusivamente a vendedores y a productos. En The Rumour Mill las reputaciones y los productos son enérgicamente defendidos y
los estafadores regularmente son nombrados y avergonzados.
«CapnJack es un artista de la estafa, conocido como King-
Joey», escribe un comprador decepcionado. «Ha estafado a
la gente desde hace tiempo y usa este perfil de usuario para
hacer creer a la gente que le queda buena heroína #4 y que
necesita deshacerse de ella por $170 el gramo... Todos ne-
cesitan estar atentos y evitar a este cabrón». La comunidad
frecuentemente aúna esfuerzos para exhibir a un estafador.
En una ocasión un grupo de compradores exhibió a DrugKing
como un vendedor que redactaba sus propios comentarios
en las calificaciones. «Estaba revisando a este vendedor hace
unas horas y no tenía comentarios, ahora tiene un montón y
todos son de usuarios con entre 6 y 10 ventas», escribió
un usuario. Otros analizaron quirúrgicamente todas sus publicaciones. «Los comentarios tienen otras cosas que son muy
notorias, a pesar del buen trabajo en la redacción para que
parezcan diferentes personas, por ejemplo: "muy discreto",
"bastante discreto", "súper discreto", "sumamente discreto"».
DrugKing fue reportado a los administradores y bloqueado
por ellos. «Bien hecho el exhibir a este estafador», escribió
un comprador agradecido.

El comercio basado en la reputación produce un poderoso
aunque informal sistema de autorregulación regido por los
consumidores, lo cual permite a los usuarios tomar decisiones
más informadas sobre los productos que compran. Cuando se
compra droga en la calle, no hay una manera confiable de juzgar
qué se está comprando ni ninguna opción si las cosas salen mal.
Por esta razón la pureza de la droga callejera es muy variable:
la pureza de la cocaína comprada en la calle es de 25%, aunque
se ha encontrado valores tan bajos como 2%; casi siempre

diluida por los intermediarios y distribuidores con una mezcla de sustancias como benzocaína.[37] En 2009 un análisis de unas tabletas confiscadas de éxtasis mostró que aproximadamente la mitad de estas no contenían éxtasis sino cafeína y 1-benzopiperazina.[38] No saber qué metes a tu cuerpo puede traer consecuencias trágicas. En 2009 y 2010, por ejemplo, un producto contaminado provocó que cuarenta y nueve consumidores de heroína se infectaran de ántrax en Escocia, catorce de los cuales murieron.[39]

Los mercados de la red oculta proveen una solución radical aunque familiar a este problema. Este sistema de calificaciones de los usuarios proporciona una manera más segura, sistemática y confiable para determinar la calidad y la pureza de los productos: confiar en las calificaciones de las personas que los han usado. Es verdad que el precio aquí es más variable. En algunos casos es muy competitivo: en octubre de 2013 el costo promedio de la cocaína en Silk Road era de $92.20 por gramo, comparado con el precio promedio global en las calles de $174.20 por gramo; lo cual representa 47% menos.[40] Por otro lado, el precio promedio de la marihuana es de $12.10 por gramo; más alto que el promedio global de $9.50 por gramo, y la heroína es particularmente cara: más del doble del precio en las calles de Estados Unidos.[41] Aunque, según Steve Rolles, de la fundación Transform Drugs Policy, los compradores están dispuestos a pagar un precio ligeramente más alto si pueden confiar en la calidad del producto.[42]

Compra

Tenía un mercado y un vendedor, pero no tenía el producto. Entonces accedí al sistema interno de correo electrónico para pedir consejos.

Yo: Soy nuevo. ¿Creen que pueda comprar solamente una pequeña cantidad de marihuana?

Doce horas después recibí una respuesta:

Vendedor: ¡Hola! Comprar una pequeña cantidad es la manera más inteligente de empezar, así que no hay problema si quieres comprar solo un gramo. Yo haría lo mismo si fuera tú. ¡Ojalá podamos hacer negocios! Saludos.

¡Qué educado! Seguí su consejo y opté por la mínima cantidad: un gramo de marihuana. Cuesta 0.03 bitcoines, lo cual es más o menos £8 (más envío y entrega). Hice clic en «añadir al carrito», lo único que faltaba era pagar.

El pago

Los mercados se adaptan a los problemas. Cada crisis es rápidamente seguida por la innovación. Los mercados de la red oculta se vuelven cada vez más ingeniosos. La pregunta más importante aquí es cómo hacer que los compradores no sean estafados. Cuando compras algo en sitios con buena reputación, pagas antes de recibir el producto, incluso aunque no se conozca al vendedor. Esto es porque se confía en que ese sistema funciona. Sitios como Amazon tienen mecanismos verificados para calificar productos y negocios con disputas y están regulados por la legislación para proteger los derechos de los consumidores y mantener estándares comerciales.

El pago por adelantado fue el método preferido en los primeros mercados, como el Farmer's Market. Los usuarios hacían un pedido, transferían el dinero y esperaban ansiosos que llegara su paquete, pero este es un modelo muy poco fiable en los mercados de drogas. Silk Road resolvió esto con algo llamado *escrow* o «depósito a terceros».

Cada mercado en la red oculta opera su propio sistema interno de monedero. En el Silk Road original, un comprador creaba un monedero para cada sitio específico, en el cual transfería bitcoines de otro monedero, generalmente uno instalado en su computadora. Una vez hecho el pedido, el comprador transfería la cantidad exacta de bitcoines de su monedero en Silk Road a la cuenta *escrow*, en este caso controlada por un administrador de Silk Road, y se le notificaba al vendedor que el dinero había sido depositado en dicha cuenta para que enviara el pedido. Cuando el comprador recibía el producto, lo notificaba al sitio, que a su vez transfería el dinero al monedero del vendedor en Silk Road. Cuando entrabas por primera vez al Silk Road original, un mensaje de DPR te recibía como nuevo usuario: «¡Usen el sistema de *escrow*! No puede ser más claro; 99% de las estafas son de personas que crean cuantas falsas y piden a los compradores que les depositen directamente a ellos o liberen el pago antes de enviar el pedido» (a este tipo de estafa se le llama *Finalise Early*, de pronta finalización). Los sistemas de depósito a terceros o *escrow* llevan siglos usándose. La palabra *escrow* deriva del francés antiguo *escroue*, que significa «pedazo de papel» o «rollo de pergamino». En eBay hay una opción de pago de *escrow*, aunque este era inaudito en el mercado de drogas y en el concepto de protección al consumidor.

No obstante, el sistema *escrow* tiene puntos débiles, ya que debes confiarle tus bitcoines a un sitio web de drogas. Los seis meses de caos que sucedieron a la caída de Silk Road nos mostraron que los sitios están expuestos al robo por los propios administradores, a *hackeos* o a ser confiscados por la policía. En cualquier caso, hay un pequeño recurso. Cuando se robaron la «caja fuerte» de Silk Road 2.0 en febrero de 2014, que contenía más de 2.5 millones de dólares en bitcoines de compradores y vendedores, Defcon anunció en el foro las malas noticias, disculpándose ampliamente y añadiendo: «Silk Road no usará más un almacenamiento centralizado de *escrow*... Estoy totalmente convencido de que ningún servicio alojado de *escrow* es seguro». Defcon propuso un sistema de pago nuevo y más seguro llamado «*escrow* multifirma». De esta manera, después de que una compra es aceptada por el vendedor se crea un nuevo monedero de bitcoines. El vendedor aprueba el pedido, el comprador también lo aprueba cuando recibe el producto y solo entonces el sitio lo aprueba (o rechaza si hay algún problema); sin embargo, el dinero es liberado solo cuando dos de los tres lo firman con sus claves PGP. Ninguna de las partes puede desaparecer con el dinero, es como una caja fuerte donde todos los que poseen una llave deben estar presentes para abrirla; si hay algún problema, al comprador se le rembolsa el dinero.

Algunos de los nuevos mercados han empezado a usar el *escrow* «multifirma».[43] El sentir de la comunidad es que los sitios que no tengan ese sistema no deben ser dignos de confianza. En marzo de 2014 un usuario resumió este ánimo en una publicación titulada «No. Uses. O. Crees. Nuevos. Sitios. Sin. Escrow. Multi. Firma» en un foro de Reddit sobre los mercados de la red oculta. Subrayaba:

A ver, muchachos, un regaño. ¿Recuerdan aquel capítulo de los Simpson donde Homero se da contra el muro cinco veces y dice *ouch*? Así se ven usando otros sitios sin *escrow* multifirma... A la chingada con los sitios nuevos, en serio a la chingada. NO uses otros sitios porque 1) tienen gráficos muy piratas, 2) dicen ser competentes, 3) dicen ser diferentes, 4) dicen ser caritativos, 5) tienen un nombre chido, 6) dicen ser la sexta reencarnación del Dalai Lama, 7) usan cualquier truco de mercadotecnia o imagen. Solo usen sitios que afirmen usar técnicas de seguridad probadas como el *escrow* multifirma. Si eres estafado, es porque eres un idiota y les acabas de probar que eso es rentable.

Defcon estaba de acuerdo: «(La multifirma) es la única manera de que esta comunidad esté protegida a largo plazo.[44] Estoy encargando de manera activa a nuestros desarrolladores la construcción de la sección de ayuda para multifirma para los clientes de Bitcoin más comunes. Esperen una generosa recompensa si tienen la capacidad de implementarlo». Cuando se trata de elegir entre diferentes mercados de poca confianza, la multifirma tiene mucho sentido. Es una medida contra el sistema centralizado. Es un extra más de protección al consumidor.

Los mercados de la red oculta están en continua adaptación a los desafíos que enfrentan. El Bitcoin no es tan seguro como algunos creen debido a la manera en que funciona esta tecnología, cada transacción debe ser registrada en la cadena de bloques pública para prevenir que se gasten dos veces, así que si envío mis bitcoines directamente de mi monedero al monedero de Silk Road, la cadena podría guardar un registro de eso. Mi privacidad está intacta porque nadie sabe que mi monedero me pertenece a mí; no obstante, investigadores han hallado que con cuidadosos análisis estadísticos de las transacciones de datos, algunas transacciones pueden ser desanonimizadas, y si transfieres dinero de tu cuenta de banco a tu monedero una y otra vez, como lo hace la mayoría de la gente, incluyéndome, las transacciones no son del todo anónimas.[45] Ellas conducen a ti tan directamente como el pago con tarjeta de crédito.

Por lo tanto, los desarrolladores crearon servicios de mezclado. Envío mis bitcoines a un monedero central que reúne varias transacciones de usuarios, las mezcla y las envía al destinatario final. Mi monedero de Silk Road tiene ya la cantidad correcta de bitcoines; son diferentes de los que mandé y no pueden seguir el rastro hacia mí. Esto es muy inteligente, es un microlavado de dinero a pequeña escala, aunque tiene las mismas debilidades que los sistemas de *escrow* centralizados: tienes que confiarle a alguien más tus monedas, además los servicios de mezclado cobran una pequeña comisión por su uso. Los desarrolladores están trabajando en servicios gratuitos y abiertos de mezcla. CoinJoin, por ejemplo, trabaja de una manera similar, excepto que no hay un monedero central: numerosos usuarios anónimos ponen sus pagos en una dirección temporal, esta los mezcla y los manda cuando todos han aprobado las transacciones.[46]

El objetivo de mejorar continúa. Muchos en esta comunidad van por algo grande. Cuando empecé este capítulo, mi propósito era saber cómo esta comunidad había creado un mercado en el cual las personas pudieran confiar en circunstancias tan inverosímiles. Resulta que su fin último es totalmente opuesto. El sistema de pago *escrow*, multifirma y CoinJoin son solo una parte de un plan más grande para crear un mercado donde no necesites confiar porque todo garantiza trabajar con una poderosa encriptación y sistemas descentralizados que no puedan ser puestos fuera de línea o centralizados. Quieren crear un mercado donde la confianza no sea necesaria. El futuro de estos mercados no son sitios centralizados como Silk Road 2.0, sino sitios donde todo esté descentralizado, donde las listas, los mensajes, los pagos y las calificaciones estén separadas, no controladas por una entidad central.[47] Un sitio que sea imposible de censurar o cerrar.

Por supuesto que la policía no puede permitirles a estos sitios operar con impunidad. Sin duda encontrarán la forma para sacarlos de línea o minar la confianza que las personas tienen en ellos. Además, es difícil imaginar que los distribuidores de droga tradicionales se queden sentados a ver cómo su modelo se hace trizas. Quizá también ellos empiecen a operar en línea: según la encuesta británica de drogas de *The Guardian* de 2014, 45% de las personas que han vendido droga para obtener ganancia la han comprado en internet. Pero no falta inteligencia, ni individuos motivados y comprometidos a mantener estos sitios funcionando y en constante mejora. Para muchos de ellos no solo es un asunto de drogas, sino el frente digital de una guerra por la libertad individual.

Seguí los últimos pasos: transferir mis bitcoines limpios al monedero del vendedor y hacer clic en «pagar»; de inmediato se abrió otra página con el mensaje: «Su transacción se completó con éxito».

Discreción

Aún sigue habiendo un obstáculo por superar: la entrega de la droga. En todos los sistemas de pago tuve que dar mi dirección real para recibir mi producto. Algunos usan algo llamado «dirección de buzón»; una casa abandonada con un buzón que funciona. La mayoría, en la cual me incluyo, simplemente pone su dirección de casa, confiando en el poder de la «discreción». Los vendedores frecuentemente son calificados de acuerdo con lo fácil y rápido que entregan sus productos, o qué tan fácil disfrazan el pedido. Aunque los sigilosos métodos de mi vendedor no fueron discutidos en sus calificaciones —por miedo a poner sobre aviso a las autoridades, según me enteré en un foro—, fueron muy elogiados, ¡y con razón!

Una mañana, cinco días después de haber hecho mi pedido, un paquete blanco llegó a mi casa, del tamaño de una postal pero un poco voluminoso; estaba envuelto con plástico de burbujas, la dirección que proporcioné en el sitio usando mi clave pública estaba impresa en una pequeña estampa. Se veía, olía y sentía como cualquier otro objeto que hubiera recibido esa semana. Adentro, el producto estaba cuidadosamente sellado, el peso era exacto y, según un experto amigo mío, parecía de muy buena calidad.

Lo último que tuve que hacer antes de cerrar mi cuenta fue dejar una breve y simple calificación: «Las drogas llegaron como se especificó. 4/5».

Presión en el mercado

Comprar drogas en Silk Road es muy placentero. Navegué entre infinitas opciones, fui bombardeado con ofertas especiales, embalaje gratuito y varios extras. Los vendedores fueron atentos y respondían las dudas. Los productos eran (supuestamente) de alta calidad y el precio era competitivo según mi investigación. Aquí el cliente es el rey.

Los mercados de la droga siempre se han caracterizado por el monopolio local y los cárteles. Los mercados de la red oculta han introducido una nueva dinámica en este mundo, lo que el famoso economista de la posguerra Albert Hirschman llama «salida» y «voz», dos cualidades que mantienen a las organizaciones trabajando en beneficio de quienes las usan.[48] Los compradores insatisfechos pueden ahora hacer oír su «voz» mediante las calificaciones y pueden «sacar» a un vendedor pobre en favor de otro entre más de 800. Esto significa que los vendedores están forzados a competir por compradores y son acusados por el sistema de calificaciones. Mediante la introducción de astutos mecanismos de pagos, sistemas de calificaciones y la inyección de competencia real, el poder de los vendedores ha sido devuelto a los consumidores. No hay un indicio claro de quién controla estos mercados, excepto una de las últimas publicaciones en el foro de Silk Road 2.0 de Libertas, el testarudo administrador, en noviembre de 2013:

> Me disculpo ante quienes han experimentado tiempos lentos en el servicio al cliente… Estamos implementando cambios para asegurarnos de que los mensajes no se pierdan en un futuro. Y de nuevo me disculpo por cualquier inconveniente que los retrasos en las respuestas a sus recibos les hayan causado. Libertas.

Salida y voz en los mercados oscuros están haciendo precisamente lo que los textos de economía predicen: crean mejores negocios o tratos para los consumidores. Las estadísticas más sorprendentes en los datos de los vendedores que presenté en este capítulo no son acerca del volumen o rango de las drogas ofrecidas, sino de las calificaciones satisfactorias. Más de 95% de 120 000 calificaciones son de 5/5, solo 2% eran de 1/5. Cuando el profesor Nicolas Christin analizó las calificaciones en Silk Road 2.0, eran casi idénticas.[49]

Una vez que este mercado centrado en los consumidores es liberado, infecta todo. Silk Road 2.0, Agora, Pandora Market y otros mercados compiten entre ellos en seguridad, comisiones y usabilidad.[50] En abril de 2014 fue lanzado Grams, un buscador del mercado de drogas. Grams busca en los mercados más extensos, lo cual hace más fácil encontrar los productos buscados.[51] Grams ha incorporado tendencias en las búsquedas, incluso los vendedores pueden comprar espacio en listas de palabras claves patrocinadas para sus sitios y productos. Según James Martin, autor de *Drugs on the Darknet,* algunos vendedores incluso han empezado a ofrecer opio y cocaína con emblemas como «comercio justo», «orgánico» o «provenientes de zonas libres de conflicto». «Somos un equipo de vendedores de cocaína libertarios», escribió un distribuidor. «¡Nunca compramos cocaína de los cárteles ni de la policía! Ayudamos a granjeros de Perú, Bolivia y algunos estudiantes de química en Brasil, Paraguay y Argentina. ¡Hacemos comercio justo!».

Seis meses después del colapso de Silk Road, hay más mercados que nunca. Para abril de 2014 se estaban vendiendo tres veces más productos que cuando empecé a escribir este capítulo en 2013. Todos surgieron de la turbulencia de finales de 2013 con más seguridad y usabilidad para el cliente, armados con *escrow* multifirma, CoinJoin y motores de búsqueda. Claro que ciertos mercados o vendedores individuales serán atrapados. Pero a la hidra le crecen nuevas cabezas. Los mercados aprenden. Todo esto le da el poder al comprador y hace que la calidad de las drogas y los sitios sigan mejorando.

Quizá no sean ni Silk Road 2.0 ni los servicios ocultos TOR los que transformen la industria de las drogas. Aunque ahora los compradores lleven las riendas, nunca será lo mismo de nuevo. Lo que signifique para la guerra contra las drogas no está claro. En octubre de 2013 un ambicioso estudio recolectó datos de siete diferentes sistemas de vigilancia de droga en todo el mundo. El documento, gestionado por el International Centre for Science in Drug Policy (Centro Internacional para la Ciencia en la Política de Drogas) concluyó que la guerra contra las drogas está fallando. Las sustancias ilícitas están más disponibles que nunca.[52] Desde que el presidente Nixon declaró la guerra contra las drogas en 1971 no ha habido ningún freno notorio en el suministro y ciertamente tampoco en la demanda.[53] Los mercados de la red oculta hacen que la droga esté disponible más fácilmente, lo cual no es nada para celebrar. Eso elevará la tendencia de consumo, y el consumo, legal o ilegal, genera miseria.[54] Existe corrupción y violencia en todos los eslabones de la cadena cuando la droga es movida de productores a distribuidores callejeros.* Entre más larga sea la cadena, hay más violencia y sufrimiento; más ganancias para los distribuidores y más sustancias son diluidas y mezcladas.[55] Silk Road no soluciona todo esto, aunque reduce la cadena de suministro. Hay aproximadamente 7 000 bandas de criminales en el Reino Unido y la mitad de ellas está involucrada en la droga.[56] Aunque las personas confiables con precios exactos son difíciles de encontrar en la calle, un estudio de la ONU sugiere que el costo asociado con el crimen de la droga (fraude, robo, timo y hurto) en Inglaterra y Gales es equivalente a 1.6% del PIB o 90% de todo el costo social relacionado con el abuso de drogas.[57] También esto tenderá a disminuir cuando los compradores eliminen a los distribuidores callejeros. La historia sugiere que quienes buscan drogas las encontrarán. En Silk Road se pueden encontrar mejores productos con menos riesgos asociados a la compra de estos en las calles.

* Uno de los usuarios del sitio me dijo que esperaba que los distribuidores callejeros compraran producto al mayoreo por internet para revenderlo al menudeo.

Los mercados en línea están convirtiendo el negocio sucio de comprar droga en una simple transacción entre consumidores con poder y vendedores que responden. No es el anonimato, los bitcoines o la encriptación lo que asegurará el éxito de los mercados de la red oculta. El secreto de Silk Road es un buen servicio al cliente.

6

Luces, *webcam*, acción

Reconocí a Vex desde el otro lado de la calle. Se ve tal como en mi computadora: atractiva, delgada, élfica, con dos *piercings* en la nariz. Entró en el café donde quedamos de vernos, estaba nerviosa por haber llegado tarde. Acababa de terminar un *cam-show* en el que ganó más dinero en una hora que cualquier persona en una semana. Vex es una de las *top cam-models*. Se gana la vida posando, chateando, desnudándose y masturbándose en vivo para miles de personas cada semana desde la comodidad de su cuarto. Cada uno o dos días presenta un espectáculo en el sitio Chaturbate para 500 o 1 000 espectadores de todo el mundo; no obstante, su trabajo va más allá de quitarse la ropa. En un día común, pasa varias horas revisando y actualizando las muchas cuentas de redes sociales y sitios que mantiene como parte de su impresionante marca. Se comunica con sus seguidores, responde correos electrónicos y publica mensajes de sus próximas exhibiciones. Manda notas de agradecimiento y, a veces, hasta regalos a sus espectadores habituales y a los que dejan «propinas» grandes, y toma fotos y videos de ella para los miembros de su club de fans. Es un trabajo de tiempo completo, aunque Vex se considera una *amateur*, alguien «normal» que disfruta presentarse en línea y que tiene la fortuna de vivir de ello. No es la única.

Internet no solo ha hecho que la pornografía sea muy fácil de encontrar, también la ha hecho fácil de hacer y de vender. Con la llegada de las cámaras web de buena calidad y la banda ancha, ahora es posible para cualquiera producir pornografía desde su casa. Nosotros, la gente común, estamos inundando la red con pornografía casera, desde *selfies* sexis hasta videos explícitos. Ya no son las estrellas porno las que dominan el mercado, ahora somos nosotros. Los sitios pornográficos más vistos hoy en día son completamente gratuitos y todos muestran principalmente material *amateur*. Los quince sitios porno más visitados contienen casi dos millones de videos *amateur* explícitos, no obstante algunos tipos son difíciles de encontrar.[1] La industria porno tradicional se ha visto muy afectada por estas tendencias, aunque de ninguna manera significa que esté muerta. La Free Speech Coalition estimó que las ganancias globales (y estadounidenses) se han reducido 50% entre 2007 y 2011 debido a la cantidad de pornografía gratuita disponible en línea.[2]

Mucho antes de que la primera cámara web fuera conectada en noviembre de 1993, las personas usaban la computación en red para satisfacer sus impulsos sexuales. En los ochenta, usuarios del BBS visitaban los foros en busca de miembros del sexo opuesto con quienes flirtear y, con suerte, tener «compusexo».[3] Los grupos de historias eróticas donde la gente podía leer y escribir historias se volvieron muy populares en Usenet en los noventa. El primer grupo de Usenet de historias eróticas, rec.arts.erotica, se creó en 1991, y fue seguido rápidamente por numerosas filiales y subgrupos, un banquete para cada predilección, incluyendo uno titulado alt.startrek.creative.erotica.moderated.[4]

Aunque las estadísticas sobre cuánta pornografía hay en la red usualmente están marcadas por la exageración y el pánico moral, ciertamente siempre ha habido mucha. Un BBS pornográfico ganaba 3.2 millones de dólares en 1993 por la venta de imágenes y videos explícitos a miles de suscriptores. En 1997, en algún sitio, había entre 28 000 y 72 000 sitios pornográficos en línea. Hoy se estima que el porno comprende entre 4 y 30% de todos los sitios web.[5]

En abril de 1996 una estudiante de universidad de Estados Unidos, Jennifer Ringley, registró un sitio web llamado Jenni-Cam. Ella se filmaba haciendo una serie de actividades que iban desde cepillarse los dientes hasta *striptease*. Jennifer fue la primera *cam-model*, cuya motivación, sostenía ella, era dar a los espectadores «una percepción de un zoológico humano».[6] En su cúspide, cuatro millones de personas veían temblorosas y tartamudeantes imágenes de una vida pasada frente a la computadora.[7] Rápidamente Ringley se dio cuenta de las posibilidades financieras que su popularidad le daba. En 1998 dividió su sitio en gratuito y pagado; con una tarifa de $15 anuales se tenía acceso a nuevas fotografías cada dos minutos (si no pagabas, debías esperar veinte minutos).[8]

En cuestión de meses, miles de aspirantes a *cam-models* crearon copias del sitio por todo internet. La mayoría eran iniciadas por *amateurs* y no eran de pago. Varios sitios parodiaban a JenniCam e, incluso, había un «Voyeur Dorm», que mostraba la vida de cinco universitarios que hacían su vida normal enfrente de treinta y un cámaras las veinticuatro horas.[9] En 2001 inició LiveJazmin, un *reality show* de televisión por internet creado por el empresario húngaro György Gattyán. El sitio se transformó pronto en un lugar donde aficionados y aspirantes a modelos se mostraban ante los espectadores de pago. El *camming* se estaba volviendo un empleo lucrativo, aunque seguía siendo un nicho muy especializado.[10] Entonces apareció una nueva generación de sitios de *camming*: MyFree-Cams en 2004 y Chaturbate en 2011 ofrecieron sitios gratuitos, con producción profesional y mantenimiento regular. La popularidad del *camming* se disparó.

Chaturbate es uno de los sitios con visitas únicas más grandes, seguido solamente por LiveJazmin. En cualquier momento hay alrededor de 600 modelos en línea, transmitiendo desde casa con sus cámaras web encendidas, y posando en vivo para personas que hayan iniciado sesión y entrado a la «sala» en Chaturbate.

No hay membresías ni suscripciones en Chaturbate, las modelos ganan dinero de las propinas que les dan los espectadores. Las *cam-models* ofrecen un espectáculo una o dos veces al día y este dura normalmente entre una y dos horas. Durante el *cam-show* los espectadores pueden dar propinas en Chaturbate con *tokens*, los cuales son adquiridos en el sitio. Shirley, de treinta años, es la glamurosa técnica en jefe de Chaturbate (al parecer mantiene el sitio ella sola) y me explica cómo funciona. Las *cam-models* usan el sitio un poco como franquicia. Tienen que pagar 60% de los *tokens* que ganan a la compañía que les ofrece el espacio en el servidor, mantenimiento web y, como dice Shirley, «el poder de la marca Chaturbate». Es una marca con peso. Chaturbate recibe aproximadamente tres millones de visitantes únicos cada mes; es decir, muchas propinas potenciales.

No se necesita parecer una estrella porno para convertirse en modelo de Chaturbate; muchas no lo parecen. Un estudio de 2013 de 7 000 mujeres estrellas porno profesionales de Estados Unidos reveló que las modelos promedio medían 1.60 m y sus medidas eran 85-60-85. Hay ciertas *cam-models* que se ven así, pero la mayoría no. Hoy en día, hay probablemente alrededor de 50 000 *cam-models* que trabajan desde dormitorios y estudios alrededor del mundo, la mayoría desde Estados Unidos y Europa, aunque hombres transexuales y parejas también posan; las modelos típicas tienen de veinte a treinta años.[11] Más allá de eso es difícil ser exactos. Algunas lo hacen tiempo completo, como Vex. Otras incursionan por diversión o para complementar sus ingresos. En Chaturbate encontrarás (yo he encontrado) parejas de mediana edad teniendo sexo duro, hombres desnudos tocando la guitarra, mujeres aburridas sentadas en silencio, una orgía transexual, un pene siendo vigorosamente masturbado (por supuesto), así como otras tantas personas en diferentes estados antes y después del coito. Las modelos más populares pueden alcanzar fácilmente los 1 000 espectadores, mientras que otras solo tendrán algunas decenas en línea. Aquí hay para todos.

De acuerdo con The New York Times, el camming se ha vuelto una enorme industria global que genera más de 1 000 millones de dólares al año, lo cual es cerca de 20% de toda la industria pornográfica.[12] Hay una gran y creciente comunidad cam, con varios foros en línea y grupos de ayuda donde las cam-models pueden reunirse, hablar e intercambiar ideas.[13] El camming es un mundo vibrante y floreciente formado por personas comunes con cámaras web, como Vex. Pero ¿qué vuelve a las personas normales tan populares?

Vex no planeó convertirse en una cam-model. Se unió con la finalidad de posar en una serie de fotografías de desnudo para una compañía erótica alternativa llamada God's Girls, para ganar un dinero extra mientras estaba en la universidad. Un día escuchó a algunas amigas platicar que el camming era una buena manera de hacer dinero. Después de investigar un poco, compró una cámara y creó una cuenta de Skype para ofrecer shows privados con una compañía de camming local. «Estaba muy nerviosa la primera vez que lo hice. Hablé demasiado, había veinte espectadores en mi sala, ¡era una locura! Creo que gané £20», me dijo. Entonces se unió a Chaturbate y casi de inmediato empezó a ganar suficiente dinero para que ese fuera su único empleo.[14]

Le pregunté a Vex por qué piensa que es tan popular. «El porno tradicional tiende a ser estandarizado y no realista, creo que soy una persona real en una habitación real».[15] Este es un punto de vista propuesto por Feona Attwood, profesora de Estudios Culturales en la Universidad Middlesex: «Es un mejor tipo de porno: de alguna manera es más real, puro e innovador que los productos de la industria pornográfica convencional».[16]

«¿Eres más real que el porno convencional?», pregunté. «Bueno, la mejor manera de averiguarlo es si me acompañas a uno de mis *shows*».

Un interludio *rate-me**

En la última década nuestras vidas se han vuelto públicas. Ahora la cantidad de información que cotidianamente compartimos sobre nosotros mismos es asombrosa. Entre 1 730 y 1 860 millones de usuarios activos en todas las plataformas publican actualizaciones de estado, suben videos, describen o comparten fotos de dónde están, lo que les gusta o con quién están.[17] Solo en Facebook, los usuarios suben entre 20 y 140 000 millones de elementos de contenido cada mes. Algunos psicólogos piensan que la red social es popular porque explota una necesidad innata de buscar afirmación de nuestros iguales, «una profunda necesidad evolutiva de comunidad», y un muy natural deseo de realzar la reputación propia.[18] Compartir cada intimidad es un atajo para satisfacer necesidades innatas que están presentes en todos nosotros: la necesidad de afecto, relaciones, pertenencia, autoestima y reconocimiento social.[19]

Las redes sociales han desarrollado nuevas e inteligentes maneras para alentar el compartir una cantidad cada vez mayor de información de uno mismo, ya que los datos personales son una mercancía muy valiosa. Entre más se aporte, más migajas de pan[†] pueden recolectarse y venderse a compañías que quie-

---

* Así se llama el sistema mediante el cual se califica a las modelos en estos sitios. Se usa el anglicismo para no confundir con el término «calificaciones (de vendedores y compradores)» del capítulo anterior. [*N. de T.*]

† En internet, las migajas de pan (*breadcrumbs*) se usan en los encabezados de los sitios para representar el camino que hemos seguido hasta la página actual,

ren vendernos algo. Hay una industria multimillonaria dedicada a comprar y vender los datos personales que compartimos en línea.

La profesora del MIT Sherry Turkle piensa que el hecho de que estemos siempre conectados, y siempre siendo observados, nos está convirtiendo a muchos de nosotros en nuestros propios gerentes de marca, que cuidadosamente esculpimos nuestras identidades en línea obsesionados por lo que los demás piensan de nosotros. En su libro de 2011 *Alone Together*, Turkle entrevista a cientos de niños y adultos y documenta los nuevos desequilibrios relacionados con cómo entendemos la privacidad y la identidad en línea; registra a personas jóvenes que pasan muchas horas a la semana seleccionando cuidadosamente sus *likes* en Facebook y editando ligeramente fotografías que no los favorecen: «¿Qué clase de vida social debería decir que tengo?», se preguntan.[20] Ella llama a esto «ansiedad de presentación».

Hoy, los jóvenes tienen diferentes puntos de vista sobre la privacidad en comparación con sus padres. En 2013, el estudio de adolescentes, redes sociales y privacidad del Centro de Investigaciones Pew encontró que los jóvenes comparten más información sobre ellos que en el pasado.[21] En 2012, 91% publicó una foto de ellos mismos (un aumentó en relación con la cifra de 2006, 79%); 71% publica el nombre de su escuela y la ciudad o población donde vive; la mitad publica su dirección de correo. Esto no quiere decir que a los jóvenes no les importe proteger su privacidad en línea, hay encuestas que muestran que sí les importa, pero consideran su privacidad en términos de conservar el control de lo que comparten públicamente más que en limitar lo que comparten.[22]

Esta epidemia de compartición roza lo íntimo. Según un sondeo de YouGov, aproximadamente una quinta parte de los adultos británicos menores de cuarenta ha entablado alguna

---

así como la información contenida en las *cookies* para trazar los sitios que hemos visitado.

actividad sexual ante una cámara, y 15% ha aparecido desnudo frente a una cámara web.[23] De quienes dicen haberse tomado *selfies*, 25% también admite haberse tomado *selfies* sexis.[24]

Tomar imágenes de nosotros o de partes de nuestro cuerpo no es un fenómeno reciente.[25] Una larga historia puede ser escrita solo sobre penes, y comenzar quizá con la imagen de un falo en la caverna de Hohle Fels en Alemania, de 28 000 años de antigüedad, aunque es cierto que la conectividad instantánea nos permite hacerlo más fácilmente y ante una audiencia más amplia.

El foro para socializar /soc/ del sitio de internet 4chan es un espacio específicamente para *cam-models*, grupos de encuentro y los extremadamente populares hilos *rate-me*. Es una especie de epicentro del exhibicionismo, un hilo *rate-me* es exactamente eso. Cada pocos minutos en uno de los cientos de hilos de 4chan alguien publica una foto (de un desnudo, la mayoría de las veces), acompañada de un mensaje en el que se pide retroalimentación. Los espectadores responden algunas veces de manera positiva y otras no, y casi siempre con una calificación del uno al diez.[26]

Los hilos *rate-me* de penes son especialmente populares en 4chan, y tienen varios subgéneros: penes pequeños, penes grandes, penes delgados. «Califica mi pene, por favor, y siéntete libre de compartir el tuyo», escribió un usuario en un hilo junto a la foto de su pene. Al siguiente minuto había recibido los siguientes comentarios:

«Grueso, largo 8/10»
«Ligeramente venoso color raro 5/10»
«¡Jodidamente grande! 10/10»
«No soy gay y lo chuparía. Absolutamente celoso. 9/10»
«9/10 podría tragarlo»

Otros aceptaron su oferta y compartieron los suyos, a menudo junto con objetos domésticos para dar una idea del tamaño: un control remoto de televisión, un rollo de papel o una pequeña botella de jugo de naranja.

Joe es un oficinista de veinte años de Londres que publica regularmente. Publica fotografías de sí mismo en los hilos de «chico flaco», donde hombres delgados comparten fotografías de sus cuerpos. «Publico para recibir atención, supongo, estoy harto de todas las personas que me dicen que soy muy flaco. Es reconfortante oír a alguien que aprecia mi cuerpo. Si son hombres o mujeres no me importa. Solo escucho los cumplidos, es un estímulo para mi autoestima». Joe ha guardado cada comentario positivo que ha recibido, hay cientos, en una carpeta en su escritorio.

He hecho clic a través de innumerables sitios *rate-me* en 4chan y por todo internet: sitios dedicados a bebés, mascotas, peinados, brazos, músculos y excremento (aunque no lo crean). Cada uno contiene miles de imágenes con su propia lista de comentarios y calificaciones.

El fenómeno *rate-me* se extiende mucho más allá de sitios web específicos. En 2011 se creó un grupo de Facebook denominado: «Los adolescentes más atractivos y bonitos».[27] Esto generó numerosos grupos o foros similares en los que participaron innumerables adolescentes. Estas páginas provocaron una protesta de padres y expertos en seguridad bastante preocupados; muchos de estos sitios fueron cerrados rápidamente, pero cada que uno era cerrado aparecía otro en su lugar; por ejemplo, en 2012, «El adolescente más bello del mundo», o «adolescentes bonitos» en 2013. Al momento de redactar esto, hay cuando menos veinticinco de estos grupos o eventos en Facebook.[28] Los videos *rate-me* también están proliferando. En años pasados, miles de jóvenes han subido videos de ellos mismos a YouTube con el título: «¿Soy bonito o feo?».

Sea cual sea la manera, es claro que las personas están compartiendo más imágenes personales de ellos mismos que nunca. Vex no es un caso aislado, es la punta visible de un iceberg enorme.

Luces, *webcam…*

Tres semanas más tarde me encontraba en la casa de Vex en el norte de Inglaterra. Vex es la anfitriona de un *show* especial hoy. Como la mayoría de las *cam-models*, casi siempre se presenta sola, pero esta noche otras dos *cam-models* aparecen con ella. Es un trío lésbico. Vex hace un *show* así una vez cada pocos meses. Las tres están siempre bien publicitadas y son muy populares. Se espera una gran audiencia.

Vex vive en una linda calle enladrillada. Su casa de cuatro pisos es espaciosa, aunque está atestada de piezas de arte y muebles retro. Me la mostró rápidamente y me condujo a una muy pequeña y desordenada recámara en lo más alto de la casa.

Dos chicas están sentadas en la cama. Las dos están en el inicio de sus veinte, como Vex. Auryn es de Canadá, es alta, negra, delgada y con muchos tatuajes; ha estado haciendo *camming* tiempo completo por casi un año, de acuerdo con ella. Blath es menos alta, blanca, tiene marcadas características de elfo y el cabello teñido de un color azul verdoso. Estudia fotografía y hace *camming* medio tiempo para ganar un poco de dinero extra. Estas chicas trabajaron juntas en *God's Girls* y han sido amigas desde entonces.

El *show* debe empezar en una hora y las chicas se aprestan rápidamente: limpian, arreglan los muebles, preparan la iluminación. Una fan de Vex le ha mandado una botella de champán que ella misma produce para que esta noche las chicas se sirvan una copa. «¿Qué usaremos?», pregunta Blath. «Colores neutros, creo», responde Auryn. «¿Que combinen?». «Sí». Empiezan a hablar sobre la devolución de impuestos mientras mezclan *glitter* con aceite de bebé. Vex camina hacia una pequeña cajonera. «Sí, aquí están mis dildos, todos han sido esterilizados, claro», añade al darme uno. «Ah, y toallas húmedas. Lo básico para una *cam-model*. Tenemos que poner una gran cantidad de cosas en nuestras vaginas, ya sabes».

Ya teníamos media hora de retraso y Vex, Blath y Auryn estaban casi listas, vestidas con unos brevísimos tops, calcetas largas y unas pantaletas con encaje.[29] Antes de estar en directo, Auryn y yo necesitamos «verificar nuestra edad» en Chaturbate. Ella manda por correo fotografías de nuestras licencias de conducir a los moderadores del sitio. Chaturbate tiene una política muy estricta respecto a la edad, por razones obvias, aunque no estoy muy seguro de por qué me incluyen a mí. «No te preocupes», dice Vex, «es solo por si acaso sales en pantalla o algo así».

Los *cam-shows* necesitan ser cuidadosamente planeados. Vex predice que el *show* podría durar por lo menos dos horas. Es mucho tiempo por llenar. Las chicas se ponen de acuerdo sobre cuáles serán los límites esta noche. Acuerdan hacer *pussy play*, tomas de primer plano y usar vibradores en vez de dildos; después necesitan escoger los incentivos de la sala. Hay muchas maneras inteligentes de hacer uso del sistema de propinas de Chaturbate. La mayoría de las *cam-models* establecen objetivos escalonados: un número ascendente de *tokens* para actos cada vez más explícitos. Algunas tienen un menú de ajuste de propina que no cambia. Usualmente hay un solo «objetivo total de *tokens*», el cual esperan alcanzar las modelos durante el *show* y que marcará el final. Vex, Blath y Auryn deciden algo un poco más complicado. Ponen dos tableros de keno, un sistema de propinas que funciona un poco como la lotería. Vex crea ochenta celdas numeradas cada una con un precio en *tokens*. Para abrir cada celda, se debe pagar la cantidad marcada, pero solo una de cada cuatro celdas tiene premio. El primer tablero de keno contiene solo recompensas eróticas; el segundo, y más caro, solo actos explícitos. Las tres gritan los posibles precios y Vex los escribe en su cuenta de Chaturbate:

Blath y Vex se besan
Blath y Auryn se besan
Auryn y Vex se besan

Auryn, Vex y Blath se besan
Senos
Aceite
Beso en el pezón
Vagina
Besos con manoseo extra entre las dos chicas que elijas
Triángulo oral
Vibrador: un minuto

Vex incluye un «apretón de manos» por diversión. «Dios, hay muchos premios», dice. Deciden que el objetivo final será un *cum-show*. Solo los espectadores que hayan pagado doscientos *tokens* cada uno, aproximadamente £12, podrán verlo.

Finalmente estamos listos para salir. Las tres están sentadas en la cama con ropa sexi, abrazadas como si fueran amigas de la escuela. Yo estoy sentado justo fuera de cuadro a sesenta centímetros de la cama con un bloc de notas, mi *laptop* en las rodillas y conectado al cuarto virtual de Vex. Se siente un poco raro, por así decirlo.

Un último trago de champán. «Bien, ¿estamos listas?», pregunta Vex, la respuesta es un fuerte grito general: «Sí». «¡Muy bien, aquí vamos!». Enciende su cámara y de pronto las tres aparecen en pantalla en el cuarto virtual de Vex.

...acción

Tan pronto como la cámara de Vex se enciende, Chaturbate envía automáticamente una notificación a sus 60 000 fans para informarles que está en su cuarto lista para presentarse. Estamos en vivo. Si esperaba una transformación dramática cuando la cámara empezara a rodar, estaba equivocado. El *show* comienza de una manera tranquila y casual. Los primeros diez minutos se caracterizan por fallas técnicas menores. El ritmo es muy lento. El tablero de keno parece borrar algunos premios. Vex sigue ajustando la computadora que está colocada a un metro de la cama con una costosa cámara acoplable mientras la gente empieza a unirse a su sala virtual.

Muchísima gente se une. El primero en llegar es un visitante habitual de Estados Unidos llamado Danny. «¡Hey, Danny!», exclaman las chicas al unísono. «Eres el primero en entrar». Más visitantes habituales se unen y empiezan a comunicarse mediante el chat. Cuando se ve un *show* en Chaturbate, la pantalla se divide en dos; del lado izquierdo está el video en vivo desde la cámara web y del lado derecho hay un chat que constantemente se actualiza; este es el medio por el cual la audiencia se comunica con las modelos y entre ellos mismos. Resulta que Vex tiene muchísimos fans, casi todos ven sus *shows*. Cuando entran los visitantes habituales, tradicionalmente saludan a las modelos con una propina y las chicas los saludan por la cámara: «Oh, hola. Night-shadow, ¿cómo estás?». «¡Bienvenido de nuevo, Stroker!». «¡Ox! Qué gusto verte»; pero entra demasiada gente como para saludarlos a cada uno: en cinco minutos más de 600 se habían unido.

Chaturbate tiene un útil, y a veces despiadado, truco para ayudar a las modelos a manejar este enorme público. Los visitantes sin *tokens* en su cuenta aparecen en gris. Todos los llaman «grises», y son los que entran sin pagar. Las modelos a veces deciden «bloquear a los grises», esto significa que pueden ver pero no pueden participar en el chat. Los usuarios cuyos nombres aparecen en azul tienen *tokens*, pero no han dado propinas de más de 50 tokens en las últimas veinticuatro horas; son los cautos y tacaños. El azul oscuro significa que tienen muchos *tokens* y que los han gastado regularmente. Si un azul oscuro dice algo en el chat, es más probable que obtenga una respuesta. Es un sistema específico del tablero.

En los primeros treinta segundos les llegan las primeras propinas; son diez *tokens* de Danny. Cuando alguien da propina, aparece la cantidad junto a su nombre en el chat y se oye el tintineo de una campanilla. ¡Tilín!, alguien abona lo suficiente para abrir un premio del keno: cincuenta *tokens*. «¡Gracias, Bumbler!», dice Vex. Sale el apretón de manos. Las tres chicas ríen y serias se dan el apretón. Yo me río. Las cerca de 2 000 personas en la sala también ríen, pero en el chat.

En el *show* no todo es sexo, también hay entretenimiento y se socializa. Las chicas parecen estar pasándola muy bien. Dibujan en los cuerpos de las otras y se divierten entre ellas. Se quitan la ropa y vuelven a ponérsela. Vex se cae de la cama. Auryn charla con los espectadores sobre nuevos números, se oye un ¡tilín! cada tres o cuatro minutos y cada tanto se abre una celda y se otorga un premio. Después del apretón de manos vienen los «besos con manoseo extra entre las dos chicas que elijas». «Ese es bueno», dice Vex, y durante los dos minutos siguientes, ella y Auryn actúan los besos con manoseo extra.

La plática es constante. La mayoría de las conversaciones las lleva un conjunto relativamente pequeño de fans habituales, quienes conocen a Vex y parecen conocerse entre ellos. Identifico alrededor de unos veinticinco fans habituales que empiezan a contactarse entre ellos. Son un grupo receptivo y divertido. Uno, Bob, es un hombre soltero de treinta y dos años del Reino Unido y «no un ermitaño que vive en un mundo virtual», me dice. Ha hecho muchos amigos en la sala de chat de Vex y alrededor de esta: «He llegado a considerar el tiempo que paso en las salas tan importante como el que paso en lo que llamaría amigos del "mundo real"», refiere. Ciertamente hay un aspecto social en eso. Este *show* duró tres horas y la mayoría de los espectadores estuvieron de principio a fin.

Puedo ver por qué. Vex es muy amigable, divertida, atenta y una actriz natural; no trata de ser perfecta sino normal. Danny me dice que las mejores *camgirls* son las que pueden reírse de sí mismas: «Vex hace algo bobo por lo menos cada semana, si no es que antes», explica. «Así que además de ser increíblemente atractiva, siempre es interesante ver qué juegos e incentivos ha planeado». Antes de conocer a Vex, vi varios de sus *shows* del otro lado de la pantalla; se veían naturales, pero estando tan cerca de la acción percibo lo difícil que debe de ser. Vex, con un excelente apoyo de Blath y Auryn, mantiene a miles de personas entretenidas solo con ella y su cámara web. Esto requiere mucha imaginación según Danny; quitarte la ropa y tocarte se vuelve rápidamente aburrido y predecible.

En un mundo repleto de pornografía explícita su personalidad e inventiva son la mejor parte. Aella, otra de las más populares *camgirls* en Chaturbate, frecuentemente actúa los *shows* como un mimo. Se tira a las sillas, juega con gnomos de juguete y algunas veces hace *shows* donde no se quita la ropa. Aun así hay mucho tiempo por llenar. En WeCamGirls, una comunidad de *cam-models*, el foro más popular es para compartir planeaciones, trucos, consejos e ideas. «Tienes que ser muy muy imaginativo. No es fácil», concuerda Vex.

Vex tiene la extraña facilidad de hacer que cualquier cosa sea parte de su *show*. Su gato, Duchamp,* va y viene por toda la habitación y a menudo entra en el cuadro. El año pasado inauguró un club de estampas autoadheribles y creó un enorme póster con los nombres de los visitantes más frecuentes. Si veías a Duchamp, estampa; si dabas cierta cantidad de propina, estampa. Se volvió muy popular.

Aunque yo estaba bien escondido, temía arruinar el *show*, podía desconcentrar a las chicas o a los espectadores, sorprendentemente no fue el caso.

«Bueno, esta noche está con nosotras un escritor, chicos», dijo de pronto Vex a la cámara. Empecé a negar con la cabeza, mucho. «Y ha prometido saludar si nos dejan una propina de 1 000 *tokens* dentro del próximo minuto». ¡Tilín, tilín, tilín! Vex saltó de la cama y me jaló a cuadro.

«Hola a todos», dije.

---

* Gatos que deambulan, entran y salen en videos porno *amateur* se han convertido en un meme en internet por sí mismos. Hay un blog excelente llamado Indifferent Cats in Amateur Porn (gatos indiferentes en el porno *amateur*). La hermana de Duchamp, Liesl, ha hecho una aparición ahí.

«Hola», respondieron una decena de nombres en azul y azul oscuro.

«Yo también estoy escribiendo un libro», escribió uno.

«Te pago 10 000 *tokens* si se la chupas», añadió otro.

«Chicos, ¡ya! ¿Cuál va a ser su nombre en Chaturbate?».

«The *Pen-is*-Mightier (la pluma es más poderosa)».

Me retiré apresuradamente. A pesar de mi aparición, el *show* fue un éxito. Las propinas llegan rápidamente, probablemente porque el verdadero talento de Vex, refinado a través de cientos de *shows*, es hacer que siga el *show*. «Recuerden, chicos, que habrá un *show* muy especial con contraseña en seguida y solo son 200 *tokens* para unirse», dice Vex después de nalguear a Auryn con una fusta.

El *tip-bomb* y otros asuntos financieros

A unos cuarenta minutos de iniciado el *show* sucedió algo sorprendente. Un usuario pagó una gran propina, 999 *tokens*, sin razón aparente. Alguien lo secundó. Durante unos tres minutos hubo un frenesí de propinas. Cuando este terminó, Blath, Vex y Auryn se embolsaron unas £60 y el tablero explícito estaba lleno. Esto se conoce como *tip-bomb*. Ahora le deben a la sala unas manoseadas realmente intensas.

«¡Diablos!», dice Vex a los fans. «Jamás había visto un tablero llenarse tan rápido. Tenemos mucho que hacer. ¡Grandioso!».

«¿Me repiten los jodidos precios?», dice Auryn.

«Alguien va a tener que chupármela», dice Blath.

«¿No deberíamos hacernos de todo entre todas?», sugiere Vex.

Los *tokens* siguen fluyendo, pero comienzo a notar que la mayoría de las propinas siguen su propio ritmo, independientemente de lo que sucede en la pantalla. Hay listas y marcadores por todas partes en Chaturbate. La sala que alcance más propinas hoy ganará un premio: una Polaroid personalizada que las chicas obtendrán después del *show*. Un marcador con las propinas más altas aparece cada tantos minutos en la ventana del chat (titulado «las más *valiosas* propinas», y no «las más altas propinas»). Cuando te unes a Chaturbate, hay un marcador de salas populares y una lista de modelos populares. Vex muestra una lista de quienes le han dado las mayores propinas de todos los tiempos en su página de perfil. En MyFreeCams, las *cam-models* tienen un *camscore* o marcador, que es una fórmula basada en el promedio de *tokens* que reciben por minuto.

Este es un sistema extremadamente inteligente, que aplica una sutil presión competitiva sobre todos para seguir gastando. Los clientes regulares de Vex le son leales y dan propinas constantes, porque agradecen el *show* que ella ofrece o simplemente porque les gusta verla contenta. Pero algunos navegan por varias salas pagando enormes propinas a muchas chicas solo para estar en el top de sus listas. (Algunos se toman muy en serio ser el que da mejores propinas a alguna modelo, muy en serio, y no les gusta que alguien los desplace como «el favorito»). Sospecho que quienes dan propinas se observan unos a otros también. Definitivamente, dar grandes propinas impresiona a los otros 5 000 en la sala. Si alguien hace *tip-bomb* al tablero keno, todos quieren disfrutar el *show*. Algunos fans de Vex le dan realmente buenas propinas. Uno de ellos me dice por correo electrónico que comúnmente gasta de £300 a £400 por mes en *cam-models*. Otro espectador pagó él solo £500 de propina para este *show*.

Estos fans hacen que Vex sea una de las modelos que generan mayores ingresos en Chaturbate. Después de un breve conteo, ella estima que su sueldo es de alrededor de £40 000 al año. Lo más que ha ganado en un solo *show* es alrededor de £1 000, gracias a enormes propinas no solicitadas, que suelen ser de sus clientes regulares. Pero hay otras chicas que ganan aún más.[30] Vex me contó de una chica que había ganado £20 000 en un solo mes. El dinero del *show* de esta noche llegará en un par de semanas. Los *tokens* que ganan se cambian por dólares, Chaturbate toma su parte y transfiere el resto a una tarjeta de prepago llamada Payoneer; esta, a su vez, toma un pequeño porcentaje cada vez que se utiliza. Vex, Auryn y Blath se quejan de ello. «Tiene que haber una mejor manera», dice Vex después del *show*. «¿Han oído hablar de una cosa nueva llamada Bitcoin?».[31]

Los *tokens* no son la única forma de pago en este trabajo. Vex, como muchas presentadoras, tiene una «lista de deseos» en Amazon llena de cosas que sus fans pueden comprar para ella. El jefe técnico de Chaturbate comenta que el fan de una modelo le pagó un aumento de senos; a otra le compraron una lavadora. Vex dice que a ella le enviaron una vez un juego de ollas Le Creuset. Encontré la lista de una *cam-model* que incluía libros de izquierda y crítica social, una aspiradora Black & Decker y una «compresora con válvula aspersora para cuatrimoto Ruckus». Vex me dice que los sitios de *cam-models* están cada vez más llenos, en parte debido a las posibles recompensas. Cada semana se unen más presentadoras. Más chicas significa más competencia, y esto reduce lo que puede esperarse que cada chica haga. WeCamGirls realizó una encuesta interna de sus miembros y encontró que, mientras alrededor de 7% de ellas ganan más de £5 000 al mes (en el rango de Vex), la mitad gana menos de 1 000. Así que las modelos están buscando otras vías para complementar sus ingresos y encontrar nuevos fans. Resulta que ganar dinero con el sexo en línea va mucho más allá de la *webcam*.

Utherverse

Jessica es una actriz porno profesional que ha trabajado en la industria por más de una década. También es una *cam-model* sumamente popular y realiza *shows* privados a diario para un pequeño grupo de suscriptores que pagan altos montos, pero la mayoría de sus clientes se han encontrado en un mundo virtual llamado Utherverse, que es un tipo de versión sexual del juego Second Life y tiene todos los detalles de una vida real: puedes tener tu propio departamento (llamado *zaby*), comprado con *rays*, que pueden cambiarse por dólares estadounidenses. Si es lo tuyo, puedes sentar cabeza con una familia virtual en los suburbios virtuales; aunque la mayoría entra para conocer otros avatares y acudir a fiestas, clubes nocturnos y bares nudistas de veinticuatro horas. Alrededor de 3 000 personas se unen a diario a este universo paralelo. «Es una extraña mezcla de fantasía y realidad, que crea la ocasión perfecta para vender sexo», explica Jessica. De acuerdo con la amable presidenta de Utherverse, Anna-Lee, actualmente hay 25 000 avatares que venden sexo telefónico, cibernético o *cam-sex*. Estos avatares son fáciles de identificar, pues sobre la cabeza de cada uno de ellos flotan las palabras: *working guy* o *working girl*. Anna-Lee me cuenta que muchas *cam-models* entran a «trolear» a Utherverse, pero aquí el término se usa de manera confusa para referirse a quienes esperan un «cita». Junto con su esposa Elle, Jessica maneja en el mundo real su propia compañía pornográfica con múltiples servicios en Massachusetts. Ambas son veteranas en la industria del entretenimiento para adultos y ambas mantienen una fuerte presencia en línea y fuera de línea. Ninguna está contenta con el rumbo que la pornografía está tomando. «Los estándares de la gente solían ser más altos», comenta Jessica. «Y, debido a las mejoras tecnológicas, ahora cualquiera se siente camarógrafo o *cam-model*», agrega Elle. Pero ambas se han adaptado a este nuevo mundo y ofrecen un impresionante despliegue de *cam-shows*, sexo telefónico y sexo con avatares, además de los videos tradicionales.

No necesitas ser actor porno profesional para vender sexo aquí. Cualquiera puede convertirse en *working guy* o *working girl* y ofrecer sus servicios. Conocí a Julia en uno de los sórdidos prostíbulos más cuidadosamente diseñados de Utherverse. Cuando entré ahí, tres mujeres reveladoramente ataviadas bailaban, todas «trabajando». Julia era alta, voluptuosa, de piel bronceada y ataviada con un *string dress*.

—Hola —le dije.

—Hola, guapo.

—¿Qué haces, Julia?

—Bailo, me desnudo y tengo sexo, todo por dinero —me respondió rápidamente.

Julia es una «trabajadora verificada», lo que significa que tiene una fotografía real suya vinculada a su avatar. La Julia en línea es alta, bronceada, voluptuosa, de veinticinco años. La Julia real es una enfermera de cincuenta y tantos, vive en Kent felizmente casada y tiene cinco hijos. Su principal razón de estar aquí es vender cibersexo, tener sexo entre avatares en la pantalla mientras escribe comentarios explícitos en la ventana de chat. Julia me cuenta que es muy buena en el cibersexo. Algunos días llega a tener cinco o seis clientes que quieren treinta minutos o hasta una hora de cibersexo con ella. Eso significa unos $20, que no es suficiente ingreso en el mundo real, aunque con eso puede pagar una cuenta VIP en el sitio. Ella dice que lo hace «por los *rays* y la emoción».

—¿No se vuelve algo extenuante toda esa interminable charla sucia? —pregunté.

—Sí, a veces.

—Y ¿en realidad te excita el cibersexo?

—No, en realidad no.

Gajes del oficio

Mostrar en pantalla tu cuerpo desnudo en directo tiene sus altas, sus bajas y su lado negativo. La mayoría de los *cam-models* tiene ocasionalmente una sala aburrida, días difíciles y peticiones extrañas; gajes del oficio. «Personalmente, mis peores noches son cuando nadie interactúa», me decía Blath mientras se preparaba para el *show*. «No hay mecanismo de retroalimentación. Ni siquiera sabes si alguien está poniendo atención. Es desconcertante». Vex recuerda aquellos *shows* privados que solían ser especialmente difíciles. Un fan quería que le enseñara a consumir *poppers*.*

Pero esos son problemas menores para una *cam-model*. Según Shirley, Chaturbate lidia a diario con muchos avisos de Digital Media Copyright Act, debido a que algunos usuarios graban los *shows* y los publican en otros sitios porno sin autorización de su página. «Probablemente termines en un sitio porno gratuito», me dice Vex riendo, después de mi breve aparición. Y al ponerse en pantalla, las *cam-models* han sido objetivos para los troles desde hace mucho tiempo. En agosto de 2012, una *cam-girl* tuvo lo que parecía un colapso emocional en vivo y en directo, tras ser troleada repetidamente por usuarios de 4chan. «Dios olvidó que existo», decía entre lágrimas. «He esperado por doce años un hombre que me ame. A Dios no le importo. Me quiero morir».

Y no solo las *cam-models* están en riesgo. El creciente volumen de materiales de sexo explícito que compartimos en línea o con otras personas ha propiciado un notorio crecimiento del «porno venganza»; es decir, el acto de publicar o compartir fotos o videos explícitos de una persona sin su consentimiento.[32] A finales de 2013, Kevin Bollaert, de San Diego, con 27 años, fue arrestado debido a un sitio de porno venganza que él mismo operaba. Se encontró que había acumulado más de 10 000 imágenes explícitas, todas sin conocimiento o consentimiento de los sujetos.[33] Myex.com es un sitio similar que sigue funcionando y publicando este tipo de contenido. Los usuarios publican fotografías de sus exparejas (a menudo desnudas y otras veces completamente vestidas), acompañadas de una breve explicación de por qué decidieron publicarlas: «Esta golfa

* Droga administrada por inhalación, famosa entre la comunidad LGBT y asociada con el aumento de la libido. [*N. de T.*]

me engañó mientras yo estaba en Irak», escribió uno. «Esta chica les mentirá…, sugiero que se alejen de ella», escribió otro. La única forma de retirar las fotos de myex.com era mediante una «compañía independiente de arbitraje», que myex.com recomendaba contactar: «si sientes que fuiste publicado en este sitio por error». Retirar tu fotografía te costaría $499.99. Un reporte reciente de derechos civiles encontró que la mitad de las víctimas de porno vengativo declaró que sus fotos de desnudos aparecían al lado de sus nombres completos e información de redes sociales. Algo similar sucede en las escuelas, como videos o fotos de *sexting* que terminan por ser compartidas entre compañeros o grupos de amistades.[34] El efecto es, por supuesto, devastador. Jessica Logan, de Ohio, se suicidó después de que una foto de ella desnuda, que había enviado a un exnovio, fue compartida por toda su escuela.[35] En otra preparatoria, un grupo de chicos fue descubierto coleccionando *selfies* sexis de sus compañeras, que utilizaban para exigirles fotos más explícitas.[36]

Adolescentes vulnerables, con o sin su voluntad, pueden ser absorbidos por el mundo de las *webcams*. Existen buenas razones por las cuales Chaturbate es tan estricto respecto a la verificación de la edad de sus modelos. En 2000 Justin Berry, de 13 años, configuró una cámara web. Primero le ofrecieron $50 para que se quitara la playera y se sentara con el pecho desnudo en pantalla por tres minutos. Pronto le pidieron que posara en ropa interior por poco más de $100. Esto fue el principio de un ciclo de abuso en línea.

El clímax

Vex jamás se ha reunido con su audiencia y no planea hacerlo. Su relación con sus usuarios frecuentes es estrictamente en línea y no piensa pasar a más. Pero parte del atractivo de Vex es que obviamente es real. Sus *shows* son caseros y desinhibidos, una mezcla de porno y lo que un usuario regular describe como «chatear por Skype con tu novia». Shirley me dice que el *camming* es tan popular debido a que la gente quiere la experiencia de una «cita real», con todas sus imperfecciones. Si la gente usa internet para su satisfacción sexual, y lo hace, el *camming* es una experiencia más realista y significativa. Las cosas salen mal, hay errores, gatos entran y salen. Vex puede exagerar sus gemidos, pero no los finge. Todo es real. Eso es muy sano. Pese al pánico social que genera la omnipresencia del sexo explícito en la red, hay algo reconfortante en ello. La red se ha acompañado siempre de utópicos e ilimitados sueños sexuales sobre fantasías sin restricciones. En su famoso artículo sobre el futuro del sexo, publicado en la revista *Mondo 2000* en 1990, Howard Reingold alega que «la definición de Eros pronto sería robada», porque todos serán tan bellos como lo deseen y podrán tener sexo virtual con quien sea y donde sea.[37] Pero la mayoría de la gente no quiere sexo fantasioso con robots o supermodelos. Quieren sexo ordinario con gente real.

Aún me molesta algo en la frase «experiencia de novia real». Me agrada mucho Vex. Entiendo por qué sus fans siguen volviendo. Obtienen una excelente experiencia de «novia real» con ella. Y ese es el problema: los hombres de la sala no son su novio. El novio de Vex, un hombre muy cordial y amigable, está en el piso de abajo en este momento escuchando el partido de futbol en el radio.

A final de cuentas, el *camming* es solo una transacción. Es el trabajo de Vex. Danny, un leal fan de Vex, me explica las desventajas de la experiencia de «la novia real»: «Siempre debes recordar que jamás te reunirás con estas mujeres en persona, y que no quieren sexo contigo. Una vez que llegué a esta conclusión, me encontré a mí mismo como un miembro más feliz de las salas que frecuento».

Vex nunca me lo dijo directamente, pero tengo la impresión de que se da cuenta de esa tensión. Genuinamente le agradan muchos de sus fans, especialmente sus clientes frecuentes, algunos de los cuales conoce bastante bien. Con uno intercambia consejos sobre libros y música, con otro habla sobre política. No ve a sus fans como máquinas de dinero. Imagino que la razón por la que Vex le agrada a la gente no es porque finja que le importa, sino porque en realidad es así. Pero para que el *show* continúe, Vex necesita también sus *tokens*. Quienes regularmente le dan grandes propinas pueden transferir su lealtad a otra modelo en cualquier momento. Ella idea juegos para animarlos a transferir más *tokens* a su cuenta. Trata a sus consumidores regulares con especial cuidado. Esta rara y poderosa dinámica podría reforzar un poco los estereotipos de género: que está bien que las mujeres vendan su cuerpo, que actúen por dinero. Ciertamente no es como Vex lo percibe, para ella es una forma fortalecedora, divertida y bastante lucrativa de vivir. Pero no queda completamente claro quién está al mando aquí.

No importa qué crea Vex, este es un modelo que funciona, pero no para todos. Ocasionalmente, la compleja relación modelo-espectador explota en una confrontación directa. «Necesitan hacerlo mejor, chicos», escribió una conocida *cam-model* en una carta abierta a los espectadores de MyFreeCams. «Su falta de propinas y apoyo…, esa chingadera tiene que PARAR. En algún punto, algo de responsabilidad recae sobre ustedes… No den excusas sobre estar desempleados, escasos de dinero, etc. ¿No tienen empleo? Bueno, pues dejen de pasar sus días en MFC y busquen uno». Un espectador iracundo respondió: «Esto es un negocio y tu trabajo es vender tu cuerpo, tu personalidad, tus servicios. Sé que a veces apesta. ¡Bienvenida al mundo real! No somos una comunidad de filántropos».[38]

El *show* de hoy finalmente se acerca al cierre. Mientras Vex llega al clímax, se rueda hacia el costado de la cama y me muestra un pulgar arriba. Fue una actuación realmente fenomenal de todas las chicas y los fans las recompensan por ello. Más de 5 000 personas en total se unieron a la sala de

Vex y la mayoría dio propinas, y muy buenas. Las chicas ganaron alrededor de £300 al cierre de tres horas *online*.

Con el éxito obtenido por el evento principal, Vex grita: «¡Bolita!», y las chicas saltan una sobre otra. «¡Música!», ríe Vex desde el fondo del montón. «¡Pongamos algo de música!». A las chicas les queda tiempo para bailar ante sus fans satisfechos mientras Duchamp y yo miramos.[*]

---

[*] Cada hora, la sala con más visitas gana un premio de $10. Entre las ocho y las nueve de la noche, ese premio le toca a la sala de Vex. Esto la convierte en una de las más grandes audiencias que haya tenido. «Los tríos de chicas son extremadamente raros», explica luego. Antes del *show* le pregunté a Vex cuánta gente suele haber en su sala. «Si solo estás pasando el rato, puede haber unas doscientas personas, dependiendo de cuán desnuda estés. Si estoy haciendo un *cum-show*, usualmente hay unos mil».

7

El efecto Werther*

«Estamos muy contentos de que te hayas unido a nuestra comunidad. ¡Amarás este lugar!», Amelia, de 13 años, navegaba por internet buscando consejos para hacer dieta cuando recibió este mensaje. Había sido acosada recientemente en su escuela por sus compañeras a causa de su peso. Era tímida y cada vez estaba más consciente de su apariencia. «Parece bien», pensó, e hizo clic.†

Tres años después los preocupados padres de Amelia la llevaban al hospital porque estaba muy por debajo del peso adecuado y requería cuidados urgentes, aunque ella no creía eso. «¡No entienden! ¡No tengo nada! Es normal. No quiero recuperarme, ¡soy proanorexia!». En este punto estaba tan débil que apenas podía caminar.

---

* Personaje principal de la ópera del mismo nombre con música de Jules Massenet. [*N. de T.*]

† Para proteger la identidad de las personas que menciono en este capítulo, creé el personaje compuesto de Amelia. Toda la información se deriva de entrevistas que realicé a miembros de sitios pro*ana* (proanorexia). También he ocultado citas cuando ha sido necesario.

Desde hace más de tres años, Amelia se ha vuelto un miembro muy popular y comprometido del sitio con el que se encontró. Este fue uno entre un gran número de grupos de «apoyo mutuo», sitios web y foros; uno dedicado a la anorexia nerviosa.

Cuando nos sentimos enfermos o en mal estado, es probable que nuestro primer recurso sea internet; con uno o dos clics podemos encontrar nuestros síntomas entre un amplio rango de enfermedades y hallar individuos y comunidades dispuestas a dar consejo y apoyo. Miles de grupos dedicados a brindar apoyo mutuo para casi todos los males y enfermedades imaginables son creados y mantenidos por otros pacientes. El 18% de los usuarios estadounidenses reportan haber entrado a la red para buscar personas con los mismos síntomas que ellos.[1]

Los grupos de apoyo mutuo en línea han mostrado ser útiles para personas que están pasando situaciones difíciles en su vida. Estudios muestran fehacientemente que hablar con personas que tienen conocimiento de primera mano y experiencia en condiciones similares ayuda a mejorar la autoestima, aumenta la confianza y el bienestar; no obstante, el sitio «pro-ana» que había encontrado Amelia era solo una rama de apoyo mutuo no tan benéfica.[2] Cada día miles de personas visitan la creciente red de foros, blogs y sitios de internet dedicados a varios tipos de autolesión, como la anorexia, automutilación y el suicidio. Algunos están diseñados para ilustrar los peligros de una condición en particular, ayudar a las personas a recuperarse o aconsejarlas para pedir ayuda. Otros son ambivalentes; en estos sitios las personas hablan abierta y honestamente sobre sus enfermedades, y una pequeña parte son grupos en favor de estas.

Puede decirse que el primer grupo en favor de la autolesión fue un grupo de Usenet de noticias llamado alt.suicide. holiday, o a.s.h.,[*] creado por el californiano Andrew Beals en

---

[*] Ash también significa «ceniza» en inglés. [N. de T.]

agosto de 1991.[3] Las primeras dos publicaciones en a.s.h. (ahora referidas como su acta constitutiva) exponían su objetivo: «Con las fiestas que se avecinan, este grupo de noticias será un buen recurso... Como todos sabemos la tasa de suicidios aumenta alrededor del mundo y este grupo de noticias es el lugar para discutir métodos y razones».[4] A.s.h. se convirtió rápidamente en uno de los grupos más notorios de internet, uno donde cientos, si no es que miles de visitantes, hablaban sobre el suicidio, pedían consejos sobre el método a emplear o incluso buscaban compañeros para hacer un «pacto». Hoy en día hay miles de foros y sitios similares sobre suicidio, muchos de los cuales siguen usando la infame bienvenida de a.s.h.: «Sentimos que estés aquí».[5]

En la segunda mitad de los noventa empezaron a aparecer los primeros sitios proana (y pro*mía*, dedicado a la bulimia). En estos sitios tanto la bulimia como la anorexia se presentaban no como enfermedades peligrosas, sino como estilos de vida elegidos. Los sitios buscaban que el compromiso de los pacientes para perder peso fuera más fuerte, además proveían un espacio para compartir consejos y sugerencias. De acuerdo con la doctora Emma Bond, quien dirigió un extenso análisis dentro de la comunidad proana anglófona en 2012, hoy hay entre 400 y 500 sitios y blogs principales proana en la red superficial junto con otros miles de sitios menores. Sitios en favor del *cutting** también prevalecen en la red, frecuentemente vinculados a sitios proana, con aproximadamente 500 sitios o foros en línea en 2006. Este número se ha incrementado continuamente desde entonces.[6]

La triste verdad es que el caso de Amelia no es el único. Cada semana cientos de personas se unen a sitios de autolesión para aprender técnicas y trucos, además de reunirse con grupos de personas con la misma manera de pensar. Un estudio de 2007 que examinaba la popularidad de los sitios proana

---

* Cortes en la piel. [*N. de T.*]

encontró que son visitados por aproximadamente medio millón de personas.[7] Un estudio de la Unión Europea en 2011 reveló que aproximadamente uno de cada diez adolescentes de dieciséis años había visitado un sitio proana; en el Reino Unido los visitantes son mujeres agobiadas de entre trece y veinticinco años. A.s.h. (y grupos de noticias relacionados, llamados alt. suicide.methods) siguen funcionando hasta hoy y contienen cientos de hilos de conversación, publicaciones y comentarios que son leídos por un número indeterminado de personas.

No podía entender cómo estos sitios tan evidentemente peligrosos y destructivos podían ser tan populares y atractivos, sitios donde son alentados el *cutting*, la inanición o incluso el suicidio. Así que me conecté para saberlo.

¡Hola! ¡Bienvenido!

Los sitios de autolesión son muy fáciles de encontrar; una simple búsqueda en Google revela numerosas plataformas de fácil acceso como sitios, blogs, cuentas de redes sociales e intercambio de imágenes todas dedicadas a la autolesión. No se necesitan navegadores especiales ni contraseñas.

El primer sitio proana que descubrí es una vasta y variada experiencia multimedia que comprende galerías de imágenes, salas de chat, foros de discusión e incluso una tienda en línea de productos proana. Sus foros incluyen salas dedicadas a dietas, relaciones, enfermedades físicas (como la autolesión), ayuda y consejo. Al momento de redactar esto, solo en los foros había 86 000 miembros, de los cuales 630 estaban en línea en ese momento. Los usuarios crean perfiles detallados de ellos mismos que incluyen edad, ubicación e intereses. Al igual que muchas redes sociales puedes indicar lo que te gusta y valorar los comentarios de otras personas, el contenido y los perfiles. Navegando por las páginas me di cuenta de que casi todos los usuarios eran mujeres de entre catorce y dieciocho años. Junto con la información biográfica básica, la mayoría mostraba listas de peso: peso actual, una serie de pesos por alcanzar y un peso final deseado.

Siempre hay actividad. En total, se han realizado cerca de dos millones de comentarios en miles de hilos de conversación que los mismos usuarios han comenzado. Cada dos o tres segundos hay un nuevo comentario o hilo añadido por alguno de los cientos de miembros en línea: por ejemplo, preguntas como ¿purgar tres o seis veces en un día?, ¿dieta favorita?, ¿qué ves en el espejo?, ¿cómo saber cuándo se es anoréxico?, ¿cómo ocultar las heridas cuando vas al gimnasio? No importa qué pregunta hagas, siempre hay alguien para contestar: «Por alguna razón, tan pronto como cae la noche, un interruptor se apaga en mi cerebro y quiero atacarme», escribe una chica, quien es rápidamente secundada por muchísimas sugerencias útiles. «Dios mío, muchas gracias a todos», responde ella.

En este foro también hay hilos que van más allá de la anorexia, por ejemplo: cosas molestas que dice la gente, canciones, días malos, cómo reducir la hinchazón en la piel, palabras alemanas favoritas, series como *Coronation Street* o *Games of Thrones*, consejos para citas, sueños, nombres de mascotas, tarea, dragones y pantalones cortos de mezclilla. Más que solo consejos y sugerencias, el sitio proporciona a los usuarios un espacio para platicar de lo que ellos quieran y, quizá lo más importante, sobre problemas que solo otros anoréxicos entienden. Uno de los hilos creados recientemente se titula «divertido/desagradable»:

Allbones: Este hilo es para todas las cosas asquerosas o divertidas sobre tus hábitos de comida que no le dices a nadie más... Veamos, el otro día me atasqué de crema de cacahuate y luego, cuando estaba sentado en la cama, vomité ese terrible líquido ácido de crema de cacahuate que subía por mi garganta hasta mi boca... y con mucho orgullo me lo tragué.

Shard: Una palabra: laxantes. Una vez estaba en un concierto, justo hasta delante, y había tomado muchísimo laxante un día antes, así que me eché un pedote de esos silenciosos y alguien detrás de mí vomitó. Ups.

Will-be-thin: Me hiciste carcajear, literalmente. Es también muy vergonzoso estar en un baño público con personas alrededor y que se oiga plop, plop, plop, plop, plop. Y así como quince veces ☺.

Esto no es raro. Todos los hilos están activos y la mayoría de los comentarios que leí eran positivos y de aliento.

El sitio es un punto para dar el salto. Muchos usuarios añaden vínculos hacia sus propios sitios y plataformas. La comunidad proana siempre se ha destacado por adoptar y utilizar rápidamente las últimas plataformas y los nuevos portales. A pesar de que todo empezó a finales de los noventa con sitios estáticos, periódicos en línea y grupos de Yahoo!, la comunidad rápidamente se movió hacia los blogs y las redes sociales como Facebook y Twitter. Encontré cientos de cuentas de blogs en Tumblr, Instagram y Twitter para proanas y autolesión donde los usuarios publican fotos, mensajes y videos para que otros los vean y compartan.[8]

Un año después de que encontré los sitios proana, Amelia se unió a Twitter. Notó que una amiga del sitio web también se había unido y tuiteaba sobre su desorden alimenticio. A través de ella, Amelia descubrió una floreciente red de cuentas de Twitter de personas como su amiga. Abrió una cuenta dedicada solamente a la actividad proana. Empezó a tuitear y rápidamente se volvió un miembro influyente en una gran red de usuarios de Twitter que diariamente publicaban actualizaciones acerca de sus esfuerzos para perder peso y ofrecían consejos y ánimo a otros y entre ellos mismos. Amelia hizo varios buenos amigos, personas que simpatizaban con ella, la escuchaban y siempre respondían a sus preguntas e ideas. Empezó a sentirse parte de la comunidad y su cuenta de Twitter se volvía cada vez más importante para ella.

Nunca hablaba realmente de mi DA (desorden alimenticio) con mis amigos, aunque sabían de ello y nunca me gustó hablarlo con mis padres porque, aunque siempre me apoyaban, no lo entendían. Necesitaba desahogar de alguna forma mis sentimientos con personas que lo habían hecho. En Twitter nunca tuve que ocultarlo o reprimirme como lo hacía en la vida real. Hubo veces en las que no entraba por una semana más o menos porque me sentía triste, pero entonces extrañaba hablar con los otros usuarios; sentía como si la cuenta de Twitter fuera parte de mí. Si la hubiera borrado o solo hubiera dejado de usarla, entonces habría desaparecido sin dejar rastro.

Además de proveer a los usuarios un espacio para discutir aquellos aspectos de una enfermedad que no quieren o no pueden compartir con otros, muchos de estos sitios también ofrecen un lugar para externar sus problemas. Después del cierre temporal de uno de los mayores sitios de autolesión en diciembre de 2013, su tablero de mensajes se inundó con publicaciones de usuarios preocupados: «¡Irónicamente me corto más con el cierre de este sitio! ¿A alguien más le pasa?», preguntó uno. «También me pasa que me corto más, jaja. Me alegra mucho que esté de vuelta, lo revisaba a diario», escribió otro. «Me corto mucho más sin el apoyo de esta gente maravillosa», añadió un tercero.

Gerard, un estadounidense de 30 años, atribuye al foro el haber salvado su vida. Al sufrir depresión, intentó suicidarse tomando una sobredosis a la edad de 18 y fue hospitalizado. Gerard encontró una gran fuente de consuelo cuando descubrió a.s.h. en 2003.

Sentí que finalmente había encontrado un lugar en el cual podía ser honesto y abierto acerca de mis pensamientos suicidas. Ser escuchado y entendido me ayudó mucho más que el psiquiatra. Usar la máscara de "estar bien" con la familia y los amigos es extenuante y me hace sentir muy solo. Cuando me siento muy deprimido reviso el foro muchas veces al día. Frecuentemente escribo extensas publicaciones muy entrada la noche, cuando me siento atrapado y desesperado. Siempre es bonito leer a la mañana siguiente las amables y profundas respuestas.

Al, un moderador de un popular foro de suicidios, piensa que la experiencia de Gerald es muy común. Su foro no está en favor ni en contra del suicidio; Al no animaría a nadie a quitarse la vida ni tampoco lo convencería de no hacerlo (a diferencia de a.s.h., él interviene si el tema versa sobre métodos o sobre hacer «pactos», y bloquea a los usuarios). Al tiene 67 años y me cuenta que ha tenido pensamientos suicidas desde la adolescencia. El sitio ha sido de mucha ayuda. «Me he dado cuenta de que el solo hecho de hablar de la vida con otros que entienden y no juzgan ha hecho mucho más fácil no engancharse en el tren del suicidio cada que las cosas van mal».

El apoyo, explica Al, se presenta de diversas maneras y no siempre es como podrían esperar quienes lo ven desde afuera.

Algunas veces el mejor apoyo que podemos ofrecer es sugerir a ciertos miembros que sean cuidadosos con sus intentos, ya que pueden salir mal. Para otros, el solo escribir «¡entiendo lo que quieres decir!» puede ser suficiente para aliviar la presión inmediata. Pienso que reconocer el derecho de sentirse como se sienten, y eso incluye el sentirse suicida, y decir lo que quieran en un ambiente sin juicios, alivia en vez de animar las tendencias suicidas. Lo que las personas no ven es que a menudo no hay más salida para estas personas.

Mantener este grupo no siempre es fácil. Me agrada cuando se vuelve obvio que alguien tiene el deseo de vivir y cuando tengo que aceptar que alguien puede tener razones para suicidarse y he hecho mi mejor esfuerzo para reconfortarlo durante el tiempo que esté con nosotros, eso también me hace sentir bien. Me entristece que mueran, pero también puedo reconocer que ya no sufren el dolor que los trajo aquí.

Insinué que tal vez debería tratar de identificar a las personas para ofrecerles ayuda profesional o alertar a las autoridades. A esto, él respondió: «No, si trato de identificar a esas personas, pierdo la ventaja que tengo. Me gustaría que cada persona con la que entro en contacto tuviera una feliz, larga y maravillosa vida, pero a veces eso no pasa; me siento responsable de ayudar a cada persona activa en el foro, pero lo mío no es salvarlas, lo mío es ayudarlas a tomar las mejores decisiones para ellos.

Inspiración

La función declarada de cada sitio proana es ayudar a los visitantes a lograr su objetivo de pérdida de peso. Las páginas más activas y populares de los sitios que visité estaban dedicadas a la *thinspiration*;[*] es decir, a publicar material explícitamente para animar a otros a perder peso. «Este es un gran lugar para compartir tu propias *thinspo*[†] o compartir vínculos a grandes *thinspirations* que pueden verse en la red». «¡*Thinspira* a otros!», sugiere un foro dedicado a la *thinspiration*, con vínculos a más de 30 000 fotos. De acuerdo con la doctora Emma Bond, el material de *thinspiration* es el que más se publica en los sitios y foros proana. Comúnmente el *thinspo* comprende fotos de celebridades muy delgadas como Keira Knightley, Victoria Beckham y Kate Moss, o de colaboradores que suben fotos de ellos mismos para que otros las vean y comenten. Algunas veces están acompañadas de leyendas motivacionales como: «Roma no se construyó en un día, ¡no te rindas!», «Vale la pena dormir con hambre para despertar delgado», o «Tu estómago no ruge, ¡te echa porras!».

---

[*] Juego de palabras en inglés: *thin*, delgado, e *inspiration*, inspiración; se refiere a inspirar a otros a ser delgados. [*N. de T.*]

[†] Apócope de *thinspiration*. [*N. de T.*]

La mayoría de las fotos *thinspo* están acompañadas de comentarios halagadores de colaboradores que frecuentemente expresan su desesperación por alcanzar esos niveles imposibles de esbeltez y glamur. Bajo una foto de una chica excepcionalmente delgada encontré lo siguiente:

«Increíble <3»

«Hermosa»

«Me encantan esas piernas. ¡Bien definidas y hermosas!».

«Moriría por esas piernas».

«¡Daría lo que fuera para verme así!».

«¡Qué piernas tan esbeltas! <33»

«Yo quiero».

«Haría lo que fuera para tener esas piernas ☹»

«Desearía tener tu cuerpo. suspiro. Tengo un largo camino por recorrer».

«Caray, desearía ser así»

«Hermoso»

«Quiero tener eso».

«Qué perfección»

«Qué perfección, ¿¿puedo preguntar cuánto pesas??»

«Así necesito verme. Ya puedo sentir los huesos de mi cadera saliendo y mi novio puede literalmente agarrarme de ahí, pero quiero ver aparecer esos huesos».

«¡¡Muy bonito!! Te admiro»

«Conozco a esta chica… Va en mi escuela. Cada vez que la veo muero un poco por dentro:-»

«Quisiera estar así. Qué envidia»

«Así quiero»

«Dios mío, ¡perfecta!»

«Dios mío, ¡¿¡¿¡por qué me has dado tanta grasa y tan poco cerebro y a esta chica perfección!?!?! ☹ Me siento inmensa mirando esta foto».

«Yo <3 su cuerpo y quiero uno así».

De manera similar, en los sitios de autolesión, que frecuentemente conducen hacia sitios proana, los usuarios publican fotografías extremadamente gráficas de sus autolesiones acompañadas con poemas cortos, letras de canciones u otras imágenes como acompañamiento. Sin embargo, muchas redes sociales tienen normas estrictas que prohíben publicaciones y vínculos que explícitamente elogien o promuevan la autolesión y los desórdenes alimenticios, así que el enaltecimiento a menudo es indirecto, expresado de manera sutil con cada publicación de diversos contenidos y con comparaciones directas.

En los foros sobre suicidio esto es ligeramente diferente, con menos imágenes y más discusión; aquí muchos usuarios presentan el suicidio como una manera honorable y profunda de solucionar los problemas en la vida. En a.s.h., un colaborador anónimo aconsejaba a otro visitante que estaba considerando suicidarse que tratara de disfrutar el día:

En primera, de cualquier forma será un gran día, ¿por qué no disfrutarlo lo más que puedas? Maneja a algún lugar lejano, 60, 100, 160 kilómetros o más, si puedes, y disfruta un bonito y relajado viaje por autopista o tan lejos como desees hasta un buen hotel. Hospédate por varios días, da tantos paseos como puedas. Hay buena energía a tu alrededor, estar con gente nueva es lo mejor para estimular una nueva idea que salve tu vida. Haz una fiesta de eso… Si quieres platicar, deja un correo aquí o cualquier otra manera de contactarte. Buena suerte.

El gran peligro es que tal comportamiento llega a ser visto como normal, saludable y deseable. Amelia miraba las fotos *thinspo* y se comparaba de manera negativa con esas glamurosas fotos.

El estar rodeado por fotos e imágenes de personas excepcionalmente delgadas la llevó a desarrollar un trastorno dismórfico corporal. Como muchos otros visitantes de sitios proana, empezó a obsesionarse con cuerpos esqueléticos, sobre todo con signos muy específicos de delgadez, como un hueco entre los muslos (que se nota al juntar las rodillas), los huesos del cuello pronunciados y los huesos de las articulaciones de las rodillas y los codos bien marcados. Según la doctora Bond, los anoréxicos se enorgullecen de ellos mismos cuando alcanzan la considerable fuerza mental requerida para privarse de la comida. «Muchos de ellos llegan a comparar el sentimiento de hambre con el de felicidad», comenta la doctora Bond. «No veía ningún problema con el hueco entre los muslos», recuerda Amelia. «Solo que era lo que todos queríamos. Solíamos obsesionarnos con eso». Encontré la siguiente publicación anónima en un sitio proana:

NO PUEDO CREER ESTO. El jueves estaba viendo LITE-RALMENTE mi hueco entre las piernas. Y pum, de repente ya no estaba. En la noche, EN LA PU-TA-NO-CHE desapareció. Estoy sin palabras, enojada conmigo. ¿Cómo permití que pasara? ¿Cómo es que llegué tan lejos?

Ya sea compartiendo experiencias, subiendo fotos o describiendo técnicas y métodos para perder peso, el volumen de información en los sitios que visité es impresionante, todo un repositorio compartido de información sobre cómo autolesionarse. Ese repositorio incluía muchos consejos muy bien detallados. Amelia empezó a leer sobre técnicas para perder peso, lo que en la comunidad se conoce como «ana *tips*», es decir, una serie de reglas que, si se siguen correctamente, provocan una drástica pérdida de peso:

Regla 1: Reglas reglas reglas. Esto es importante. Necesitas ponerte reglas a ti misma; si eres una verdadera ana, no tendrás problema en apegarte a ellas porque eres ¡FUERTE! Las reglas lo son todo. Crea las tuyas y ve sumando nuevas.

Regla 11: Bebe un trago de vinagre de manzana antes de comer, se supone que minimiza la absorción de grasa. Beber más de un trago causa una ligera náusea, lo cual ayuda a suprimir el apetito.

Regla 21: Haz una lista de todo lo que comes y anota sus calorías. Esto hará que pienses antes de comer y también te volverá más consciente de cuántas calorías estás consumiendo.

Regla 27: Presiona tu estómago cuando ruja. Los TUMS[*] también ayudan a que tu estómago deje de rugir (cada pieza tiene cinco calorías, así que ten cuidado).

Regla 34: Nunca comas directo de una caja o frasco. Siempre come en un plato o tazón. Esto te ayudará de varias maneras: siempre verás cuánto estás comiendo de verdad; puedes decidir cuánto vas a comer y no regresar por más; usar un plato o tazón hace que comas aún menos.

En varios foros pro*cutting* encontré consejos de cómo cortarte tú mismo sin que tus padres o maestros se den cuenta. «¿Qué puedo usar ahora que mi familia ha dejado de comprarme hojas de afeitar?», pregunta un usuario. «Alambre delgado, grapas, seguros, una pequeña piedra afilada, un pedazo de vidrio de un foco roto o incluso puedes usar un pedazo de plástico afilado», decía una útil respuesta. Observé el mismo fenómeno en gran número de foros suicidas. En el Reino Unido es ilegal alentar o ayudar a un suicida, incluso si no se conoce a la persona o no se está involucrado materialmente en el acto. Todo lo que se requiere es tener la clara intención de alentar a alguien a suicidarse; no obstante, proveer información o discutir el suicidio es legal, siempre y cuando no se anime a alguien a cometerlo.[9] Como resultado, foros como a.s.h. incluyen bastante información sobre maneras específicas de quitarse la vida. Los consejos van desde los muy generales («No quiero intentar cualquier método donde pueda traumar a otros, como con un tren... ¿Me pueden aconsejar?») hasta los más detallados («Tengo cuatro litros de polisulfuro de calcio de

* Marca de antiácidos. [*N. de T.*]

alta concentración en aerosol que compré el año pasado antes de que fuera prohibido. Sin embargo, mi carro es un poco más grande y espacioso que un sedán normal y no quiero desperdiciar mi valioso suministro en un intento fallido, así que quiero hacerles algunas preguntas…»).

Puede decirse que los trucos y consejos son las partes más peligrosas y destructivas de estas subculturas, pues transforman vagos planes malhechos en un conjunto concreto de instrucciones. Cada año tratan de suicidarse alrededor de veinte millones de personas; la mayoría, por lo menos 90%, no lo logra. En un estudio llevado a cabo por el Centre for Suicide Research (Centro de Investigaciones sobre el Suicidio), de la Universidad de Oxford, de 864 encuestados que intentaron suicidarse, más de dos tercios estaban medianamente o muy poco decididos a hacerlo en realidad.[10] De manera similar, en 2006 una encuesta aplicada a pacientes con desórdenes alimenticios encontró que alrededor de un tercio había visitado un sitio en pro de los desórdenes alimenticios y 96% de estos había aprendido nuevos métodos para perder peso mientras los frecuentaban. Con trucos y consejos se puede aprender cómo sobrevivir con menos de 1 000 calorías diarias y muchos pretendían ingerir solo 500.

Responsabilidad

Los sitios proana ejercen una sutil presión entre pares para animar a conseguir los objetivos que ellos mismas se fijan. Un elemento popular en la mayoría de los sitios proana es el «diario de comidas». Los usuarios publican un desglose detallado de lo que comen diariamente, usualmente acompañado por un conteo de calorías. Muchos se fijan un programa extremadamente castigado. «Publicar tus planes y actualizar el progreso», explica Amelia, «es una manera de mantenerte motivada.

Sabes que otras te observan y no quieres decepcionarlas, y si te cuesta trabajo, ellas te animarán».

Bony Queen: Esta solo va a ser una publicación breve y sin sentido de lo que hice hoy. Realmente no estoy de buen humor. Necesito descanso, motivación y muchos CIGARROS.

Día tres:

Desayuno. Nada.

Comida. Una hojuela y dos sorbitos de leche.

Cena. Como 300 calorías.

Día cuatro:

Desayuno. Nada.

Comida. Dos jitomates pequeños y un sorbo de leche.

Tentempié. Atracón de 200 calorías de papas con mucha crema agria ☹.

Cena. Cuatro papas fritas y un burrito de McDonald's. La mitad de la mitad de eso. 200 calorías (le calculo por la cantidad que comí). Total. 400, pero comí como tentempié mucho cereal y un poco de pan. Creo que me voy a ir con 500 o tal vez más. Odio esto. No sé cuánto fue en total porque no pude contenerme con el tentempié. Necesito sentirme ligera, pero siento como si me estuviera derrumbando yo misma. Tengo que fotografiarme mañana. Es la mejor manera de empezar con esto ☹. Espero que estén teniendo una mejor noche. Gracias por leerme.

Deleted: No te estreses mucho, corazón. Espero que estés bien <3.

xtremethin: ¡Puedes hacerlo! Solo mantente positiva, date un respiro, duerme mucho y a ver qué pasa mañana. Nunca sabes, tal vez mañana te puede ir muy bien si te concentras. Espero que te sientas mejor pronto.

Bony Queen: Muchas gracias a las dos. Tienen razón, me siento mejor. Espero que ustedes sí lo hayan logrado, porque se lo merecen. Gracias de nuevo, parece que necesito un poco de ánimo :>

Se trata de ideas y comportamientos extremadamente dañinos y destructivos, arropados y apoyados en esta bien intencionada comunidad, en la interacción social y la retroalimentación. En 2013, una bloguera famosa a la que Amelia seguía dijo que estaba empezando un ayuno de tres días, después de haber comido demasiado en las fiestas navideñas, y esperaba que otros la obligaran a cumplir con su promesa. En cuestión de horas Amelia y decenas de otras juraron ayunar con ella para apoyarla.[11]

Por tres días, Amelia apenas consumió algo más que agua y cubos de hielo. Esta drástica reducción de calorías es extremadamente peligrosa y causa angustia. En el Experimento de Inanición de Minnesota, que fue llevado a cabo justo después de la Segunda Guerra Mundial, 36 hombres cuidadosamente seleccionados, elegidos por su fortaleza física y mental, aceptaron ser sometidos a inanición voluntaria. Su consumo fue reducido a 1 500 calorías diarias, aproximadamente la mitad de lo que se considera sano, aunque sigue siendo mucho más de lo que muchas anoréxicas consumen. Los hombres no podían concentrarse y reportaron sentirse socialmente aislados; aumentó significativamente la depresión y la histeria, incluso hubo automutilación. Amelia dijo que la dieta era dura tanto física como mentalmente, pero parecía valer la pena. No solo perdió peso, además había demostrado visiblemente su compromiso con la comunidad proana y ayudado a otra chica ana.

Fue un punto de inflexión, me refiere Amelia. La útil y afectuosa comunidad se había vuelto algo sutilmente diferente y mucho más peligroso.

El efecto Werther

Después de unas semanas en la comunidad proana, explica Amelia, todo se siente muy normal. Cuando visité estos sitios por primera vez estaba impactado por los esqueléticos cuerpos, displicentes conversaciones sobre cocteles letales o personas que buscaban hacer pactos suicidas y fotos explícitas de mutilación. Esto se desvanece en seguida. Los cuerpos esqueléticos empiezan a parecer comunes y ordinarios y fácilmente se olvida lo mortífero que pueden volverse los consejos a causa del *thinspo*, los trucos, consejos, métodos suicidas y dietas de la aparentemente afectuosa comunidad. Podría decirse que casi cualquier acción, no importa cuán errada sea, rápidamente es aceptada o incluso admirada si piensas que los otros también lo están haciendo.

En 1774 el novelista alemán Johann Wolfgang von Goethe publicó su primera novela, *Las desventuras del joven Werther*, en la cual el cortés protagonista se quita la vida al fracasar en su empeño por estar con la mujer que amaba. Por toda Europa el libro desató una ola de suicidios de jóvenes que lo imitaban al encontrarse en un predicamento similar. Este extraño fenómeno fue conocido como el «efecto Werther».[12] Al mes siguiente del suicidio de Marilyn Monroe, en agosto de 1962, 197 mujeres rubias y jóvenes usaron aparentemente la muerte de la estrella como modelo para terminar con la suya;[13] en los ochenta, numerosos hombres en Austria saltaron a las vías del tren; a principios del siglo hubo una ola de suicidios con monóxido de carbono, y en 2007 y 2008, al sur de Gales, hubo otra ola de adolescentes que se colgaron.[14]

Los sociólogos llaman a esto «comportamiento contagioso». El efecto Werther ocurre porque somos seres sociales. Modelamos nuestro comportamiento conforme al de los otros, aprendiendo por imitación de quienes están a nuestro alrededor. Resulta que los patrones de comportamiento pueden diseminarse como lo hacen las enfermedades. Se ha observado el mismo fenómeno con el abuso de drogas, los embarazos en la adolescencia, la autolesión y la obesidad, y también con la felicidad y la cooperación.[15]

El efecto Werther se relaciona particularmente con casos donde la víctima se retrata de alguna manera como romántica y heroica, como el mismo Werther, y por ello recibe mucha atención o simpatía. Eso explica que el efecto Werther brote casi siempre después de una cobertura de medios a gran escala. Como resultado, muchos países tienen reglas estrictas sobre cómo reportar los suicidios.[16] Cuando ocurrieron los suicidios de Gales, por ejemplo, la policía pidió a los medios nacionales que dejaran de reportar las historias como parte de una campaña para limitar el número de imitadores.

A diferencia de los medios masivos, no hay reglas o procedimientos para reportar amenazas de suicidio. La mayoría de los foros suicidas animan a los usuarios a describir cómo se sienten y por qué se sienten así, casi siempre para apoyarlos, ser empáticos y sensibles, aunque con consecuencias terribles.

David Conibear fue un exitoso ingeniero de *software* y un usuario frecuente de a.s.h. que, a finales de 1992, publicó un comentario nuevo en el sitio:

> ¡Hey, compañeros ASHers!… Después de mucho investigar y pensarlo, me he decidido por el cianuro disuelto en agua fría… La computadora está programada para esperar 36 horas y luego llamar al 911, para prevenir que alguno de mis amigos descubra el cuerpo. Este mensaje también está programado, en caso de que haya quienes estén husmeando y quieran intervenir. Si NO funciona, trataré de que alguien publique el chisme en a.s.h. para que nadie de ustedes termine cometiendo el mismo error. Ah, una nota final… en caso de que este grupo sea criticado, sepan que a.s.h. no es la causa de mi suicidio. No ha sido por este grupo, mi mejor plan era ponerme totalmente borracho y lanzarme desde el techo del edificio de departamentos (sí, tengo una llave), creo que todo ha quedado claro. ¡Feliz vida![17]

Esta fue la primera nota suicida en línea documentada. El cuerpo de David fue encontrado al día siguiente. Cuando la noticia se difundió en a.s.h., varios usuarios escribieron breves conmemoraciones, describiendo lo triste que estaban por la noticia y cuánto extrañaban a David. «David, si puedes ver esta publicación, estamos pensando en ti, tu espíritu vive en nuestras mentes». Pero muchos más lo alabaron y admiraron sus acciones: «¿Seré el único que sienta una perversa alegría al leer esta publicación?», escribió otro usuario. David Conibear es, de alguna manera estremecedora, el santo patrono de a.s.h.; un micro-Werther.

El efecto Werther crea un extraño y muy perverso incentivo, que es la clave para entender cómo esas comunidades pueden ser útiles y peligrosas a la vez. Ya que los foros de autolesión son generalmente de apoyo, de personas que se interesan en la comunidad, entre más sufres más atención recibes de los otros. La investigación académica ha encontrado que las motivaciones para autolesionarse y la anorexia frecuentemente se impulsan por las mismas causas subyacentes: es una estrategia para aliviar los sentimientos de ansiedad, soledad, aislamiento y autodesprecio.[18] Entre más sufría Amelia, y más lo expresaba públicamente, más atención y simpatía recibía. Para alguien con baja autoestima y pocos amigos en el mundo real, era algo sumamente atractivo.

En noviembre de 2013, un estudiante canadiense de veintiún años llamado Dakota llevó este incentivo a una terrible conclusión para llamar la atención y obtener algo de simpatía; publicó un comentario perturbador en el tablero /b/ de 4chan que rápidamente atrajo a una amplia y cautiva audiencia: «Esta noche acabaré con mi vida. He pasado la última hora haciendo los preparativos y estoy listo para llevarlo a cabo. Todo lo que pido de ustedes es que me vinculen a alguna página donde pueda transmitirlo en vivo».

Obedientemente, alguien creó una sala en Chateen para que Dakota pudiera transmitir con su cámara web para casi 200 usuarios de /b/ que se habían unido al hilo de conversación. Dakota empezó a transmitir y rápidamente la sala se llenó de /b/tards (usuarios de 4chan). Muchos creían que era una broma, algunos trataron de hablar con él para que desistiera, otros lo animaron: «Ya tienes mucha puta atención, ¡si vas a hacerlo hazlo ya!», escribió uno. «Cuélgate en la escuela», sugirió otro.

La noticia se difundió rápidamente entre miles de usuarios frustrados que seguían el desarrollo de /b/. «Carajo, que alguien transmita eso (la sala de Chateen)... ¡¿Qué les pasa?!». La audiencia en Chateen hizo comentarios mientras Dakota tragaba pastillas para dormir con vodka. «¡Madres! No estaba jugando esta vez». «SÍ, ESTE HOMBRE ES UN GENIO», comentó alguien más. Otros se preocuparon: «Quizá debamos hacer algo para salvarle la vida».

En este punto, Dakota había prendido fuego a su habitación y se había arrastrado bajo su cama. Apoyado en un balón, alcanzó a escribir: «#muerte», «#lolmequemo» y finalmente: «IM FUCK3ED (ESTOY JODIDO)». En seguida la pantalla se puso en negro. «Creo que se desmayó». Nadie sabía lo que estaba pasando. Un usuario propuso un momento de silencio.

De pronto hubo un destello. Los bomberos tiraron la puerta y entraron, sin saber que estaban siendo filmados. Sacaron a Dakota inconsciente de debajo de su cama. Se podían ver las grandes cintas amarillas en los pantalones de los bomberos. «Promesa cumplida». «Está muerto. Se acabó». La promesa fue cumplida, pero sobrevivió. Mientras se recuperaba en el hospital, su perfil de Facebook fue fuertemente troleado.[19]

Conectado en un mundo solitario

Internet no ha creado el comportamiento autodestructivo. La autolesión, los desórdenes alimenticios y las tasas de suicidio no se han incrementado drásticamente.[20] Las tendencias a largo plazo muestran que las tasas de suicidio están a la baja en el Reino Unido; hubo más pactos suicidas por habitante en la segunda mitad de los años cincuenta que en el periodo de 1996 a 2005.[21] Los casos de autolesión se han incrementado desde mediados de los noventa, aunque no significativamente, y al parecer han disminuido después de un pico en 2003.[22]

Sin embargo, la red está cambiando la manera en que se expresan y se viven esas enfermedades psicológicas. Las personas que forman parte de esos mundos frecuentemente son jóvenes, enfermos y con necesidad de atención médica profesional; no obstante, la razón por la que muchos se unen a estas subculturas es porque ofrecen un santuario cuando no hay más adónde ir. La bienvenida «Sentimos que estés aquí», con la que se recibe a los nuevos en a.s.h., es mucho más de lo que vas a recibir de tu médico de cabecera. Las personas hallan mucho más consuelo cuando encuentran y hablan con otros como ellos sin ser juzgados, y esto es exactamente lo que muchos de estos sitios ofrecen. Es bueno tener lugares para ir y hablar de tu sufrimiento con otras personas. Los sitios y foros que reducen el sentimiento de soledad pueden ser muy importantes cuando este se convierte en un problema de salud mental.[23] El trabajo académico sobre este aspecto apunta, aunque no de forma concluyente, a que los grupos de apoyo mutuo pueden ayudar a los pacientes e incluso alentarlos a buscar ayuda profesional si son moderados cuidadosamente por personas como Al. Joe Ferns, director de Políticas, Investigación y Desarrollo en la organización Samaritans, piensa que para los pacientes es importante tener un lugar en el que puedan hablar sobre suicidio, autolesión y desórdenes alimenticios; pero está preocupado por las numerosas personas sin adiestramiento profesional y a menudo enfermas que escuchan, ofrecen consejo e información. Por todas partes hay micro Werthers, personas cuya enfermedad es enaltecida y romantizada como el héroe de Goethe.

También hay otro peligro, explica Joe. En línea nunca puedes estar muy seguro sobre los consejos que estás recibiendo. Otros usuarios pueden ser empáticos o comprensivos, pero nunca puedes estar seguro de quiénes son en realidad. En 2008 una chica canadiense de diecinueve años llamada Nadia se unió a a.s.h. y publicó que sentía ganas de suicidarse. Una usuaria de nombre Cami le respondió. Cami le explicaba que ella también sufría depresión severa y que también había decidido acabar pronto con su vida. Al ser enfermera, Cami podía ofrecer algunos métodos profesionales.[24]

Cami: Empecé a buscar métodos para despedirme después de ver cada método usado en mi trabajo como enfermera del área de urgencias, sé cómo funciona y cómo no funciona, es por eso que decidí colgarme, lo he tratado en la práctica para ver si duele y qué tan rápido funciona y no fue una mala experiencia.

Nadia: ¿Y cuándo vas a hacerlo?

Cami: Me gustaría que pronto, ¿y tú?

Nadia: Estoy planeando hacerlo este domingo.

Cami: Vaya, muy bien, ¿quieres colgarte también?, ¿o puedes?

Nadia: Voy a saltar.

Cami: Está bueno, pero muchos le sacan por el terrible problema que les dejan a los otros.

Nadia: Quiero que parezca un accidente. Hay un puente en el río justo encima de una grieta en el hielo.

Cami: Bueno, de otra forma hubiera sugerido colgarte.

Nadia: Consideré tirarme al tren, en el metro, pero creo que esto está mejor.

Cami: Mmm, si quieres colgarte lo podemos hacer juntas en línea, así no será tan feo para ti.

Nadia: Bueno, si me arrepiento, creo que podríamos hacerlo.

Cami: Suena bien, descanso el lunes, puedo morir a cualquier hora sin problema. Ya quiero hacerlo.

Cami: ¿Tienes cámara web?

Nadia: Sí.

Cami: Bueno. Si nos llegamos a colgar te puedo ayudar a poner correctamente la cámara, es muy importante, como he visto, pero cruzaremos ese camino cuando llegue (y si llega) ese momento, corazón.

Cami: Espero serte de ayuda de alguna forma.

Nadia: Sí, es un gran alivio poder hablar con alguien de eso.

Cami: Espero que las dos podamos morir tranquilamente mientras estamos dormidas en nuestras casas esta noche.

Nadia: Desde que decidí que me iría este fin de semana, me he sentido mejor.

Cami: Qué bien, yo también estoy en paz, y si no puedo morir contigo lo haré pronto después.

Nadia: Estamos juntas en esto.

Cami: Sí, lo prometo.

[Más diálogo]

Nadia: Debo decir que me estoy sintiendo mejor ahora que puedo hablar contigo.

Cami: Me hace sentir mejor el saber que no voy a morir sola.

Nadia: Claro que no.

Cami: El lunes va a ser mi día, ojalá fuera hoy en la noche, estoy muy en paz con eso.

Nadia: Me pregunto cómo será morir.

Cami: Bonito.

En las primeras horas de la mañana del lunes Nadia dijo a su compañero de departamento que iba a patinar sobre hielo. No regresó. Su cuerpo fue descubierto seis semanas después. Pero Cami no cumplió el pacto que hizo con Nadia; de hecho, Cami ni siquiera existía. Cami era un hombre de mediana edad llamado William Melchert-Dinkel, un enfermero, marido y padre. La policía cree ahora que pasó varios años rastreando a personas suicidas y pudo haber contactado a más de 100 personas en todo el mundo para convencerlas de suicidarse juntos. El propio Melchert-Dinkel cree que al menos cinco personas lo hicieron, incluyendo a Nadia.[25]

En mi incursión por el mundo de la autolesión no encontré ningún grupo pervertido ni malicioso que intentara causar daño a los otros. Aunque haya algunas personas como Melchert-Dinkel por ahí, estas subculturas tienden a ser muy unidas, brindar apoyo y cuidado. Siempre están ahí cuando las necesitas. Te escuchan, aconsejan y animan. Si te sientes deprimido, son lugares naturales y fáciles adonde ir para aliviar tu soledad y sufrimiento. Por eso pueden ser tan destructivos. Al acoger el comportamiento negativo de una forma común, positiva y romántica, rodeando a cada usuario de apoyo de sus pares, hacen que una enfermedad se sienta como una cultura, un estilo de vida elegido, algo que se puede abrazar.

Al final, Amelia pasaba horas al día en sitios proana, publicando mensajes sobre su enfermedad, interactuando con otros en su comunidad y apenas comiendo. Incluso usaba una pulsera proana. Cuando su madre le sugería que necesitaba ayuda, se negaba a escucharla y le aterrorizaba la idea de perder su vida social en línea, perder el contacto con las personas que creía que la entendían. Cuando sus padres la llevaron al hospital, Amelia fue canalizada inmediatamente a una unidad especializada en desórdenes alimenticios. Seis meses después fue dada de alta y regresó a su casa.

Amelia está ahora completamente recuperada y casi siempre fuera de línea. Le pregunto qué consejo les daría a las personas que quieran visitar o estén atrapadas en grupos proana, como lo estuvo ella: «Necesitas conseguir ayuda. Sé que no es algo que quieras escuchar. Yo no quería escucharlo tampoco, pero si participas en esos grupos constantemente, tal vez ya estés en un estado mental enfermizo. Tal vez pienses que no necesitas ayuda, pero habla con alguien de todas formas. Hay personas fuera de esas comunidades que saben por lo que estás pasando —hace una pausa y continúa—: Tal vez tus amigos proana te entiendan, pero no van a ayudarte».

Conclusión
Zoltan vs. Zerzan

Las tecnologías que tienen la capacidad de transformar siempre van acompañadas de visiones pesimistas y optimistas sobre cómo van a cambiar a la humanidad y a la sociedad. En *Fedro*, de Platón, Sócrates se preocupa por el efecto nocivo que podría tener la reciente invención de la escritura en la memoria de los jóvenes griegos que, predijo, «oirán muchas cosas y no aprenderán nada».[1] Cuando los libros empezaron a salir de la imprenta de Gutenberg, muchos pensaban que «confundirían y serían peligrosos», que abrumarían a los jóvenes con información.[2] Aunque Marconi creyó que su radio estaba ayudando a la humanidad a ganar la «lucha contra el tiempo y el espacio», cuando su invento se volvió popular, otros temían que las mentes impresionables de los niños se contaminarían con ideas peligrosas y las familias se volverían irrelevantes al sentarse en torno al radio a escuchar programas de entretenimiento.[3] No sabemos si el primitivo *Homo sapiens* discutió si el fuego lo quemaba o lo mantenía caliente, pero podemos aventurarnos a pensar que así lo hizo.

Desde sus comienzos, internet actuó como un lienzo sobre el cual hemos pintado imágenes negativas y positivas de nuestro futuro. Varios de los pioneros de Arpanet veían, más allá de datos y redes de comunicación, un futuro en el cual sus nuevas tecnologías pudieran transformar radicalmente la sociedad humana para bien. Joseph Licklider, el primer director del equipo responsable del desarrollo de la computación en red, y a menudo referido como el «abuelo» de internet, hizo una gran predicción en 1961, ocho años antes de que se hiciera la primera conexión entre dos nodos de Arpanet: «La computación será parte de la formulación de problemas…, mediará y facilitará la comunicación entre los seres humanos», proclamó. Él creía que nos ayudaría a «tomar mejores decisiones colectivas».[4]

La computación en los años sesenta y principios de los setenta frecuentemente estaba provista de un misterioso y mágico poder. Los anarquistas siempre soñaron con un mundo en el cual la humanidad fuera liberada del yugo del trabajo, «todos atendidos por máquinas de amorosa gracia»,[5] mientras que escritores de la contracultura como Marshall McLuhan predijeron una «aldea global» de conectividad como resultado de los medios de comunicación modernos, e incluso una «integración física común» de toda la humanidad.

Cuando internet se convirtió en un medio de comunicación masivo para millones de personas, hubo un arrebato de optimismo tecnológico.

A comienzos de los noventa resplandecían ideas utópicas sobre el inminente salto cualitativo de la humanidad, incentivadas por la conectividad y el acceso a la información.[6]

Harley Hahn, un influyente experto en tecnología, predijo en 1993 que estábamos a punto de evolucionar «hacia una maravillosa cultura humana, que es realmente nuestro derecho por naturaleza». Mientras tanto, la revista sobre tecnología *Mondo 2000* prometió a los lectores ofrecer «las últimas y cambiantes formas de interacción humano-máquina conforme se fueran desarrollando… Las viejas élites se desmoronan.

Los niños están al mando. Esta revista versa sobre qué hacer hasta que el nuevo milenio llegue. Hablamos de Posibilidades Extraordinarias».[7]

Muchos de los primeros defensores de la red creían que, al hacer posible que las personas se comunicaran más libremente entre ellas, se eliminarían los malentendidos y el odio. Nicholas Negroponte, exdirector del Media Lab del MIT, declaró en 1997 que internet traería paz al mundo y el final del nacionalismo.[8] Para algunos, como John Perry Barlow, autor de la «Declaración de independencia del ciberespacio», este nuevo mundo libre ayudaría a crear solo sociedades humanas y liberales, en vez de esos «cansados gigantes de acero y carne».

Pero no solo los optimistas comentaban las posibilidades presentadas por este nuevo y extraño mundo. Por cada visión soñadora de futuras utopías también había una vívida pesadilla distópica. Mientras Licklider soñaba con un mundo de interacción armoniosa entre los humanos y las máquinas, el crítico literario y filósofo Lewis Mumford temía que las computadoras hicieran del hombre «un animal pasivo y sin propósito, condicionado por las máquinas». En 1967 un profesor advertía de manera profética, en la revista *Atlantic*, que la computación en red crearía un «registro federal individualizado basado en las computadoras». Mientras el optimismo sobre las posibilidades de internet alcanzaba su auge en los noventa, también muchos estaban preocupados por el efecto que estaba teniendo en el comportamiento humano. En 1992 Neil Postman escribió en su libro *Technopoly: The Surrender of Culture to Technology* que «actualmente estamos rodeados de *Thotes*,[*] profetas tuertos que solo ven lo que las nuevas tecnologías pueden hacer y son incapaces de ver lo que destruirán... Miran a la tecnología como el enamorado ve a su amada: inmaculada y divertida sin temor al futuro».[9] Otros se preocupaban por la posibilidad de

---

[*] Plural de Thot, dios egipcio de la sabiduría citado en el diálogo de Platón, *Fedro*. [*N. de T.*]

que nos volviéramos «socialmente inmaduros, mentalmente pobres y aislados del mundo exterior».[10] Los gobiernos alrededor del mundo empezaron a aprobar leyes diseñadas para monitorear, controlar y censurar el ciberespacio, preocupados por la proliferación de la pornografía, incluyendo la infantil, y el creciente número de actividades delictivas que se llevaban a cabo en línea.

Esta división entre pesimistas y optimistas tecnológicos se remonta al nacimiento de internet y se amplía en cuanto la tecnología se vuelve omnipresente, más rápida y poderosa. En la actualidad hay dos movimientos que son las versiones extremas de esas visiones opuestas de la tecnología. Los transhumanistas abrazan la tecnología, mientras que los anarcoprimitivistas la rechazan. Ambos grupos han existido de alguna manera desde los primeros días de internet y los dos han aumentado su popularidad de manera sostenida en los años recientes, a medida que la tecnología ha desempeñado un papel central en nuestras vidas. Los dos existen por toda la red oculta, desde foros en la *deep web* hasta sitios muy destacados en el internet superficial, pasando por varios portales, blogs y grupos en redes sociales. Pero ¿qué punto de vista es el correcto? ¿La conectividad nos une o suplanta las relaciones del mundo real? ¿El acceso a la información nos abre la mente o nos remite a nuestros dogmas? ¿Hay algo en internet o quizás en la tecnología misma que determina y limita nuestras elecciones, y nos empuja a comportarnos de cierta manera? ¿Y qué dicen sus visones proféticas, brillantes o sombrías, sobre la red oculta y cómo usamos internet hoy?

Zoltan

Zoltan Istvan quiere vivir para siempre, pero no en un sentido metafórico, como en los recuerdos de sus hijos o en las palabras de sus libros, sino en un sentido muy real y práctico, y piensa que la tecnología lo hará posible muy pronto. Zoltan planea transferir su cerebro, con sus miles de millones de circuitos neuronales, a un servidor. «Basado en las tendencias actuales espero poder transferir mi mente en algún punto de la mitad de este siglo». Esto me lo refiere con entera confianza. Zoltan (ese es su nombre real) es un transhumanista. Es parte de una creciente comunidad de personas que creen que la tecnología nos puede hacer física, intelectual e incluso moralmente mejores. Como todos los transhumanistas, Zoltan cree que la muerte es una anomalía de la naturaleza, algo que no necesitamos aceptar como inevitable. Los transhumanistas buscan la continua evolución de la vida humana más allá de la forma actual. Creen que deberíamos usar la tecnología para superar los límites impuestos por nuestra herencia biológica y genética, en especial la mortalidad y los límites físicos y mentales, y por ende, sobrepasar los límites de la condición humana, que perciben como transformables. «Si aplicamos la tecnología reflexiva, cuidadosa y firmemente a nosotros mismos, podemos volvernos algo que ya no sería descrito exactamente como humano y que ya no sufriría enfermedades, vejez y la inevitable muerte».[11]

Las raíces del transhumanismo están fundamentadas en las ideas de escritores de ciencia ficción como Isaac Asimov y el biólogo futurista Julian Huxley, quien acuñó el término *transhumano* en 1957. (Nick Bostrom, un conocido transhumanista, dice que desear trascender las limitaciones humanas es tan antiguo como la epopeya de Gilgamesh).[12] El transhumanismo cobró fama en California a principios de los noventa, periodo que marcaría el optimismo tecnológico. En 1993 Vernor Vinge popularizó la idea de la «singularidad», punto en el cual la inteligencia artificial se vuelve tan avanzada que empieza a generar versiones más avanzadas de sí misma, de modo que rápidamente nos dejaría a los mortales atrás.[13] Vinge esperaba que el transhumanismo «aprovecharía por todo el mundo el internet como una combinación de máquina y humano… El progreso en esto es proceder de la manera más rápida para llevarnos a la singularidad antes que cualquier otro medio».

En 1998 el floreciente grupo se unió y formó la Asociación Transhumanista Mundial.[14] Poco después, numerosos transhumanistas influyentes publicaron la declaración de sus fines: «Prevemos la viabilidad de rediseñar la condición humana, incluyendo parámetros como la inevitabilidad de la vejez, limitaciones en los intelectos humanos y artificiales, psicologías no elegidas y nuestro confinamiento al planeta Tierra». En 2008 la Asociación Transhumanista Mundial tomó el nombre de Humanity+ y sigue siendo la organización formal de transhumanistas más amplia; además, publica trimestralmente una revista y organiza numerosas conferencias y eventos académicos. Hay alrededor de 6 000 miembros de más de 100 países, una ecléctica mezcla de *geeks*, científicos, libertarios, académicos y activistas como Zoltan (quien se describe a sí mismo como escritor, activista y defensor, todo en uno). Juntos trabajan en una deslumbrante variedad de tecnologías de vanguardia: prolongación de la vida, antienvejecimiento, robótica, inteligencia artificial (Marvin Minsky, considerado uno de los inventores de la inteligencia artificial, es un prominente transhumanista), cibernética, colonización del espacio, realidad virtual y criónica; pero la mayoría de la tecnología transhumanista se enfoca en la prolongación de la vida y en las mejoras tecnológicas para el cuerpo y el cerebro.

El salto cualitativo de la humanidad impulsado por la tecnología es lo que emociona a los transhumanistas como Zoltan, quien cree que los posibles beneficios a corto, mediano y largo plazos son extremadamente importantes como para ignorarlos. Además del objetivo personal de la inmortalidad, cree que la biología sintética podría resolver la escasez de alimentos y que la medicina genética podría ayudar a curar enfermedades; de hecho, las extremidades biónicas ya están transformando la vida de personas inválidas. (Zoltan explica que, siendo un archivo de computadora, su huella de carbono podría ser reducida drásticamente). Ellos creen que si conectamos nuestro cerebro a servidores se incrementaría drásticamente la cognición y la inteligencia humanas, lo cual nos ayudaría a resolver el tipo de problemas que los humanos enfrentaríamos en el futuro. Para los transhumanistas es irracional no explorar cada ruta para mejorar la capacidad humana, incluso la abolición de una obligación si eso alivia el sufrimiento o mejora el bienestar.

El doctor Anders Sandberg, un neurocientífico computacional y transhumanista, es un experto mundial en «transferencia mental». Él es una de las pocas personas que están tratando de resolver la manera en que Zoltan podría transformar su cerebro en un archivo de computadora. En los noventa, Anders dirigió la Sociedad Transhumanista desde su nativa Suecia, y ahora es investigador en el Future of Humanity Institute, de la Universidad de Oxford, donde estudia los problemas de la vertiginosa evolución humana.

Cuando me reuní con Anders (un hombre alto, bien vestido, que apenas iniciaba sus cuarenta) un sábado por la tarde para comer en una calle muy concurrida de Oxford, noté una gran placa de identificación que colgaba alrededor de su cuello, en la cual se podía leer:

Pedir instrucciones ahora. Administrar 50 000 U de heparina por vía intravenosa y realizar CPU* mientras se enfría con hielo a 10 °C. Mantener el pH en 7.5. No embalsamar. No hacer autopsia.

«Es para quien me encuentre primero; rara vez me la quito cuando estoy afuera, en público», me dice Anders. Pero sigo sin entender.

---

*   En el original en inglés aparece «CPU», aunque la versión común de esta frase en brazaletes y placas de identificación dice «CPR», siglas de *Cardiopulmonary Resuscitation* (reanimación cardiopulmonar, RCP). [*N. del E.*]

«El periodo crítico en la congelación criónica es alrededor de las primeras dos horas. Tan pronto como esté en el tanque de nitrógeno y mi cuerpo esté enfriado a 77 Kelvin, estaré bien. La heparina es para ayudar a adelgazar la sangre, para que no se coagule y pueda enfriarse más rápido».

Anders es una de las más o menos 2 000 personas en todo el mundo que pagan de £25 a £35 cada mes para asegurar que su cuerpo sea preservado cuando muera.[*] Sorprendentemente es poco para una oportunidad de inmortalidad. «Las tendencias actuales muestran que hay 20% de probabilidades de despertarme cuando la ciencia sepa cómo», dice Anders.

Mi primera impresión de Anders es de un genio con un ligero aire de científico loco del siglo XIX (impresión reafirmada por su suave acento sueco y sus oraciones precisas y entrecortadas). Recientemente experimentó con el potenciador cognitivo modafinilo, hecho que refiere como positivo, además me comenta que planea insertar en sus dedos de manera quirúrgica magnetos para poder sentir las ondas electromagnéticas; no obstante, su principal área de interés es la transferencia mental (lo que llama «emulación cerebral total»). En 2008 Anders publicó un manual de 130 páginas que establece cómo el contenido del cerebro, su estructura precisa, circuitos neuronales y señales eléctricas, sería transferido a un chip de computadora. Si pudiera copiarse de manera perfecta no podría distinguirse de un cerebro real, piensa él.

Una vez que has sido respaldado en un archivo no tienes razón de temer a la muerte, siempre podrás ser cargado en un cuerpo humano sintético o algún tipo de robot. No importa cuál sea el vehículo, según Anders experimentaría la conciencia de la misma manera que como lo hacemos nosotros. Mientras describía por qué piensa que esto es una idea fantástica,

---

[*] Anders será congelado en la Alcor Life Extension Foundation, en Arizona, la cual cobra un total de $200 000 ($215 000 para los residentes en el Reino Unido) por una criopreservación del cuerpo completo.

empecé a atragantarme con mi comida, para gran placer de Anders. «¡Ja! ¿Lo ves?», dice riendo mientras me esfuerzo por tomar algo de aire. «Necesitas un respaldo. ¡Qué desperdicio de vida humana y de potencial sería el que te ahogaras con unos espaguetis! ¡Ja ja ja!». (Concuerdo por un instante). Ray Kurzweil, director de ingeniería de Google y probablemente el transhumanista más famoso, piensa que la transferencia mental será posible en el año 2045, como predijo Zoltan. La mayoría de los científicos están menos convencidos de las estimaciones de Kurzweil. (Anders es un poco menos optimista, por eso desea conservarse en un tanque de nitrógeno).

Anders me dice que pasa mucho tiempo trabajando en las implicaciones sociales de la transferencia mental, más que en dicha tecnología. Él previene sobre la terrible posibilidad de que un *hacker* sea capaz de tener acceso a tu cerebro y le haga modificaciones; «realmente debemos empezar a pensar en estas cuestiones», advierte con un aire de preocupación. «En este momento hay tantas cuestiones legales, políticas y sociales como técnicas».

No obstante, está muy emocionado con la idea de vivir eternamente en forma de datos. Hasta ahora, Zoltan ha acumulado muchas experiencias a sus cuarenta y tantos años. En sus veintes, casi le dio la vuelta al mundo en bote (hizo tres cuartas partes del recorrido), fue corresponsal de guerra, inventó un deporte llamado *volcano boarding* y encabezó un grupo militar en el sudeste de Asia para proteger la vida salvaje. Mientras cubría un reportaje para el canal de National Geographic en la zona desmilitarizada de Vietnam, Zoltan casi pisa una mina terrestre; su guía lo empujó para evitarlo en el último segundo. «Desde ese momento decidí dedicar mi vida a la causa transhumanista», explica Zoltan, quien tiene esposa y dos hijos pequeños. A pesar de esto, dedica de doce a catorce horas diarias al trabajo relacionado con el transhumanismo. Su meta fundamental es vivir para siempre o tanto como sea posible, 10 000 años, tal vez. «Si a ti y a mí nos ofrecieran la oportunidad», me dice a través de Skype desde su casa en California, «por supuesto que haríamos el intento. Tendríamos poderes suprahumanos inspiradores y asombrosos».

«Pero ¿qué harías?», le pregunto. «Diez mil años parece un tiempo horrorosamente largo».

«Puedo contestar eso basado solo en mi cerebro actual», contesta Zoltan pacientemente. «Un día llegaremos a tener cerebros del tamaño del Empire State, conectados a miles de servidores; las posibilidades de lo que podríamos hacer son infinitas, así que no creo que me aburra». Hace una pausa y continúa: «Bueno, creo que no me he aburrido hasta ahora».

Los transhumanistas pueden ser pocos en número, pero la mayoría está extremadamente comprometida con la causa. Zoltan me dice que planea usar numerosos recursos publicitarios en los dos años siguientes para llevar el movimiento a audiencias más amplias. Esto incluye una manifestación con un grupo de robots y un gran ataúd en Union Square, en San Francisco, para protestar contra lo que le parece una falta de inversión por parte del gobierno en la ciencia para prolongar la vida. Muchos transhumanistas son *biohackers*; como Anders, experimentan la introducción de nueva tecnología directamente en sus cuerpos. En 2013 el transhumanista Richard Lee se convirtió en la primera persona en tener un audífono implantado en su oído. En 2012, en Essen, Alemania, Tim Cannon, un *biohacker* transhumanista, implantó una pequeña computadora y una batería inalámbrica en su brazo.[15] Numerosos transhumanistas estadounidenses han colaborado desde hace poco para financiar colectivamente un asentamiento marino, una comunidad flotante localizada en aguas internacionales, fuera de la jurisdicción legal (en 2013 se volvieron una de las primeras organizaciones benéficas en aceptar donaciones en bitcoines). ¿Por qué? Zoltan, que es un embajador del Seasteading Institute, piensa que posiblemente para escapar de las leyes locales que prohíben cierto tipo de investigación, como la clonación humana, que es ilegal en la mayoría de los estados de la Unión Americana, pero que probablemente sería permitida en una colonia marina flotante en aguas internacionales. En el reciente libro de Zoltan, *The Transhumanist Wager* (*La apuesta transhumanista*, el cual me asegura que es mera ficción), los transhumanistas inician una Tercera Guerra Mundial desde *Transhumania*, establecida en el océano, determinados a realizar sus planes utópicos para la humanidad. Cuando le pregunto a Zoltan qué tan lejos llegaría persiguiendo su filosofía, responde: «Bueno..., tan lejos como necesite llegar. El sentido más alto de moral para un transhumanista está determinado por el tiempo que le queda de vida. Si queda muy poco tiempo debido a la vejez, la enfermedad o la guerra, entonces deben ser tomadas acciones revolucionarias y drásticas en un intento de promover la agenda transhumanista: especialmente el objetivo de la inmortalidad individual». (He llegado a creer que Zoltan está ligeramente obsesionado con la idea de la inmortalidad. En algún punto de nuestra entrevista me dijo que le pidió a su esposa que lo metiera en el congelador si muere inesperadamente).

Zerzan

En la película *Trascender*, de 2014, Johnny Deep interpreta a un brillante transhumanista llamado Dr. Caster, una especie de Anders Sandberg, que construye una máquina hiperinteligente que busca el momento de la singularidad del que habla Vernor Vinge. Después de una plática estilo TED (por supuesto), al Dr. Caster le dispara un miembro de un grupo terrorista radical llamado Revolutionary Independence From Technology (RIFT). RIFT está saboteando el trabajo de los laboratorios de inteligencia artificial de todo el mundo. Dispararle al Dr. Caster es parte de un plan para interrumpir lo que ellos ven como la aterradora marcha tecnológica.

John Zerzan piensa que, si el transhumanismo continúa con su actual curso, veremos la historia de *Trascender* proyectada en las noticias y no en los cines. «Si nos seguimos acercando al momento llamado Singularidad, pienso que entonces es muy probable que veamos terroristas antitecnología como RIFT», me dice.

Zerzan debe saberlo; probablemente es el anarcoprimitivista más famoso del mundo y autor de varios libros en los cuales la tecnología, desde internet hasta la agricultura de subsistencia, es la raíz de muchos, si no es que de todos, los problemas sociales de hoy en día. Él quiere deshacerse de todo: Facebook, computadoras, teléfonos, electricidad, máquinas de vapor. El anarcoprimitivismo es una rama de la filosofía anarquista que cree en una forma de organización humana sin Estado, sin jerarquías y voluntaria, basada en la primitiva forma de vida colectiva. El más infame neoludita de los tiempos modernos fue el estadounidense Ted Kaczynski, mejor conocido como Unabomber. De 1978 a 1995, Kaczynski mandó dieciséis bombas a objetivos que incluían universidades y aerolíneas, matando a tres personas e hiriendo a veintitrés. En su ensayo de 30 000 palabras sostenía que las bombas eran algo extremo pero necesario para atraer la atención de las personas hacia la erosión de la libertad humana provocada por las tecnologías modernas que requerían una organización a gran escala. Durante su juicio entre 1997 y 1998, John Zerzan se volvió el confidente de Kaczynski, apoyando sus ideas, pero (se apresura a decirlo) condenando sus actos.

Kaczynski no fue el primero; en los ochenta, el movimiento francés Committee for Liquidation and Subversion of Computers (Clodo, Comité para la Liquidación y Subversión de las Computadoras) lanzó bombas incendiarias contra almacenes de compañías de computadoras. En el verano de 2001, el FBI clasificó al Earth Liberation Front (Frente de Liberación de la Tierra), un movimiento de grupos autónomos dedicados al sabotaje económico y guerra de guerrillas para salvar el planeta, como la mayor amenaza terrorista local. De hecho, explica Zerzan, ya hay nuevos *unabombers* ahí afuera. En 2011 se fundó un nuevo grupo en México llamado Individualistas Tendiendo a lo Salvaje cuyo objetivo era «herir o matar a científicos e investigadores (por medio de cualquier acto violento) que aseguren la continuidad del curso del sistema tecnoindustrial». Ese año detonaron una bomba en un prominente centro de investigación nanotecnológica en Monterrey. «Bueno, veremos muchos más de estos grupos en los años venideros si la tecnología sigue volviéndose más rápida, inteligente e intrusiva», comenta Zerzan. «La violencia contra las personas no es aceptable, pero ¿lo es la destrucción de los inmuebles y la resistencia genuina contra el progreso tecnológico? Sí, es necesario esto para atraer la atención de las personas».

Encontré a Zerzan a través de su sitio web, cuya existencia parece un poco paradójica: «Sí, estoy de acuerdo. Y me enfrento a ese dilema cada día, aunque al final mi trabajo es sobre las ideas. Necesitas usar cada herramienta a tu disposición para difundir esas ideas, aunque no te guste», me dice por teléfono. A Zerzan no le agrada nada la tecnología. Recuerda cuando se enteró de Arpanet en los setenta y reflexionaba sobre por qué las protestas estudiantiles no habían tenido el éxito que esperaba. Como estudiante militante radical en ese tiempo, su mayor preocupación era sobre los derechos civiles y la estructura de clase. La mayoría de los compañeros de Zerzan pensaban que las computadoras estaban con el otro bando.

En vez de mirar hacia delante para imaginar el futuro, Zerzan miró al pasado para estudiar los primeros grupos sindicalistas y movimientos ludistas como el de Tolpuddle Martyrs (Mártires de Tolpuddle). No le gustó lo que vio. «De pronto, tuve una revelación. La introducción de la mecanización industrial en el siglo XIX no solo fue un movimiento económico, ¡también fue un movimiento disciplinario! Fue una manera de que los capitalistas aseguraran el control sobre las personas autónomas». Como muchos tecnopesimistas, Zerzan piensa que la tecnología tiende a funcionar de manera más efectiva para aquellos que ya tienen el poder, pues mantiene y fortalece el control sobre las palancas sociales. Más maneras de vigilarnos, controlarnos, hacernos autómatas remplazables, exactamente como en una fábrica inglesa del siglo XIX. Zerzan insiste en que la tecnología es neutral y solamente una herramienta está totalmente errada. «Ese nunca ha sido el caso, eso personifica las elecciones básicas y los valores de cualquier sociedad».

Zerzan piensa que lo peor es que nos hayamos vuelto demasiado dependientes de la tecnología para satisfacer nuestras necesidades diarias, como la comunicación, banca, compras, etc., y que nuestro sentido de autonomía, autosuficiencia y, en última instancia, nuestra libertad, han sido erosionados como resultado de esta dependencia: «Si dependes de una máquina para todo, lentamente dejas de ser una persona libre en un sentido profundo». Para Zerzan, lo peor de todo es internet y la computación moderna. «Internet sintetiza el triste resultado cultural de esta dependencia tecnológica que hoy tenemos». Las computadoras, dice, nos hacen sentir comunicados con otras personas, aunque en realidad no lo estemos; es algo superficial, caprichoso y además distrae. Zerzan piensa que, al perder la comunicación auténtica cara a cara, internet fomenta la falta de cortesía, la crueldad, una falta de reflexión y periodos cortos de atención. Tiene razón. Cada vez más escritores han señalado los posibles efectos negativos en la salud a largo plazo por la estimulación en línea, como el tecnoestrés, la asfixia por datos, el síndrome de fatiga informativa, la sobrecarga informativa y el hambre de tiempo.[16]

La única respuesta, dice, es dejar atrás la tecnología y volver a la manera de vida no civilizada a través de una desindustrialización a gran escala y de lo que él llama «retorno a lo silvestre». Si los escritores de ciencia ficción como William Gibson inspiran a los transhumanistas, los anarcoprimitivistas prefieren los escritos de Henry David Thoreau: el regreso a la naturaleza. Cuestiono a Zerzan sobre cuán lejos llegaría en pos de un estado natural de existencia. ¿Deberíamos librarnos también de nuestras máquinas de diálisis, plantas de tratamiento de aguas, arcos y flechas? No va a deshacerse de lo que precisamente le gustaría: prefiere verlo como una dirección hacia donde deberíamos dirigirnos: «Necesitamos empezar a depender menos de la tecnología. Por el momento estamos yendo en la dirección equivocada, necesitamos dar un giro de 180 grados». Aunque su idea principal es que regresemos a lo que una vez fuimos milenios atrás: grupos de nómadas cazadores y recolectores. «Por supuesto que es algo difícil de alcanzar», dice Zerzan.

Las soluciones de Zerzan son muy extremas; pero no solo los anarcoprimitivistas están preocupados por un futuro transhumanista sin límites. Francis Fukuyama, el famoso economista que acuñó el término «fin de la historia» para declarar el fin del sistema capitalista, ha declarado que el transhumanismo es «la más peligrosa idea del siglo veintiuno». Probablemente es un poco injusto. Uno de los objetivos declarados de Humanity+ es pensar más allá de las implicaciones éticas, legales y sociales de un cambio tecnológico dramático. Pero los rápidos avances tecnológicos plantean varias preguntas. Hay científicos en Suecia que están conectando miembros robóticos al sistema nervioso de quienes han sufrido una amputación, y en breve Panasonic lanzará un exoesqueleto; por otro lado, existe la nanotecnología, la biología sintética, el internet de las cosas, los servicios financieros controlados por algoritmos e inteligencia artificial general. Algunos de los problemas que esto plantea son existenciales: si Zoltan se vuelve un archivo, almacenado en múltiples servidores alrededor del mundo, ¿sigue siendo Zoltan? ¿Sigue siendo un humano con los mismos derechos que el resto de nuestra especie? Aunque muchos de los problemas son triviales: ¿qué tan extensa debería ser una sentencia si vivimos 500 años? O ¿cuál debería ser la edad de jubilación? ¿Quién debería decidir quién tiene acceso primero a esta tecnología y cómo podría ser regulada?

Bellotas y robles

Los transhumanistas y los anarcoprimitivistas tienen una visión muy diferente sobre la tecnología. (Cuando les pedí a Zerzan y a Anders debatir el asunto de la tecnología por correo, esto fracasó después de dos mensajes).* Aunque ofrecen soluciones radicalmente diferentes, ambos, Zoltan y Zerzan, describen problemas similares. Ambos creen que estamos destruyendo nuestro planeta, que mucho del sufrimiento y las dificultades pueden prevenirse y que algo drástico necesita hacerse. Los dos están profundamente decepcionados por lo que los humanos han hecho hasta ahora en términos de nuestra relación con la tecnología y preocupados por el futuro. Irónicamente, Zoltan teme a la misma tecnología que abraza tan firmemente. «Mi único temor es que hagamos máquinas tan inteligentes que decidan que no hay futuro para nosotros y nos eliminen».

---

* No podría decir que Zerzan estaba poco dispuesto a dialogar con los transhumanistas. Cuando supo que había estado en comunicación con Zoltan, tomó la iniciativa de enviar el siguiente mensaje:

> Entiendo que está en contacto con Jamie Bartlett respecto al proyecto de su libro acerca de internet y la tecnología. JB se ha puesto en contacto con Anders Sandberg, quien al principio había aceptado dialogar conmigo para el final del libro de Jamie. Desapareció después del «primer *round*» de nuestro intercambio. Hace algunos años (¿2008?), los productores de *Daily Show* de la televisión estadounidense me pidieron grabar un breve debate con Ray Kurzweil, al cual accedí. Después de una pequeña plática para acordar dónde, cuándo, etc., la idea fue cancelada sin ninguna explicación. Asumo que Kurzweil cambió de opinión. Mi pregunta es: ¿está dispuesto a discutir públicamente o solo es otro cobarde que no puede respaldar la adoración tecnológica que defiende? Me gustaría un debate publicitado serio y amplio en el lugar de su elección, etc. Me gustaría también un poco de financiación para poder ir a California, me parece que ese sería un buen sitio, (¿)habrá un buen lugar(?) Espero su respuesta… Zerzan.

Mientras este libro estaba a punto de imprimirse, Zoltan y Zerzan intentaban organizar una serie de debates.

Eso más bien interferiría con tu sueño de inmortalidad, suge-rí. «Sí, espero que seamos lo suficientemente hábiles para con-trolarlo». Fundamentalmente, ese es el mismo miedo que despierta a Zerzan por las noches, ¿qué pasaría si perdemos el control? ¿Y si la tecnología no solo nos moldea, sino que em-pieza a controlarnos? A Zoltan le gustaría una actualización para asegurarse de que sigamos a cargo; a Zerzan le gustaría jalar la clavija.

Su punto de vista de la libertad humana, más que de la tecnología, constituye la verdadera línea divisoria entre los tecnooptimistas y los tecnopesimistas. Para los transhuma-nistas, no hay un estado «natural» del hombre. Libertad es la posibilidad de hacer cualquier cosa, de ir hasta donde pueda llevarnos la imaginación. Siempre nos estamos adaptando y cambiando, y adoptar la tecnología es simplemente el siguien-te paso en el ciclo de la evolución. Nada está fijo. «Finalmente —dice Anders—, creo que los humanos son bellotas que no temen destruirse a sí mismos para convertirse en robles». Hemos sido *Homo sapiens* por más o menos 200 000 años, solo un parpadeo en la historia de la Tierra. En una «Carta a la Madre Tierra», el estratégico futurista Max More le agradece sus abundantes dádivas, pero le informa que «hemos decidido modificar la naturaleza humana». La libertad humana debería extenderse a cambiarnos a nosotros mismos si así lo desea-mos. La comunicación a través de las computadoras no es natural ni antinatural, solo es. Nos adaptaremos a ella. Zoltan acepta que siempre seremos quienes usan la tecnología para mal, todos los transhumanistas aceptan ese mundano punto, pero lo ven como una desafortunada pero inevitable parte del progreso. «Sobre todo, internet ha revelado lo mejor de la humanidad», concluye.

Para los anarcoprimitivistas, la tecnología tiende a distraer y a desviar de nuestro estado natural, apartándonos cada vez más de lo que realmente es ser humanos libres. Es libertad en un sentido radicalmente diferente: una libertad de ser autosuficiente, ser humano sin depender de la tecnología. Zerzan piensa que los humanos han alcanzado el estatus de un poderoso roble, que los transhumanistas quieren talar y remplazar con un simulacro virtual. «Es una libertad falsa», explica. Entre más alejados estemos de nuestro estado natural, más infelices nos volvemos. Ya que esta libertad y poder son antinaturales, es inevitable que los usemos mal, dice Zerzan. Como anarquista, tiene que ser optimista sobre lo que los humanos pueden lograr cuando abandonen sus propios aparatos, aunque piensa que la tecnología tiene una propiedad alienante que evita e interrumpe el orden natural de las cosas.

Gamas de gris

Con frecuencia la tecnología es descrita como «neutral», aunque podría ser descrita más exactamente como poder y libertad. Según los transhumanistas, la tecnología nos permite recorrer el universo y vivir para siempre. Para los anarcoprimitivistas es una herramienta usada para oprimir y controlar a los otros y volverse menos humano.

La red oculta es un mundo de poder y libertad de expresión, creatividad, información e ideas. El poder y la libertad nos dotan de facultades creativas y destructivas. La red oculta magnifica a ambas, permite explorar cada deseo, realizar cada oscura tentación y aliviar cada neurosis. Llegué a darme cuenta de que la verdad tácita, ya sean sus grupos cerrados con contraseñas como barreras o los servicios ocultos TOR, con sus mercados de drogas y pornografía infantil, es que para la web superficial todo esto está velado. Los sitios ocultos encriptados y los mercados misteriosos y clandestinos de drogas parecen estar en lo profundo, muy por debajo del mundo de Google y Facebook, aunque realmente el ciberespacio no tiene profundidad; si sabes dónde buscar es tan accesible como todo lo demás. En la red oculta simplemente podemos encontrar, hacer y ver más, aunque también tenemos que ser más cuidadosos, cautelosos y responsables.

La red oculta acoge una asombrosa creatividad. La mayoría de los sitios que visité eran increíblemente flexibles e innovadores. Los rechazados, radicales y parias a menudo son los primeros en encontrar y utilizar la tecnología de modos muy astutos; el resto de nosotros tenemos mucho que aprender de ellos. Ahora muchos partidos políticos son incapaces de llamar la atención de los desencantados votantes, mientras que un grupo de jóvenes enojados de Luton lograron crear un movimiento internacional en unos pocos meses con un costo casi nulo. Los foros de autolesión y suicidio están supliendo lagunas en los servicios de salud, y son un sitio donde las personas con problemas de salud mental se reúnen para compartir sus experiencias cuando sea desde la comodidad de su casa. Silk Road 2.0 es uno de los sitios más sólidos, dinámicos y amigables con el usuario que jamás he visto. Vex es una motivada emprendedora que ha encontrado una ingeniosa manera de establecer un negocio exitoso en el Reino Unido en una época donde una de cada cinco personas está desempleada. Assassination Market, con todo y sus escandalosos valores, puede ser visto como un ingenioso e inteligente sistema para medir las actitudes de los ciudadanos e incentivar la acción colectiva. Sus objetivos pueden estar equivocados o ser erróneos, pero las personas en la red oculta usan internet de maneras extraordinarias. En vez de gastar nuestra energía en tratar de censurar, regular y cerrar estos sitios, haríamos mejor en aprender de ellos y hacer un esfuerzo por entender cómo podríamos usar esta tecnología, que se ha explotado sin compasión, para el bien.

Cada individuo responde de manera diferente al poder y a la libertad que cualquier tecnología crea. Podría ser más fácil usarla para mal, aunque eso sigue siendo una elección. ¿Fomentó mi lado oscuro? No realmente, no me hizo querer autolesionarme, ver pornografía ilegal o acosar a alguien de manera anónima.

Me gusta pensar que soy una persona equilibrada y sensible que se embarcó en esta aventura con los ojos abiertos, aunque me acostumbré a ver cosas feas y problemáticas. Vi cómo las personas pueden dejarse absorber rápidamente por lugares muy peligrosos y destructivos. Si hubiera tenido una propensión hacia alguno de esos comportamientos, tal vez lo habría alentado. Para algunas personas (jóvenes, vulnerables o inexpertas), la libertad en la red oculta tiene un precio. Las personas deben estar preparadas para lo que pueden encontrar aquí.

Cuando empecé a escribir este libro, pensaba en algo como una exposición que levantara la tapa de las sórdidas entrañas, que revelara los peligros de la vida en línea. Estaba preparado para ser impactado y escandalizarme, incluso tal vez esperaba eso. Imaginaba que el libro concluiría con una serie de declaraciones morales muy claras: los mercados de drogas son indudablemente peligrosos. Los foros de suicidas son indiscutiblemente dañinos. Los neonazis son malos. Los agresores sexuales de menores están más allá de toda comprensión. Todas maniqueas y llanas.

Ese no fue el caso. Sin excepción, salía de cada subcultura más confundido e irresoluto que cuando entré; no porque todo fuera agradable e inspirador, ciertamente no lo era, sino porque era mucho más complicado de lo que esperaba. Donde esperaba certidumbre moral encontré ambigüedad. Los mercados de drogas en línea las ponen más fácilmente al alcance de las personas; de cualquier modo, para quienes las compran y las consumen, sitios como Silk Road 2.0 son probablemente la manera más segura de adquirirlas. Paul, el neonazi, era muy agradable como persona y vi cómo la red le dio una voz política; esto es de agradecerse en una época de apatía política. El Dark Wallet de Amir podría ser usado para despojar a los Estados del poder de recaudación de impuestos, pero también para ayudar a crear nuevos experimentos seguros de vivienda cooperativa basada en la libertad y la libre asociación. Estos son solo algunos enigmas morales escabrosos y matizados que presenta la red oculta. Incluso después de un año inmerso en estos temas, no estoy totalmente seguro de dónde estoy. La red oculta no es blanca o negra, es una confusa gama de grises.

En el ensayo *Looking Back on the Spanish Civil War*, George Orwell escribió sobre su enfrentamiento con un enemigo que huía mientras trataba de sostenerse los pantalones. «He venido aquí a matar "fascistas", pero un hombre que se está agarrando los pantalones no es un "fascista", es claramente un individuo similar a uno mismo». A muchos de los protagonistas principales de este libro los conocí primero en línea y después en persona. Siempre me agradaron más en persona. Al suprimir el aspecto cara a cara de la interacción humana, internet deshumaniza a las personas y nuestra imaginación a menudo las transforma en monstruos desproporcionados, más aterradores porque están en las sombras; conocerlos en persona los humaniza de nuevo. Ya fueran programadores anarquistas de Bitcoin, troles, extremistas, pornógrafos o entusiastas de la autolesión, todos eran más cordiales y agradables, más interesantes y polifacéticos de lo que hubiera imaginado. Al final, la red oculta no es más que un espejo de la sociedad; distorsionado, amplificado y modificado por las extrañas y antinaturales condiciones de la vida en línea, aunque todavía podemos seguir reconociéndonos.

Notas finales

La red oculta necesariamente se apoya en un gran número de fuentes en línea, incluyendo publicaciones en foros, artículos y sitios web. Una lista completa de los vínculos con los cuales trabajé está disponible en www.windmill-books.co.uk/thedarknetlinks

Introducción

1. https://www.torproject.org/about/overview.html.en; http://www.fsf.org/news/2010-free-softwareawards-announced
2. Podemos encontrar una interesante semejanza en la antigua Grecia. La palabra *ostracismo* viene de un extraño ritual que tenía lugar cada año en Atenas en el siglo v a.C. Cada ciudadano podía escribir de manera anónima el nombre de la persona que deseaba desterrar de la ciudad en un trozo de terracota o de papiro. Cuando se reunía la asamblea, y suponiendo que se había alcanzado cierto *quorum*, la persona que más se había nombrado era obligada a dejar la ciudad, desterrada por una década. El miedo del voto fue pensado para procurar el buen comportamiento de todos y

en especial de los que tenían un cargo público. Era democracia sin justicia: no se presentaban cargos, no había juicio ni defensa, solo una votación. Hasta donde los historiadores pueden saber, el pobre Hiparco, hijo de Pisístrato, fue la primera persona que sufrió el ostracismo por razones hasta ahora desconocidas.

3. El equipo responsable de este proyecto era el grupo Information Processing Techniques Office (IPTO), que era parte de la Advanced Projects Research Agency (ARPA, Agencia de Investigación de Proyectos Avanzados) del Pentágono. En 1966 Robert Taylor, jefe de IPTO, fundó tres universidades para trabajar en algo llamado *time sharing*, que permitía a múltiples usuarios el acceso a una sola computadora de manera simultánea. Cada universidad usaba su propia computadora con su propio lenguaje de programación, por lo que Taylor necesitaba tres terminales de teletipos en su oficina para tener acceso a su trabajo, lo cual era molesto e ineficiente (Taylor lo llamó «problema de las terminales»). Le preocupaba que el problema pudiera agravarse cuando más grupos de investigación de IPTO solicitaran su propia computadora. Taylor se dio cuenta de que la respuesta estaba en unir las computadoras mediante una sola red que les permitiera comunicarse entre ellas directamente mediante un lenguaje de computadoras común. Esto facilitaría a los investigadores compartir recursos y resultados. Después de una reunión de veinte minutos con el director de ARPA, Charles Herzfeld, Taylor recibió un millón de dólares para desarrollar esta idea. La semilla de internet fue financiada por el propio Departamento de Defensa de los Estados Unidos. El tres de julio de 1969, la UCLA publicó un comunicado de prensa: «La UCLA será la primera estación de la Red de Cómputo Nacional». La historia completa fue brillantemente contada en el libro *Where Wizards Stay Up Late*, de Katie Hafner.

4. P. T. Kirstein, *Early Experiences with the ARPANET and INTERNET in the UK*. Esta nueva versión internacional de Arpanet se denominó de manera informal «Internetwork» y fue abreviada como «Internet» en 1974.

5. Un grupo de Usenet, www.eternal-september.org, indica como

fecha, al momento de redactar, 7247 de septiembre de 1993. Más información sobre «el eterno septiembre» en M. Dery, *Escape Velocity*.

6. S. Turkle, *Life on the Screen*.

7. http://textfiles.com/bbs/fever. Un usuario de BBS de ese tiempo advertía a otros: «Si todavía no tienes uno de esos instrumentos nefastos llamados módem, ¡cuidado! Ni siquiera pienses en comprar uno. La fiebre del módem se implanta muy discretamente; se desliza sobre ti y se lleva tu cartera, tu chequera o, Dios no lo quiera, tus tarjetas de crédito. Finalmente, toda tu vida social yace solo en los mensajes que encuentras en los tablones electrónicos de publicaciones; tu sola felicidad son los programas que has bajado. (Nunca los pruebas, solo los coleccionas).»; http://textfiles.com/bbs/danger1.txt. Como siempre, la policía también estaba muy desviada en su búsqueda, tratando desesperadamente de ilustrar «signos preocupantes» de la obsesión por las computadoras. La advertencia de 1993 redactada por la policía de Filadelfia rezaba:

> *ADICCIÓN A LAS COMPUTADORAS* (ALEJA DE LOS AMIGOS, FAMILIA, ETC.) SE PUEDE PERDER EL INTERÉS EN ACTIVIDADES SOCIALES, USAR NUEVO (INUSUAL) VOCABULARIO, CON MUCHOS TÉRMINOS DE COMPUTADORAS, FRASES SATÁNICAS O SEXUALES (O REPENTINO INTERÉS EN CARTELES RELACIONADOS, MÚSICA, ETC.) BUSCA COMENTARIOS O TEXTOS QUE HAGAN REFERENCIA A ESTO. TAMBIÉN EL USO DE PALABRAS TALES COMO *HACKING, PHREAKING* (O CUALQUIER PALABRA DONDE SE REMPLACE LA «F» CON «PH») PÉRDIDA DE INTERÉS EN SÍ MISMO E INDICIOS DE FALTA DE SUEÑO (LO CUAL PUEDE INDICAR QUE ANOCHE ESTUVIERON UTILIZANDO EL MÓDEM) COMPUTADORA Y EL MÓDEM ENCENDIDOS A ALTAS HORAS DE LA NOCHE (INCLUSO SI NO HAY NADIE USÁNDOLOS) ARCHIVOS ALMACENADOS TERMINADOS EN: PCX, GIF, TIF, DL, GL (ESTOS SON ARCHIVOS DE

VIDEOS O IMÁGENES DE GRÁFICOS, Y LOS PADRES DE-
BERÍAN SABER QUÉ ILUSTRAN) NOMBRES DE PROGRA-
MAS DE COMUNICACIÓN QUE PAREZCAN SATÁNICOS O
PORNOGRÁFICOS, OBSESIÓN CON JUEGOS DE AVENTURA
FANTÁSTICA (CALABOZOS Y DRAGONES, GUERRAS CO-
MERCIALES, SEXCAPE, ETC.).

Este pánico malentendido y moral generalmente acompaña a la
mayoría de las nuevas tecnologías.

8. «The Online Disinhibition Effect», *CyberPsychology and Behaviour*,
vol. 7, núm. 3. Este artículo fue publicado en 2004, pero Suler
había publicado su tesis antes, en 2001: http://online.liebertpub.
com/doi/abs/10.1089/1094931041291295&http://users.rider.
edu/~suler/vita.html.

9. J. Drew, *A Social History of Contemporary Democratic Media*, Routle-
dge, Taylor and Taylor, New York; Abingdon, Oxon, p. 92. Bitnet
(1980) y Fidonet (1981) pronto secundaron con cientos de redes
de comunidades más pequeñas: Cleveland Free-Net, Wellington-
Citynet, Santa Monica Public Electronic Network (PEN), Berkeley
Community Memory Project, Hawaii FYI, National Capitol Free-
Net y quizás el más famoso de todos los movimientos libertarios
nacientes: The WELL (1986).

10. Bryan Pfaffenberger, «"If I Want It, It's OK": Usenet and the Outer
Limits of Free Speech», *The Information Society*, vol. 12, núm. 4
(1996), p. 377.

11. A. Greenberg, *This Machine Kills Secrets*, pp. 121-122.

12. Hay una disputa sobre si *Assassination Politics* fue publicado primero
en la lista de correos cypherpunk o en el grupo de Usenet alt.
anarchism.

13. Bell, *Assassination Politics*, parte 3; http://web.archive.org/
web/20140114101642/http://cryptome.org/ap.htm. Además,
Bell añadió que «la organización podría adoptar una política declarada que establezca que ningún convicto o sospechoso de asesinato
podrá recibir el pago de la recompensa..., pero no hay manera
de evitar que tal pago sea hecho».

14. El término *Assassination Market* no es usado nunca en *Assassination Politics*; hago referencia a este como el descriptor contemporáneo más común del sistema que propone Jim Bell.

15. *Assassination Politics*, parte 2.

Capítulo 1
Desenmascarando a los troles

1. Esta es una historia real, la cual recopilé y documenté por completo. El nombre fue cambiado, así como la fecha.

2. Encyclopedia Dramatica, una Wikipedia ofensiva de la cultura del troleo, define a las *camgirls* como *camwhores*, y esta a su vez es definida como «un tipo de puta que quiere atención, generalmente una mujer joven y estúpida que hará cualquier cosa frente a la cámara web por atención, dinero, cosas de una lista de deseos en línea o generalmente solo por ser puta». En 4chan y otras partes hay varias tristemente célebres *camgirls*. Las *camgirls* profesionales son tratadas en el capítulo 6. Es imposible saber cuántas personas hay en 4chan ya que no se registra el número de gente que entra a la página.

3. Los usuarios de /b/ también actúan responsablemente, en el pasado han trabajado para identificar usuarios que creen que representan una amenaza real. En 2006 un usuario publicó en /b/: «Hola /b/. El 11 de septiembre de 2007, a las 9:11 a.m., hora estándar del centro, dos bombas caseras serán detonadas de manera remota en la preparatoria de Pflugerville. Inmediatamente después de la detonación, yo junto con otros dos anónimos atacaremos el edificio armados con un bushmaster AR-15, IMI Galil AR, una carabina M1.30 clásica entregada por el gobierno y un rifle semiautomático Benelli M4». Los usuarios de /b/ dieron parte a la policía inmediatamente y el usuario fue detenido.

4. Algunos usuarios trataron de aconsejar (muy razonablemente) a Sarah, creyendo que seguía en el sitio, «a la expectativa». Un usuario comentó: «SARAH, SÉ QUE ESTÁS AHÍ, siento que esto te haya pasado, pero le pasa a cualquier chica que publica fotos

desnuda aquí. Por eso ninguna chica debería publicar fotos desnuda aquí. Hay un tablón específico para eso. En adelante, no des mucha información sobre ti a cualquier extraño en internet. Sé que es divertido para los primerizos y tú quieres ser amigable para complacerlos, pero solo envía un mensaje a tus amigos y discúlpate con ellos porque algunos serán contactados por perfiles falsos que les van a enviar tus desnudos. Solo diles: "Publiqué desnudos en alguna página de internet y cualquiera de ustedes puede conseguirlos con un par de gays que quieren hacerme daño. Me disculpo por eso". Debes aparentar muy bien que te importa un carajo y no tienes nada que perder».

5. http://www.telegraph.co.uk/technology/twitter/10218942/Twitter-trolls-mess-with-Mary-Beard-at-their-peril.html.

6. http://www.telegraph.co.uk/news/uknews/scottish-independence/10893567/JK-Rowlingsubjected-to-Cybernat-abuse-after-1m-pro-UK-donation.html.

7. http://www.stylist.co.uk/life/beware-of-the-troll#image-rotator-1; http://www.knowthenet.org.uk/knowledge-centre/trolling/trolling-study-results; http://www.dailymail.co.uk/news/article-2233428/Police-grapple-internet-trollepidemic-convictions-posting-online-abuse-soar-150-cent-just-years.html#ixzz2Xtw6i21L. Sección 127(1) y (2) de *Communications Act 2003*, de 498 en 2007 a 1 423 en 2012; también http://www.theregister.co.uk/2012/11/13/keir_starmer_warns_against_millions_of_trolling_offences/

8. http://yougov.co.uk/news/2012/06/29/tackling-online-abuse/.

9. K. Hafner y M. Lyon, *Where Wizards Stay Up Late*, p. 189.

10. *Ibid*, pp. 216-217.

11. En 1982 Scott Fahlman volvió a proponerlo, ya que era claro que no se estaba entendiendo; sin embargo, la grosería obviamente sí: «Propuse la siguiente secuencia de caracteres como marcadores de bromas :-) Se lee lateralmente. De hecho es probable que sea más económico marcar lo que NO sea broma, dadas las tendencias actuales. Para esto se usa :-(». Se cree que los emoticones verticales se originaron en la publicación de 1881 de la revista *Puck*.

12. En una guía de usuarios de *flaming* en BBS de los años ochenta, el autor incluye: «Si los políticos estadounidenses y la propaganda no nos han enseñado nada más, entonces nos han mostrado que la inteligencia y la honestidad no tienen nada que ver con ser persuasivo. Dicho de otra manera, los ataques personales solo pueden ser tan buenos como los datos duros. Reconociendo esta verdad universal, depende de todos los usuarios de BBS mejorar sus provocaciones para que así puedas conquistar un lugar como forma de comunicación de BBS. Recuerda, si George Bush puede hacerlo con Willie Horton, ¡tú también!».

13. http://textfiles.com/bbs/abusebbs.txt. *The Abusing Handbook*, escrito por The Jocker. No hay fecha, sino lugares de moda de finales de los ochenta. Su redacción parece ser hecha por alguien de treinta años y está escrito todo en mayúsculas. (Aquí citado sin correcciones).

> LOS ABUSADORES HACEN LO QUE SEA PARA HACER DEL BBS LO PEOR Y LO CONSIGUEN Y TAMBIEN PARA HACERLE LA VIDA DE CUADRITOS A ESTE SYSOP, LA MAYORÍA DE LAS VECES LA RAZÓN ES QUE EL SYSOP ES MUY PENDEJO. LO PRIMERO QUE HAY QUE MOSTRAR ES LA CLASE DE COSAS QUE EL ABUSO PROVOCA AL CONECTARSE, SI EMPIEZAS A USAR ESE TIPO DE NOMBRE QUE LES HABÍA DICHO. SI EL SYSOP ESTÁ VIGILANDO, YA SEA QUE EN EL CHAT NO TE CONTESTE Y TE BLOQUEE O TE HABLE DE REPENTE, SI TE HABLA DE REPENTE POR CHAT MIRA LO QUE LE PUEDES DECIR. 1 ESTOY OCUPADO VETE AL CARAJO, 2 TE VAS MUCHO A LA MIERDA, 3 DEJAME EN PAZ TENGO GENTE QUE MOLESTAR, 4 VOY A JODERTE EL TABLERO, COMO ES LA NORMA 4 ¿SI DIGA EN QUE LE PUEDO AYUDAR? 5 ME PUEDES DAR ACCESO DE SYSOP, 7 QUIERES PROBAR EL NUEVO VIRUS QUE HICE.

14. Aquí un fragmento ligeramente ampliado: «Eres un cobarde llorón y desalmado y te apesta la boca... Eres degenerado, nocivo

y depravado. Siento que me envilece el solo hecho de saber que naciste. Te desprecio totalmente y quiero que te largues. Eres basura en el mar que sueña con salir a flote. Nunca lo harás. Imploro que venga la dulce muerte y me lleve de este mundo, el cual se volvió insoportable cuando te diseñaron los bioterroristas». www.guymacon.com/flame.html.

15. Un muy amplio y valioso recurso que documenta el troleo temprano está disponible aquí: http://captaininfinity.us/rightloop/alttrollFAQ.htm. «Dalie the Troll Betty, Joe Blow the Troll, Otis the Troll-in-Denial, y todos los de AFKMN» contribuyeron al documento.

16. http://xahlee.info/Netiquette_dir/_/meow_wars.html.

17. La guía de los métodos de alt.syntax la publicó un grupo de usuarios que pienso que pudieron haber *hackeado* su cuenta y difundido sus resultados para que otros pudieran estar más enterados de esto. Aquí está: «Las oleadas se pueden desglosar en este tipo de estructura: (a) Reconocimiento (RECON): Estas personas irán en avanzada y se establecerán como "amigos del grupo de noticias". También actuarán como "dobles agentes" para contraprovocar a las otras oleadas mientras progresa la invasión. La clave es generar un poco de credibilidad. (b) Oleada uno: La primera oleada es la que usualmente empezará la guerra de provocación. Todos los involucrados en esta oleada pueden cada uno iniciar y provocar de manera separada o iniciar al unísono. Pueden incorporar temas propios o provocar discusiones anteriores. Esta oleada requiere una extrema sutileza. La calidad de la provocación debe ser máxima en este punto. (c) Oleada dos: La táctica de la segunda oleada consistirá en atacar a las personas enviadas como recon e intentar un hilo de provocación totalmente nuevo. La clave aquí es que, incluso si atacamos a un grupo bastante moderado que resista nuestro anzuelo de provocaciones, la segunda oleada suscitará cosas que hará que otros se unan. (d) Oleada tres: La tercera oleada usualmente variará dependiendo de la campaña, aunque generalmente se sumará para llevar la confusión y el caos al máximo. Ellos son quienes le pondrán la cereza al pastel, nuestros cabrones más groseros.

A levantar y limpiar el relajo». http://ddi.digital.net/~gandalf/%20trollfaq.html#item2.

18. http://internettrash.com/users/adflameweb/TROLLFAQ.html.

19. http://magstheaxe.wordpress.com/2006/08/16/memories-of-the-usenet-wars; la versión completa del correo electrónico de Boyd sobre Kehoe se puede encontrar aquí: http://internettrash.com/users/adflameweb/2belo.html.

20. En abril de 2003 Derek Smart publicó lo siguiente en su sitio web (me parece que su desesperación por el continuo troleo es evidente): «Tengo tres reportes policiacos sobre este caso, el niño que empezó con esto fue visitado y casi lo llevan. Eso fue cuando supieron que, de hecho, era un menor. He hablado con la policía de San Diego. También con mi abogado. No pueden hacer nada hasta que haga algo criminal. Sugirieron que contactáramos al FBI si tenemos toda esta evidencia, ya que conduce directo al ciberacoso criminal. Lo hicimos. No hemos sabido nada hasta ahora. He tratado de conseguir una orden de restricción en San Diego (¡de hecho, volé hasta allá!), pero no fue aceptada porque no había violencia implicada o amenaza. Creo que están esperando hasta que primero vaya a mi casa y mate a mi familia. Especialmente considerando que poco antes de que este niño dijera que me estaba vigilando en mi vecindario (en ese entonces, vivía a casi 20 minutos de mí, de acuerdo con el reporte policial), estaba alardeando de tener un rifle. Eso fue antes de que fuera visitado y dijera que él había inventado todo (lo de que yo hablé a su casa, lo seguí, etc.) y que se le preguntara a Huffman sobre cómo había hecho para saber dónde vivía yo. He padecido esta basura por casi SIETE años. Decidí no publicar ni hablar sobre esto, ya que algunas han sido experiencias muy muy dolorosas. Al grado de que cuando este niño publicó, el 4 de julio de 2000 (¡cuando yo no estaba en la ciudad!), que me había visto (describió el carro que estaba manejando, lo que traía puesto, etc.) mi prometida me amenazó con empacar e irse a menos que nos cambiáramos. Así que, wumpus,* mientras obviamente en tu cere-

* Nombre del monstruo en el juego del mismo nombre. [N. de T.]

brito tienes algunas neuronas que no te funcionan y te hacen pensar que ESTO ES DIVERTIDO, déjame decirte algo, idiota, ¡¡NO LO ES!! NO tengo idea de cuáles sean tus motivaciones y me vale un reverendo carajo. ¡Quieres que convirtamos el foro en un campo de batalla, está bien, es JUSTO lo que vamos a hacer!».

21. Documentos de la Corte de Estados Unidos relacionados con los cargos presentados por Smart contra Huffman: http://ia700703. us.archive.org/0/items/gov.uscourts.casd.404008/gov.uscourts. casd.404008.1.0.pdf.

22. Somethingawful.com aloja una amplia variedad de contenido gracioso y ofensivo, en especial blogs, videos e historias, escritos por editores y miembros del foro; también aloja varios foros grandes. Fark.com es un sitio satírico con historias enviadas por usuarios del sitio. Slashdot.com era más sobre *software* de código abierto y tecnología, pero también tenía una vanguardia subversiva y se oponía a la censura. Slashdot, fundado en el año 2000, tenía una vasta comunidad en línea, muchos de ellos usuarios de Usenet que celebraban los chistes locales y los memes de sus usuarios. Los miembros de los foros de somethingawful, quienes publican regularmente en el sitio y que se autonombran «Goons», frecuentemente se fijaban como objetivos otros sitios más serios para asaltos y desmanes.

23. http://www.thestar.com/life/2007/09/22/funny_how_stupid_site_is_addictive.html.

24. http://jonnydigital.com/4chan-history

25. *Shock trolling* (v.): El troleo de carácter impactante es una táctica que consiste en exponer a la víctima a contenido perturbador o impactante, como material de sitios chocantes, imágenes pornográficas u horríficas para causar una fuerte impresión. La imagen de *goatse* es quizás el ejemplo mejor conocido (fuente: Know Your Meme). *YouTube Troll* (n.): Comentarios resentidos, racistas, sexistas, inmaduros, con faltas de ortografía y cuestionables escritos por troles de internet, de los cuales la mayoría tiene entre siete y trece años, donde niños inmaduros y cobardes ganan autoconfianza escribiendo mensajes de odio que nunca tendrán las agallas para

decirlos en su vida (fuente: Urban Dictionary). *YouTube Troll II* (n.): Usuarios de 4chan y /b/ que eligen un video de YouTube al azar de alguna banda de metal oscuro y escriben al mismo tiempo comentarios que parecen serios sobre la supuesta muerte de alguno de sus integrantes con la intención de asustar a los fans, a los otros miembros de la banda, a los miembros de su familia, amigos, etc. (Descargo de responsabilidad: de hecho, es muy divertido). (Fuente: Yo, viéndolos hacerlo). *Advice Trolling* (v.): Se usa para confundir a las personas dando un consejo dudoso o falso, especialmente a los novatos que tienen menos experiencia y son más crédulos que otros. Los ejemplos más importantes incluyen bajar más RAM, borrar system32 y alt+F4 (fuente: Know Your Meme). *Bait-and-Switch Trolling* (v.): Táctica común en fraudes en línea y humor práctico que involucra anunciar falsamente un hipervínculo hacia un lugar de interés, cuando de hecho, lleva a algo irrelevante o indeseable. Por ejemplo, imágenes y videos *bait-and-switch*, el baile del hámster, el pato patín, rickroleo, Trololol, Epic sax guy y Thornberry remix, así como historias *copypasta* como el príncipe del rap, *spaghetti stories*, Tree Feddy y *Burst into treats*, entre otros (fuente: Know Your Meme). *Facebook memorial o RIP Troll* (n.): Grupos de usuarios que buscan páginas de Facebook en memoria de usuarios, especialmente de quienes se han suicidado, y luego bombardean la página con insultos, pornografía o cualquier otra cosa ofensiva. www.knowyourmeme.com

26. Destacablemente, la ley de Godwin fue diseñada deliberadamente para convertirse en un meme para contrarrestar las analogías en línea con los nazis. www://archive.wired.com/wired/archive/2.10/godwin.if_pr.html.

27. A. Pease y B. Pease, *The Definitive Book of Body Language: How to Read Others' Thoughts by their Gestures;* R. L. Birdwhistell, *Kinesics and Context: Essays on Body Motion Communication;* A. Mehrabian, *Nonverbal Communication.*

28. W. Philips, *LOLing at Tragedy*, First Monday: http://firstmonday.org/ojs/index.php/fm/article/view/3168/3115.

Capítulo 2
El lobo solitario

1. W. de Koster y D. Houtman (2008). *Stormfront is like a Second Home to Me*. Information, Communication and Society, vol. 11, núm. 8. Véase también: http://www.splcenter.org/get-informed/news/white-homicide-worldwide.

2. J. Bergen y B. Strathern, *Who Matters Online: Measuring Influence, Evaluating Content and Countering Violent Extremism in Online Social Networks*, International Centre for the Study of Radicalisation.

3. O. Burkeman, «Exploding Pigs and Volleys of Gunfire as Le Pen Opens HQ in Virtual World», *The Guardian*, 20 de enero de 2007. (http://www.theguardian.com/technology/2007/jan/20/news. france, recuperado el 24 de diciembre de 2013). Oliver Burkeman, de *The Guardian,* usando un avatar, rastreó el partido hasta Axel, otro vecindario en donde habían reconstruido y conversaban con un puñado de oponentes en un debate relativamente moderado. Au, Wagner James, «Fighting the Front», 15 de enero de 2007, *NewWorld Notes* (http://nwn.blogs.com/nwn/2007/01/stronger_than_h.html, recuperado el 24 de diciembre de 2013). La llegada del partido al mundo virtual condujo a un disturbio virtual, en el cual una protesta pacífica se redujo a un campo de batalla. Según la autoridad en Second Life, Wagner James Au, fue una «gran conflagración virtual con minipistolas, franceses gritando groserías y cerdos explosivos». Así lo describe él: «Y entonces se extendió un conflicto pesado y onírico de metralletas, sirenas, patrullas, jaulas (que podían atrapar a un avatar desprevenido), explosiones y hologramas que parpadeaban de marihuana, hojas, niños, personajes de la televisión, entre otros... Y cuando el desfase del audio lo permitía, se oían repentinos fragmentos de música tecno europea acompañando al tumulto. Un insurreccionista innovador creó una "cerdogranada" sobre un platillo volador y lanzó varios dentro de la sede del Front National, donde explotaron en mil pedazos.

4. http://web.archive.org/web/20140402122017/http://hate-directory.com/hatedir.pdf; Consejo de Europa, «Young People

Combating Hate Speech On-Line, Mapping study on projects against hate speech online», abril de 2012: www.coe.int/t/dg4/youth/Source/Training/Training_courses/2012_Mapping_projects_against_Hate_Speech.pdf; Simon Wiesenthal Center, *2012 Digital Hate Report*, Simon Wiesenthal Center (recuperado el 20 de marzo de 2013).

5. C. Wolf, «The Role of The Internet Community in Combating Hate Speech», en B. Szoka y A. Marcus (eds.), *The Next Digital Decade: Essays on the Future of the Internet*, TechFreedom, Washington, DC. Véase también L. Tiven, *Hate on the Internet: A Response Guide for Educators and Families*, Partners Against Hate, www.partnersagainsthate.org/publications/hoi_defining_problem.pdf (recuperado el 20 de marzo de 2013).

6. A. Berwick, *2083: A European Declaration of Independence*, p. 595.

7. http://nation.time.com/2013/02/27/the-danger-of-the-lone-wolf-terrorist/.

8. A. Berwick, *2083:A European Declaration of Independence*, pp. 1416-1418. Continúa diciendo: «Acabo de comprar el juego de *Modern Warefare 2*. Este es probablemente el mejor simulador militar que hay y es uno de los juegos más populares de este año. También jugué *MW1*, pero no me gustó mucho, ya que generalmente soy de los que prefieren los juegos de rol de fantasía como *Dragon Age Origins*, etc., y no tanto los *shooters* en primera persona. Veo a *MW2* más como parte de mi entrenamiento en simulador que otra cosa. No ha terminado de gustarme, aunque especialmente la parte multijugador es increíble. Puedes más o menos simular completamente operaciones reales».

9. Breivik usó el seudónimo de Sigurd Jorsalfar para escribir en un foro EDL en 2011 y pudo haber asistido a un demo de EDL en 2010. http://www.huffingtonpost.co.uk/2011/07/26/norway-gunman-anders-brei_n_909619.html; http://www.newyorker.com/online/blogs/newsdesk/2011/07/anders-breivik-and-the-english-defence-league.html; en *2083*, sostiene haber tenido más de 600 amigos de la EDL en Facebook; incluso afirma haberles «suministrado material ideológico procesado». Tommy Robinson ha

negado varias veces el haber tenido conocimiento de los vínculos de Anders Breivik con la EDL.

10. S. Wiks-Heeg, «The Canary in the Coalmine? Explaining the Emergence of the British National Party in English Local Politics», en *Parliamentary Affairs*, vol. 62, núm. 3; McGuinness, F., *Membership of UK Political Parties — Commons Library Standard Note*, 3 de diciembre de 2012.

11. Tommy Robinson es un seudónimo usado primero por un exhincha de futbol del Luton Town.

12. N. Copsey, *The English Defence League*, p. 8.

13. http://www.dailymail.co.uk/news/article-1187165/Nine-arrested-masked-mobs-march-Muslim-extremists-turns-violent.html.

14. Los primeros días de la EDL siguen siendo objeto de algunos debates. En ese tiempo Tommy creó el grupo de Facebook de la EDL, la UPL tenía una página en Facebook (Ban the Terrorists) con más de 1 500 fans. Paul Ray, otro de los primeros miembros, sostuvo que: «La EDL original fue iniciada por mí mismo junto con miembros de UPL (United People of Luton) y otros activistas antiyihad de todo el país que ya estaban hartos del peligro que representa para nuestras comunidades locales y toda la nación». Esto es negado por Tommy, quien sostiene que Ray hizo muy poco con la EDL al principio.

15. J. Bartlett y M. Littler, *Inside the EDL*, Demos.

16. En 2009, los administradores del Facebook de EDL empezaron a bloquear gente que usara lenguaje racista, en respuesta al escrutinio de los medios en el grupo. Decenas fueron depurados, y se adhirieron a otro blog principalmente para quejarse del delicado y políticamente correcto admin. «The Moderator as an Emerging Democratic Intermediary: The Role of the Moderator in Internet Discussions about Public Issues», *Information Polity*, 2002. Es un artículo bueno, aunque anticuado.

17. Ahora está en su trigésima segunda reencarnación, ya que ha sido cerrado muchísimas veces.

18. El propósito de infiltrar un grupo es obtener acceso a conversaciones más privadas y hacerlas públicas. En 2012 un grupo antifa

sostuvo haber encontrado e infiltrado un grupo oculto de la EDL, la Iglesia de los Templarios Unidos, la cual estaba siendo utilizada «como plataforma para que hombres adultos publiquen fotos de ellos mismos vestidos como caballeros templarios, sueñen con un violento ataque contra los musulmanes y "salven a Inglaterra"».

19. También, el escrito de Anders Breivik revela lo importante que era para él el hecho de que los mismos nacionalistas procuraran no ser tan fáciles de identificar. En *2083*, él aconseja: «Evitar el uso de canales que puedan monitorear en la planeación de la operación. Usar alias cuando corresponda al hacer una investigación. Usar *software* que oculte la dirección IP y otras tecnologías mientras se realiza la investigación en internet (por ejemplo, la red TOR, anonymize.net o ipredator). Ser extremadamente cautelosos cuando se realicen búsquedas de diagramas de bombas (bombas de fertilizante), así como muchos otros términos que dispararán las alertas electrónicas. Pueden considerar el uso de la red de otros de manera remota a través de una *laptop* y navegar libremente desde un McDonald's local. Usar *software* para remover el *spyware*, *cookies*, etc» (*2083: A European Declaration of Independence*, p. 853).

20. Personas asociadas a Nick Lowles lograron infiltrar el grupo de Yahoo! de RedWatch en 2004 y sostuvieron que el propósito de *doxear* fue alentar sutilmente a otros a atacarlos físicamente, sin incitarlos directamente.

21. RedWatch fue publicado primero por el grupo neonazi Combat 18 como un boletín impreso en los noventa (probablemente en marzo de 1992). El sitio web fue lanzado en 2001. Quizás el incidente más significativo, el cual le dio notoriedad al grupo, tuvo lugar en abril de 2003, cuando los datos particulares de los profesores Sally Kincaid y Steve Johnson, de Leeds, aparecieron en RedWatch y después se detonaron bombas incendiarias en sus carros. En enero de 2004 la cuestión sobre la legalidad de RedWatch fue puesta sobre la mesa por lord Greaves, y replicada por la baronesa Scotland en la Cámara de los Lores. El sitio fue actualizado por última vez el 12 de septiembre de 2013 y ahora es actualizado de manera no constante; no es claro quién mantiene

y actualiza el sitio. http://www.hopenothate.org.uk/blog/insi-der/article/2522/redwatch-raided.

22. La *Communications Act 2003*, por ejemplo, señala como delito man-dar una comunicación electrónica extremadamente ofensiva, in-decente, obscena o de carácter amenazante, al igual que usar una red para mandar intencionalmente mensajes que son falsos, con el propósito de causar molestia, incomodidad o ansiedad. Sin em-bargo, frecuentemente es difícil asegurar la persecución bajo esta legislación debido a la dificultad para determinar qué tan seria y cierta es realmente una amenaza.

23. http://www.thedailybeast.com/articles/2011/01/27/the-mu-jahedeen-hackers-who-clean-facebookand-the-facebook-priva-cy-breakthrough.html.

24. En enero de 2014, Robinson fue condenado por fraude hipoteca-rio y sentenciado a dieciocho meses de prisión. Mientras se redac-taba este texto, en junio de 2014, seguía en libertad anticipada.

25. El académico estadounidense Eli Pariser ha documentado algo que llama «la burbuja de filtro» en línea: personas que cada vez más se rodean con información que corrobora su propia visión del mundo y reduce su exposición a la información conflictiva. Pariser, E., *The Filter Bubble:What the Internet is Hiding fromYou*. En el Reino Unido ya tenemos algo llamado «brecha de percepción». Por ejemplo, en 2011 una encuesta mostró que 62% de quienes contestaron pensaron en «buscadores de asilo» cuando se les pre-guntó qué asociaban con los inmigrantes. De hecho, quienes bus-can asilo solo representan 4% de la población inmigrante. Entre las percepciones y la realidad hay una brecha y las redes sociales pueden hacerla más profunda. Ciertamente la hay en esos grupos.

Capítulo 3
En la quebrada de Galt

1. http://www.theguardian.com/technology/2013/apr/26/bit-coins-gain-currency-in-berlin (recuperado el 9 de enero de 2014).

2. R. Manne, «The Cypherpunk Revolutionary: Julian Assange», en *Making Trouble: Essays Against the New Australian Complacency*, Black Inc., p. 204. Esta historia también es contada de manera brillante en A. Greenberg, *This Machine Kills Secrets: Julian Assange, the Cypherpunks, and their Fight to Empower Whistleblowers*. Me basé totalmente en la cuenta de Greenberg.

3. S. Levy, «Crypto-rebels», http://www.wired.com/wired/archive/1.02/crypto.rebels.html?pg=8&topic=, 1993 (recuperado el 23 de febrero de 2014); www.themonthly.com.au/issue/2011/march/1324265093/robert-manne/cypherpunkrevolutionary (recuperado el 23 de febrero de 2014).

4. Mucho de esto fue tomado de un documento que May había escrito en 1988, titulado *The Crypto-Anarchist Manifesto*. En la casa de Hughes, los programadores se dividieron en dos equipos. Un equipo enviaba mensajes en sobres anónimos tratando de evadir la atención del otro grupo. Al revolver los sobres en el grupo, se dieron cuenta de que era posible mandar un mensaje sin que nadie supiera quién lo originó.

5. Citado en S. Levy, *Crypto: How the Code Rebels Beat the Government – Saving Privacy in a Digital Age*, p. 208. Gilmore dijo: «Quiero garantizar, con física y matemáticas, no con leyes, cosas como la privacidad real de comunicaciones personales…, privacidad real en los expedientes personales…, libertad real de comercio…, privacidad financiera real…, control real de la identificación». Una publicación anterior de la lista de correos da un muy buen sabor del estado de ánimo: «Las personas en esta sala quieren un mundo donde las huellas informáticas de un individuo, todo, desde una opinión sobre el aborto hasta un expediente médico de un aborto, puedan ser seguidas solo si el individuo elige revelarlas, un mundo donde mensajes coherentes se transmitan por el globo a través de redes y microondas, pero los intrusos y policías que traten de sacarlos de la nada encuentren solo galimatías, un mundo donde las herramientas de intromisión sean transformadas en instruments de privacidad». En su comentario acerca de que la democracia no proveerá libertad duradera, May de hecho estaba

citando a Mike Ingle, un compañero *cypherpunk*: http://koeln. ccc.de/archiv/cyphernomicon/chapter16/16.5.html.

6. S. Levy, *Crypto*. Toad.com es uno del primer centenar de dominios con la extensión .com.

7. Él incluso puede haber sido el primero en escribir sobre la rama de esteganografía llamada *least significant bit*, en la cual los mensajes están ocultos en partes de archivos de video o audio; esto en la lista de correo sci.crypt, desafortunadamente perdida.

8. Véase Tim May, *Cyphernomicon*: «Los *remailers* estilo *Cypherpunk* y Julf/Kleinpaste fueron escritos muy rápido, en apenas unos días; Karl Kleinpaste escribió el código que finalmente se convirtió en el *remailer* de Julf (agregado desde entonces, por supuesto) en un tiempo igual de corto».

9. http://www.activism.net/cypherpunk/manifesto.html (recuperado el 23 de febrero de 2014)

10. Tim May da una explicación en el *Cyphernomicon*: «Encontré un cálculo sencillo, con "números de juguete", de Matthew Ghio: "Tomas dos números primos; por ejemplo, 5 y 7. Los multiplicas, da 35. Ahora calculas el producto de cada número menos uno, todo más uno. $(5-1)(7-1) + 1 = 21$ [*sic*]. Hay una relación matemática que plantea que $x = x^{21} \mod 35$ para cualquier x de 0 a 34. Ahora factorizas 21, dando 3 y 7. Tomas uno de esos números para ser tu clave privada y el otro es tu clave pública. Así que tienes: clave pública: 3, clave privada: 7; algunos encriptan un mensaje por ti tomando un mensaje de texto plano *m* para hacer el mensaje cibertexto *c*: $c = m^3 \mod 35$. Desencriptas *c* y encuentras *m* usando tu clave privada: $m = c^7 \mod 35$. Si los números son de varios cientos de dígitos (como en PGP), es casi imposible saber la clave secreta"». (El cálculo de hecho es incorrecto: cuando le pregunté, May me explicó que el *Cyphernomicon* era el primer borrador, y nunca lo volvió a revisar tan cuidadosamente como hubiera querido). David Khan, un historiador de la criptografía, llama a esto el descubrimiento criptográfico más importante desde el Renacimiento. También K. Schemeh, *Cryptography and Public Key Infrastructure on the Internet*.

11. Entrevista con Zimmermann, revista *InfoWorld*, 9 de octubre de 2000, p. 64.

12. De hecho, tres matemáticos del GCHQ ya habían inventado encriptación con clave pública algunos años antes que Hellman y Diffie, pero GCHQ decidió mantenerlo en secreto. Cuando se convirtió en el director del GCHQ en 1996, Omand decidió publicar sus pruebas originales.

13. El *Cyphernomicon* comienza diciendo: «Saludos, Cypherpunks, La sección de preguntas frecuentes en las que he estado trabajando por varios meses está ahora disponible vía ftp anónimo, detalles abajo. En mi opinión, debido a que no hay un grupo "oficial" de cypherpunks, no debería haber sección de preguntas frecuentes "oficial". Por lo tanto, otros pueden escribir sus propias secciones de preguntas frecuentes para sus propios fines. ¿Los cypherpunks escriben preguntas frecuentes? He decidido darle un nombre a mi sección de preguntas frecuentes para evitar confusiones. "EL CYPHERNOMICON" es como lo he llamado. (Si la referencia no es clara puedo explicarla)».

14. https://www.mail-archive.com/cypherpunks@cpunks.org/msg00616.html; Levy, *Crypto*, p. 207. Hughes, en su propia versión del *Cyphernomicon*, escribió que «con la correcta aplicación de la criptografía puedes cruzar de nuevo la frontera, permanentemente».

15. http://www.themonthly.com.au/issue/2011/march/1324265093/robert-manne/cypherpunk-revolutionary. Las publicaciones originales de Assange siguen siendo preservadas en el archivo de la lista *cypherpunk*, la cual está disponible aquí: http://cypherpunks.venona.com/.

16. Para saber más sobre la importancia de Assange en la lista de correos *cypherpunk*, véase A. Greenberg, *This Machine Kills Secrets*, p. 127, R. Manne, pp. 207-213 (Assange llegó tan lejos como publicar un libro en 2012 llamado *Cypherpunks*).

17. http://www.themonthly.com.au/issue/2011/march/1324265093/robert-manne/cypherpunk-revolutionary (recuperado el 23 de febrero de 2014).

18. Ahora aloja 70 000 documentos, incluyendo nombres de agentes de la CIA y MI6, fotos borradas de soldados asesinados en Irak y mapas de instalaciones gubernamentales.

19. A. Greenberg, *This Machine Kills Secrets*, p. 131.

20. http://www.securityfocus.com/news/294.

21. http://cooperativa.cat/en/whats-cic/background/; https://www.diagonalperiodico.net/blogs/diagonalenglish/from-critique-to-construction-the-integrated-cooperative-in-catalonia.html.

22. G. D'Alisa, F. Demaria y C. Cattaneo, «Civil and Uncivil Actors for a Degrowth Society», en *Journal of Civil Society*: http://www.tandfonline.com/doi/pdf/10.1080/17448689.2013.788935.

23. «Degrowth in Action», en *Opposition to Alternatives Building: How the Cooperative Integral Catalana enacts a Degrowth Vision*. Es la tesis de maestría de 2012 de Sheryle Carlson, de la Human Ecology Divison, de la Universidad de Lund.

24. http://enricduran.cat/en/i-have-robbed-492000-euros-whom-most-rob-us-order-denounce-them-and-build-some-alternatives-society-0/.

25. https://bitcointalk.org/index.php?topic=169398.0 (algunos también culpan a Amir por la controversia de Bitcoinia en 2011, cuando una transacción comercial en parte hecha por Amir fue *hackeada* y fueron robadas £145 000 en bitcoines).

26. http://www.forbes.com/sites/andygreenberg/2013/10/31/darkwallet-aims-to-be-the-anarchistsbitcoin-app-of-choice/.

27. http://www.wired.co.uk/news/archive/2014-04/30/dark-wallet/.

28. S. Levy, *Crypto*, pp. 216-217. D. Akst, «In Cyberspace, Nobody Can Hear You Write a Check: Cash? History, The Evolution of Money is Moving Way Faster than the ATM Line. Guard Your Passwords», en *LA Times*, 4 de febrero de 1996.

29. http://en.bitcoin.it/wiki/Genesis_block (recuperado el 9 de enero de 2014).

30. http://www.mail-archive.com/cryptography@metzdowd.com/msg10001.html (recuperado el 9 de enero de 2014). Muchas de las personas más influyentes en el desarrollo del Bitcoin en los

días de esa lista de correos (Wei Dai, Nick Szabo, Adam Back y, por supuesto, Hal Finney) eran veteranos de la lista de correo *cypherpunk*.

31. Hasta 2014, cuando un periodista de *Newsweek* afirmó haberlo encontrado viviendo modestamente en California, pero el hombre que *Newsweek* identificó sostiene que el Bitcoin no tiene nada que ver con él.

32. Aunque algunos usuarios son escépticos sobre qué tan bien funcionará Dark Wallet, ya que es una reimplementación completa del protocolo Bitcoin, lo cual es muy ambicioso, incluso para Amir.

33. https://wiki.unsystem.net/index.php/DarkWallet/Multisig.

34. En mayo de 2014 se publicó una versión alfa de Dark Wallet: Amir anima a los usuarios a probar el *software* mientras sigue trabajando en este.

35. Técnicamente hablando, Twister no almacena las publicaciones en la cadena de bloques, solo los registros de los usuarios.

36. http://www.indiegogo.com/projects/Mailpile-taking-email-back.

37. http://www.dailydot.com/news/pgp-encryption-snowden-prism-nsa/.

38. James Ball, Julian Borger y Glenn Greenwald, «Revealed: How US and UK Spy Agencies Defeat Internet Privacy and Security», en *The Guardian*, 6 de septiembre de 2013 [http://www.theguardian.com/world/2013/sep/05/nsa-gchq-encryption-codes-security (recuperado el 20 de noviembre de 2013)]; Ellen Nakashima, «NSA Has Made Strides in Thwarting Encryption Used to Protect Internet Communication», en *Washington Post*, 5 de septiembre de 2013: http://articles.washingtonpost.com/2013-09-05/world/41798759_1_encryption-nsa-internet (recuperado el 20 de noviembre de 2013).

39. http://www.huffingtonpost.co.uk/eva-blumdumontet/crypto-party-london-encryption-_b_1953705.html (recuperado el 23 de febrero de 2014).

40. http://besva.de/mirror-cryptoparty.org/ (recuperado el 23 de febrero de 2014). Evidentemente no hay una autoridad central en

el movimiento de criptofestivales. Su alcance puede ser grande, ya que se espera que cada participante comparta con otros lo que aprendió con los demás, probablemente en su propio criptofestival. Después de todo, para encriptar se necesitan dos.

41. Está disponible aquí: https://github.com/cryptoparty/handbook (recuperado el 23 de febrero de 2014).

42. J. Bartlett, *Data Dialogue*.

43. http://enricduran.cat/en/statements172013/.

44. En un correo electrónico de 1995 dirigido a los transhumanistas que planeaban construir un asentamiento flotante para vivir fuera de las leyes nacionales, May los urgió a pensar en vez de eso en una red de computadoras, la cual consideraba más hospitalaria y segura que una locación física, incluso en el océano.

Capítulo 4
Tres clics

1. Dada la delicada naturaleza de este tema, vale la pena tomarse un tiempo en las definiciones. El influyente documento *The Diagnostic and Statistical Manual* (cuarta edición, texto revisado: *DSM-IV-TR*), de la Asociación Estadounidense de Psiquiatría, tiene una definición específica de *pedofilia*: el individuo debe experimentar fantasías sexuales intensas y recurrentes que involucren niños por un periodo mínimo de seis meses, o varios comportamientos o deseos que involucren actividades sexuales con un niño o niños preadolescentes. Este individuo también experimentará incapacidades o incomodidades en el ámbito social, ocupacional u otras funciones debido a la presencia de estas fantasías. Finalmente, un pedófilo debe tener cuando menos dieciséis años y ser por lo menos cinco años mayor que sus víctimas. (El nuevo *DSM-V* —publicado en 2013— conserva exactamente la misma definición, excepto por un nombre de referencia que cambió de *pedofilia* a *desorden pedófilo*). El abuso sexual de menores se diferencia de la pedofilia porque esta puede englobar a personas condenadas por

varios crímenes incluyendo el ver material ilegal. (La definición del DSM de pedofilia no ha quedado sin controversia: los críticos han argüido que se pone atención insuficiente a factores como la incapacidad de los pedófilos para autocontrolarse y también falla en la identificación de *efebófilos*; es decir, delincuentes que son atraídos exclusivamente por niños en la pubertad). Para los fines de este capítulo usé el término *pornografía infantil* e imágenes indecentes de niños de manera intercambiable. Los especialistas en este campo prefieren el término *imágenes de abuso sexual de niños*, ya que todas las imágenes ilegales de jóvenes pueden ser bien descritas como abuso sexual. No obstante, aunque muchas imágenes son claramente «abusos» en el sentido que mucha gente lo entendería, el término puede ser ligeramente malinterpretado por alguien no especialista, ya que da la impresión de que siempre hay involucrado abuso físico, lo cual no es el caso. La definición citada en este texto es de la oficina del Alto Comisionado de las Naciones Unidas para los Derechos Humanos (2002).

2. Hay diferentes maneras en las que las personas se implican en línea en crímenes sexuales de niños, las cuales frecuentemente están incorrectamente combinadas. Están quienes ven, coleccionan y distribuyen pornografía infantil. Hay otros que están implicados en abuso «virtual», en el cual un adulto tiene algún tipo de relación sexual en línea con un niño; posiblemente se involucren cámaras web o intercambio de imágenes, pero nunca se reúnen en persona. Finalmente, están quienes usan internet para encontrar y «preparar» niños, con la intención de reunirse con ellos. La relación entre estos tipos de abuso es nebulosa: algunos delincuentes cometen los tres crímenes y otros solo el primero o el segundo.

3. Esto es llamado escala del Panel de Sentencias Recomendadas. Nivel 1: Desnudez o poses eróticas sin actividad sexual. Nivel 2: Actividad sexual entre menores o masturbación solitaria de un solo niño. Nivel 3: Actividad sexual no penetrativa entre adulto(s) y niño(s). Nivel 4: Actividad sexual penetrativa entre adulto(s) y niño(s). Nivel 5: Sadismo o Zoofilia. En abril de 2014 esto fue cambiado a tres niveles. Categoría A (Nivel 4 y 5) Categoría B

(Nivel 3) y Categoría C (definida como lo que no es englobado en las categorías A y B). Ver *Sentencing Council Sexual Offences Definitive Guidelines* (2014).

4. T. Tate, *Child Pornography: An Investigation*, pp. 33-34.
5. T. Tate, *op. cit.*, p. 33; P. Jenkins, *Beyond Tolerance: Child Pornography on the Internet*, p. 32. También hubo un aumento en la presión de los grupos propedofilia, que públicamente hicieron un llamado para legislar sobre las relaciones sexuales entre adultos y menores. En el Reino Unido, fue fundada la Paedophile Information Exchange en 1974; incluso se volvió miembro del National Council for Civil Liberties. Asimismo, la famosa asociación North American Man/Boy Love Association (NAMBLA), fundada en 1978, sigue haciendo campaña hasta nuestros días. I. O'Donnell y C. Milner, *Child Pornography: Crime, Computers and Society*, p. 11; S. Ost, *Child Pornography and Sexual Grooming: Legal and Societal Responses*.
6. Esta información está basada en una entrevista con un especialista que trabaja con delincuentes sexuales en recuperación, quien pidió permanecer en el anonimato.
7. Citado en R. Wortley y S. Smallbone, *Internet Child Pornography: Causes, Investigation and Prevention*.
8. P. Jenkins, *Beyond Tolerance: Child Pornography on the Internet*, p. 54.
9. http://articles.baltimoresun.com/1993-09-01/news/1993244018_1_child-pornography-distribution-of-child-computer. Un oficial del FBI involucrado en estos operativos dijo: «De todas las técnicas usadas por los pornógrafos infantiles, ninguna ha sido tan exitosa como el uso mundial de los BBS».
10. Wortley y Smallbone, *Internet Child Pornography*, p. 66.
11. K. Sheldon y D. Howitt, *Sex Offenders and the Internet*, p. 28: http://www.theguardian.com/uk/2001/feb/11/tracymcveigh.martinbright; http://news.bbc.co.uk/1/hi/uk/1166643.stm.
12. Esto está tomado de una carta anónima publicada en línea, y disponible en un servicio oculto de TOR, de alguien que sostiene ser un miembro de un círculo internacional de pornografía infantil

(Mr. X), un alemán que vive en el extranjero, «donde no hay leyes para navegar, ver, bajar y guardar cualquier tipo de archivo». Sostiene que ha trabajado en el área de modelos infantiles «y conoce cientos de pedófilos».

13. Citado por I. A. Elliott, A. R. Beech, R. Mandeville-Norden y E. Hayes, «Psychological Profiles of Internet Sexual Offenders: Comparisons with Contact Sexual Offenders», en *Sexual Abuse*, vol. 21, pp. 76-92.

14. http://www.official-documents.gov.uk/document/cm77/7785 /7785.pdf; http://www.bbc.co.uk/news/uk-21507006; D. Finkelhor e I. A. Lewis, «An Epidemiologic Approach to the Study of Child Molesters», en R. A. Quinsey y V. L. Quinsey (eds.), *Human Sexual Aggression: Current Perspectives. Annals of the New York Academy of Sciences*; G. Kirwan y A. Power, *The Psychology of Cyber Crime: Concepts and Principles*, p. 115; http://www.theguardian.com/lifeandstyle/2013/ oct/05/sold-mumdad-images-child-abuse.

15. http://www.justice.gov/psc/docs/natstrategyreport.pdf y http:// www.ussc.gov/Legislative_and_Public_Affairs/Public_Hearings_ and_Meetings/20120215-16/Testimony_15_Collins.pdf.

16. Wortley y Smallbone, *Internet Child Pornography*.

17. CEOP (2013), *Threat Assessment of Child Exploitation and Abuse*.

18. Este fue un *hacker* llamado Intangir, que al parecer también administra otro servicio oculto TOR llamado Doxbin, donde se listan los detalles de muchos usuarios anónimos.

19. T. Krone, «A Typology of Online Child Pornography Offending», *Trends & Issues in Crime and Criminal Justice*, núm. 279. El perfil de los delincuentes sexuales ha sido objeto de mucho trabajo académico. Véase: D. Grubin, «Sex Offending Against Children: Understanding the Risk», *Police Research Series*, vol. 99, p. 14; E. Quayle, M. Vaughan y M. Taylor, «Sex Offenders, Internet Child Abuse Images and Emotional Avoidance: The Importance of Values», en *Aggression and Violent Behaviour*, vol. 11, pp. 1-11; K. C. Siegfried, R. W. Lovely y M. K. Rogers, «Self-Reported Online Child Pornography Behaviour: A Psychological Analysis», *International Journal of Cyber Criminology*, vol. 2, pp. 286-297; D. L.

Riegel, «Effects on Boy-attracted Pedosexual Males of Viewing Boy Erotica», en *Archives of Sexual Behavior*, vol. 33, pp. 321-323; J. Wolak, D. Finkelhor y K. J. Mitchell, *ChildPornography Possessors Arrested in Internet-Related Crimes: Findings From The National Juvenile OnlineVictimization Study*, National Center for Missing and Exploited Children; L. Webb, J. Craissati y S. Keen, «Characteristics of Internet Child Pornography Offenders: A Comparison with Child Molesters», en *Sexual Abuse*, vol. 19, pp. 449-465; I. A. Elliott, A. R. Beech, R. Mandeville-Norden y E. Hayes, «Psychological Profiles of Internet Sexual Offenders: Comparisons with Contact Sexual Offenders», en *Sexual Abuse*, vol. 21, pp. 76-92.

20. O. Ogas y S. Gaddam, «A Billion Wicked Thoughts», pp. 21-28.

21. http://gawker.com/5984986/what-we-can-learn-from-10000-porn-stars.

22. Esto no significa necesariamente que los trece sea la edad más buscada de todas: las personas tienden a especificar una edad muy exacta si tienen un interés en pornografía ilegal. Si tu preferencia es la pornografía de adultos, tal vez no estés interesado en una categoría específica de edad.

23. http://www.lucyfaithfull.org.uk/files/internet_offending_research_briefing.pdf.

24. B. Paul y D. Linz (2008), «The Effects of Exposure to Virtual Child Pornography on Viewer Cognitions and Attitudes Toward Deviant Sexual Behavior», en *Communication Research*, vol. 35, núm. 1, pp. 3-38.

25. O. Ogas y S. Gaddam, «A Billion Wicked Thoughts», pp. 176-177.

26. E. Martellozzo, «Understanding the Perpetrators' Online Behaviour», en J. Davidson y P. Gottschalk, *Internet Child Abuse: Current Research and Policy*, p. 116. También véase E. Martellozzo, *Grooming, Policing and Child Protection in a Multi-Media World*; G. G. Abel, J. Becker *et al.*, «Complications, Consent and Cognitions in Sex Between Adults and Children», en *International Journal of Law and Psychiatry*, vol. 7, pp. 89-103; S. M. Hudson y T. Ward (1997), «Intimacy, Loneliness and Attachment Style in Sex Offenders»,

en *Journal of Interpersonal Violence*, vol. 12, núm. 3, pp. 119-213; E. Martellozzo, pp. 118-119.

27. J. Suler, «The Online Disinhibition Effect», en *CyberPsychology and Behaviour*.

28. E. Martellozzo, «Children as Victims of the Internet: Exploring Online Child Sexual Exploitation», en prensa.

29. Traté de contactar a NAMBLA por medio del correo electrónico, pero naturalmente me dijeron que no responderían a mis preguntas.

30. G. Kirwan y A. Power, *The Psychology of Cyber Crime: Concepts and Principles*, p. 123.

31. Sheldon y Howitt, p. 232.

32. D. Finkelhor y L. Jones, «Has Sexual Abuse and Physical Abuse Declined Since the 1990s?»; http://www.unh.edu/ccrc/pdf/CV267_Have%20SA%20%20PA%20Decline_FACT%20SHEET_11-7-12.pdf; http://www.nspcc.org.uk/Inform/research/findings/howsafe/how-safe-2013-report_wdf95435.pdf. No obstante, es evidente la dificultad para sacar conclusiones de series de datos como esta. Tink Palmer sugiere que los cambios en la manera en que es registrada la explotación de menores podría dar un recuento de los datos; https://www.nspcc.org.uk/Inform/research/statistics/comparing-stats_wda89403.html.

33. D. Boyd, *It's Complicated: The Social Lives of Networked Teens*, http://www.safekidsbc.ca/statistics.htm; http://www.nspcc.org.uk/Inform/resourcesforprofessionals/sexualabuse/statistics_wda87833.html.

34. http://www.telegraph.co.uk/technology/facebook/10380631/Facebook-is-a-major-location-for-online-child-sexual-grooming-head-of-child-protection-agency-says.html; http://ceop.police.uk/Documents/strategic_overview_ 2008-09.pdf.

35. http://www.bbc.co.uk/news/uk-21314585.

36. E. Martellozzo, «Understanding the Perpetrators' Online Behaviour», pp. 109-112.

37. E. Martellozzo, «Children as Victims of the Internet».

38. L. A. Malesky, «Predatory Online Behaviour: Modus Operandi of Convicted Sex Offenders in Identifying Potential Victims and

Contacting Minors Over the Internet», en *Journal of Child Sexual Abuse*, vol. 16, pp. 23-32; J. Wolak, K. Mitchell y D. Finkelhor, «Online Victimization of Youth: Five Years Later», National Center for Missing and Exploited Children Bulletin, http://www.unh.edu/ccrc/pdf/CV138.pdf.

39. (A manera de comentario, debido a que los jóvenes publican cada vez más sobre sus vidas en internet, crear un perfil falso que se vea auténtico y creíble para las operaciones policiacas es cada vez más difícil. Tu persona falsa ahora necesita una red falsa también, llena de amigos, intereses e historia).

40. E. Martellozzo, «Understanding the Perpetrators' Online Behaviour», p. 107.

41. El reporte está disponible en línea en la siguiente dirección: http://www.enough.org/objects/20070412_iwf_annual_report_2006_web.pdf.

42. https://www.iwf.org.uk/resources/trends.

43. Citado en Wortley y Smallbone, *Internet Child Pornography*.

44. Esto es, parcialmente, un resultado de cómo trabaja el IWF. Evidentemente los hallazgos fortuitos suceden más en la red superficial. Es poco probable que las 600 000 personas que buscan pornografía infantil en la red profunda llamen a la IWF.

45. http://motherboard.vice.com/blog/the-fbi-says-it-busted-the-biggest-child-porn-ring-on-the-deep-web-1.

46. Los esposos Thomas y Janice Reedy fueron condenados por tráfico de pornografía infantil a través de Landslide en 2001. http://www.pcpro.co.uk/features/74690/operation-ore-exposed.

47. https://shareweb.kent.gov.uk/Documents/health-and-wellbeing/teenpregnancy/Sexualisation_young_people.pdf; p. 45. http://www.childrenscommissioner.gov.uk/content/publications/content_667.

48. J. Ringrose, R. Gill, S. Livingstone y L. Harvey, «A Qualitative Study of Children, Young People and Sexting», NSPCC: http://www.nspcc.org.uk/Inform/resourcesforprofessionals/sexualabuse/sexting-research-report_wdf89269.pdf.

49. «Threat Assessment of Child Sexual Exploitation and Abuse»

(PDF): CEOP. Otras estadísticas lo ubican más abajo, pero sigue siendo alrededor del 20%: http://www.pewinternet.org/Reports/2013/Teens-Social-Media-And-Privacy.aspx.

Capítulo 5
Sobre la ruta

1. Nielsen Global Digital Shopping Report, agosto de 2012: http:// fi.nielsen.com/site/documents/NielsenGlobalDigitalShoppingReportAugust2012.pdf (recuperado el 19 de abril).
2. Véase *The Global Drugs Survey 2014*. Esta estadística esta avalada por la British Drugs Survey, de *The Guardian*. Según una encuesta de alrededor de 1 000 británicos adultos llevada a cabo por la compañía encuestadora Opinium Research, solo 2% de los adultos británicos que alguna vez habían consumido droga la habían comprado por internet. No obstante, ese indicador salta hasta 16% entre los usuarios actuales.
3. J. Markoff, *What the Dormouse Said: How the Sixties Counterculture Shaped the Personal Computer Industry*, p. 75.
4. http://www.wired.com/images_blogs/threatlevel/ 2012/04/WILLEMSIndictment-FILED.045.pdf; M. Powers, *Drugs 2.0*, capítulo 9, «Your Crack's in the Post».
5. De hecho, Silk Road era un sitio entre muchos. En junio de 2011 salió Black Market Reloaded. Mientras Silk Road tenía algunas restricciones en la venta, Black Market Reloaded vendía cualquier cosa. Otros seguían a Russian Anonimous Market Place (2012), Sheep Market (febrero de 2013), Atlantis Online (marzo de 2013; anunciado de nuevo en bitcointalk). Académicos de la Universidad de Luxemburgo llevaron a cabo un inteligente análisis de los servicios ocultos TOR. Localizaron alrededor de 40 000 sitios, la mayoría ingleses. El contenido para adultos y una porción de pornografía infantil ocupaba 17% de los sitios; drogas, 15%; mercancía pirata, 8%, y *hackeo* de información, 3%. Sin embargo, 9% de todos los sitios que encontraron eran sobre política, 7%

hablaban sobre asuntos relacionados con *hardware* y *software*, y 2% sobre arte. También hay sitios sobre juego, ciencia y deportes. Dada la naturaleza de los servicios ocultos TOR, es poco probable que los investigadores pudieran capturarlos todos. Mientras que se daban cuenta de que los servicios ocultos TOR eran muy variados en términos de contenido, los sitios más populares en términos de visitas eran comandos y centros de control de *botnets* y recursos dedicados al contenido de adultos. A. Biryukov, I. Pustogarov y R. Weimann, *Content and Popularity Analysis of TOR Hidden Services.*

6. http://gawker.com/the-underground-website-where-you-can-buy-any-drug-imag-30818160; http://www.wired.co.uk/news/archive/2013-10/09/silk-road-guide.

7. Se les permitió a los vendedores vender cualquier cosa, con unas pocas excepciones. Se prohibieron la pornografía infantil, las pistolas y la información sobre otras personas.

8. http://antilop.cc/sr/files/DPR_Silk_Road_Maryland_indictment.pdf (primera condena).

9. http://www.thedigitalhq.com/2013/10/03/silk-road-shut-drugs-hitmen-blunders/: «Who is Silk Road? Algunos me llaman SR, SR admin o simplemente Silk Road. ¿No es eso confuso? Yo soy Silk Road, el mercado, la persona, la empresa, todo. Sin embargo, Silk Road ha madurado y necesito una identidad separada de este sitio y la empresa de la cual a partir de ahora me separo. Necesito un nombre».

10. El sitio cobraba una comisión de 10% de todas las ventas menores a $25 y con un tope de 4% en las compras mayores de $2 500.

11. www.scribd.com/doc/172768269/Ulbricht-Criminal-Complaint.

12. http://www.theguardian.com/technology/2013/nov/25/majority-of-silk-roads-bitcoins-mayremain-unseized; http://www.theverge.com/2013/10/14/4836994/dont-host-your-virtual-illegal-drug-bazaar-in-iceland-silk-road; http://www.forbes.com/special-report/2013/silk-road/index.html.

13. http://www.forbes.com/sites/andygreenberg/2013/04/29/collected-quotations-of-the-dread-pirateroberts-foun-

der-of-the-drug-site-silk-road-and-radical-libertarian/6/;
http://www.forbes.com/sites/andygreenberg/2013/08/14/
meet-thedread-pirate-roberts-the-man-behind-booming-black-
market-drugwebsite-silk-road/.

14. Un usuario refleja la experiencia de muchos con la siguiente
publicación en un foro de Silk Road: «Yo, como muchos otros
aquí, descubrí y empecé a usar Silk Road porque era un sitio
para conseguir sustancias a las que no podrías tener acceso de
otro modo. Por mucho tiempo eso lo fue todo para mí, hasta
que descubrí los foros. De verdad siento y creo que si comunidades como esta continúan creciendo algún día podremos cambiar la opinión de los que nos rodean de la misma manera que
mi opinión ha sido cambiada. Quizás algún día incluso la "guerra
contra las drogas" terminará porque las masas nos entenderán
en lugar de temernos. Para resumir toda la publicación y para
contestar tu pregunta, Silk Road para mí significa esperanza».

15. http://edition.cnn.com/2013/10/04/world/americas/si-
lk-road-ross-ulbricht/; véase también http://arstechnica.com/
security/2013/10/silk-road-mastermind-unmasked-by-roo-
kie-goofscomplaint-alleges/ y http://www.bbc.co.uk/news/
technology-24371894.

16. http://www.wired.com/threatlevel/2013/10/ulbricht-delay/.
La investigación del FBI fue dirigida por Chistopher Tarbell, agente
responsable de la redada de 2011 en Nueva York donde se cap-
turó al *hacker* LulzSec, Hector Monsegur (aka Sabu). Véanse las
siguientes fuentes: http://www.bloomberg.com/news/2013-11-
21/silk-roadonline-drug-market-suspect-ulbricht-denied-bail-1-;
http://www.slate.com/blogs/crime/2013/11/26/ross_wi-
lliam_ulbricht_redandwhite_did_the_alleged_silk_road_king-
pin_lose.html?wpisrc=burger_bar; http://www.theguardian.
com/technology/2013/oct/03/five-stupidthings-dread-pira-
te-roberts-did-to-get-arrested.

17. http://www.telegraph.co.uk/news/uknews/crime/10361974/
First-British-Silk-Road-suspects-arrested-by-new-Natio-
nal-Crime-Agency.html; http://www.theguardian.com/

uk-news/2013/oct/08/silk-road-illegal-drugs-arrested-britain; https://krebsonsecurity.com/2013/10/feds-arrest-alleged-top-silk-road-drugseller/; http://www.dailymail.co.uk/news/article-2456758/Two-Dutch-Silk-Road-vendors-alias-XTC-Express-caught-red-handed-layer-MDMA-hair.html?ito=-feeds-newsxml.

18. Ofrecieron a todos los exvendedores de Silk Road una cuenta en este mercado (los vendedores tenían que pagar una pequeña cuota para que se les permitiera vender). «Necesitamos verificar que hayas sido vendedor en S(ilk) R(oad) —escribió Libertas—, para hacerlo necesitamos que nos envíes un mensaje firmado con tu antigua PGP, la cual nos vinculará a tu clave PGP en los foros anteriores».

19. El hecho de que Ulbricht hubiera sido detenido no hacía muy feliz a nadie. «Un día saldrás de la cárcel y te encontraré y exigiré mis $250 000.» Muchos se sentían frustrados de que aparentemente haya sido tan negligente: «Es casi como si lo hubiera hecho por la fama, ¡quería ser encontrado!»; «¿¿Administrar Silk Road y vivir en Estados Unidos?? ¿¿Qué carajo??».

20. https://twitter.com/DreadPirateSR/status/398117916802961409.

21. La siguiente es una cronología corta del resultado del cierre del Silk Road original por las autoridades:

> **9 de octubre de 2013:** Cierre de Silk Road.
>
> **9 de octubre:** Libertas anuncia Silk Road 2.0.
>
> **Octubre-noviembre:** Los mayores rivales de Silk Road, los sitios Black Market Reloaded y Sheep Market, experimentaron un aumento repentino de actividad y vendedores y compradores se volcaron hacia estos.
>
> **Octubre:** Backopy, admin del sitio Black Market Reloaded, dice que el sitio cerrará después de que un admin filtrara parte del código fuente de la página, aunque cambió de opinión, cuando se aclaró que el código fuente no revelaba ninguna vulnerabilidad.
>
> **6 de noviembre:** Silk Road 2.0 es puesto en línea. Hay nuevas características de seguridad, incluida la validación. Se trataba de

recuperar el terreno perdido validando a antiguos vendedores automáticamente.

30 de noviembre: Sheep Market cierra después del robo de 5.3 millones en Bitcoin del sitio. El administrador del sitio sostiene que el usuario llamado EBOOK101 encontró un error en el sistema y robó el dinero. Otros alegan que el administrador se fugó con el dinero.

Diciembre: Cierra Black Market Reloaded, entonces el mercado de drogas más grande en línea. Backopy dice que no pueden manejar el influjo de nuevos clientes y vendedores. Backopy dio a entender que será relanzado en 2014.

Diciembre: El administrador de un sitio nuevo, Project Black Flag, siente pánico y se va con los bitcoines de los usuarios.

Diciembre: Es lanzado DarkList, directorio en línea de *dealers*, como manera de mantener un registro de todas las diversas páginas de mercado de drogas. Cierra de nuevo a finales de diciembre.

Diciembre: Son arrestados el residente de Virginia Andrew Michael Jones, Gari Davis, de Wicklow, Irlanda, y el australiano Peter Philip Nash. El FBI sostiene que son los administradores de Silk Road 2.0 (Indigo, Libertas y SameButDifferent). Hay alguna especulación sobre infiltración del FBI en el sitio.

Diciembre: Se funda Agora Market.

19 de enero de 2014: Drugslist Marketplace empieza a ofrecer un nuevo tipo de seguridad llamado *Multisig escrow*.

22 de enero: Vuelve a salir Darklist.

Finales de enero: Lanzan Cantina Marketplace. Es cuestionado por los usuarios de Reddit por detalles en la seguridad.

Finales de enero (probablemente el 27 de enero): Un grupo de *hackers* revela múltiples problemas de seguridad en Druglist Marketplace. Un *hacker* publica toda la información interna y de los usuarios.

2 de febrero: *Hackean* CannabisRoad.

3 de febrero: Lanzan Black Goblin Market, un día después es cerrada debido a su seguridad *amateur*.

Primera semana de febrero: Abren Utopia Marketplace. Tiene una fuerte conexión con Black Market Reloaded.

Principios de febrero: Ponen en línea The White Rabbit Marketplace. Acepta bitcoines y litecoines y corre en I2P, no en TOR.

12 de febrero: La policía holandesa confisca Utopia y lo cierra. No aceptan discutir los detalles.

Principios de febrero: *Hackean* Silk Road 2.0, se pierden $2.7 millones en bitcoines.

16 de febrero: Agora Market se vuelve el mercado más popular de la *deep web*.

Finales de febrero/principios de marzo: Agora es cerrada y abierta numerosas veces como resultado de intensivos ataques distribuidos de negación de servicio.

Principios de marzo: Lanzan Hansamarket, un nuevo mercado de drogas en línea, el cual es expuesto inmediatamente como inseguro.

19 de marzo: *Hackean* Pandora Marketplace, se pierden $250 000 en bitcoines. El sitio sigue abierto.

22 de marzo: Lanzan EXXTACY Market.

23 de marzo: El usuario de Reddit the_avid expone la pobre seguridad del sitio; también roba y publica la información de Red Sun Market.

24 de marzo: Exponen serios problemas de seguridad en White Rabbit Market.

22. http://www.smh.com.au/technology/technology-news/riding-the-silk-road-the-flourishing-online-drug-market-authorities-are-powerless-to-stop-20110830-1jj4d.html, 30 de agosto de 2011.
23. http://www.nbcnewyork.com/news/local/123187958.html.
24. La más grande estafa llevada a cabo en el Silk Road original fue hecha por un vendedor llamado Tony76, quien pasó meses construyendo una sólida reputación en línea y entonces realizó estafas múltiples conocidas como estafa de pronta finalización.
25. N. Nahai, *Webs of Influence*.
26. http://allthingsvice.com/2013/04/23/competition-for-black-market-share-hotting-up/.
27. Fue subida a un servicio oculto TOR como un archivo de Excel

muy grande. Los datos reflejan toda la retroalimentación del sitio entre el 10 de enero y el momento de la redacción (15 al 16 de abril). Está continuamente actualizándose. Estos datos fueron recolectados al reunir calificaciones de todas las compras (lo cual es casi obligatorio). No está en el nivel que se tenía en 2013, pero se está acercando. Como se deja una clasificación por transacción, no por producto, tiende a ser más un estimado conservador. En 2012 el profesor Nicolas Christin escribió un excelente reporte basado en la calificación que un usuario dejó en el Silk Road original. http://www.andrew.cmu.edu/user/nicolasc/publications/TR-CMU-CyLab-12-018.pdf.

28.

País de envío	Núm. de vendedores	Porcentaje de vendedores
Estados Unidos	231	33
Reino Unido	70	10
Australia	66	9.4
Alemania	47	6.7
Canadá	36	5.1
Holanda	36	5.1
Suecia	21	3
España	10	1.4
China	9	1.3
Bélgica	8	1.2
Francia	8	1.1
India	8	1.1

29. Otros vendedores venden más productos (professorhouse vende 1 170 productos), pero no son drogas e incluyen guías de *hackeo* y estafa.

30.

Nombre	Productos	Facturación total (99 días, en dólares)
AmericaOnDrugs	Varios, drogas	45 209
BalckBazar	Heroína, cocaína, MDMA	12 068
Koptevo	Solo medicina de prescripción	9 197
DemoniakTeam	Cannabis, éxtasis, psicodélicos	16 287
Instrument	Solo MDMA	24 790
California Dreamin	Mayormente cannabis, algunas medicinas de prescripción	39 329
GucciBUDS	Gran variedad, la mayoría cannabis	14 912
MDMAte	Solo MDMA	11 727
Aussi Quantomics	Mayormente MDMA, algunos psicodélicos	16 099

31. http://www.standard.co.uk/news/19000-a-year-is-average-profit-of-a-drug-dealer-6667533.html; http://www.jrf.org.uk/publications/understanding-drug-selling-localcommunities; http://www.prisonpolicy.org/scans/sp/5049.pdf.

32. http://www.reddit.com/r/casualiama/comments/1l0axd/im_a_former_silk_road_drug_dealer_ama/; http://www.vice.com/print/internet-drug-dealersare-really-nice-guys.

33. http://mashable.com/2013/10/02/silkroad-drug-dealer-interview/.

34. Sigue estando muy lejos del complejo sistema de calificaciones de eBay; sin embargo, eBay ha tenido mucho más tiempo para refinarlo.

35. Con el tiempo, algunos vendedores construyeron reputaciones constantes a largo plazo en Silk Road. Por lo tanto, muchos conservaron el mismo seudónimo y lo transfirieron a los sitios nuevos. Cuando inició Silk Road 2.0, Libertas permitió a todos los vendedores existentes en Silk Road convertirse en vendedores de Silk Road 2.0 si sus claves PGP coincidían. Cuando el mercado Atlantis se puso en línea como competencia del Silk Road original, se les permitió a los comerciantes verificados de Silk Road convertirse en vendedores de Atlantis inmediatamente, en un inteligente esfuerzo por asegurar un poco de la preciada credibilidad que Silk Road les había facilitado.

36. Manipular el sistema de calificación está muy limitado en la red profunda. La importancia de las calificaciones en línea para el comercio electrónico está alimentando una creciente industria de gestión de reputación en línea. Cientos de compañías ofrecen ahora reparar y mejorar la reputación de las compañías en línea. Varias compañías grandes han sido multadas por manipular y falsear sus propias calificaciones.

37. M. Daly y S. Sampson, *Narcomania: How Britain Got Hooked on Drugs*.

38. Drug Treatment in 2009-2010 (Reporte), National Treatment Agency for Substance Misuse, octubre de 2010; https://www.unodc.org/documents/data-and-analysis/WDR2012/WDR_2012_web_small.pdf.

39. Scottish Drug Forum, «Anthrax and Heroin Users: What Workers Need to Know»: www.sdf.org.uk/index.php/download_file/view/262/183/ (recuperado el 20 de abril de 2014)

40. S. Mahapatra, «Silk Road vs. Street: A Comparison of Drug Prices on the Street and in Different Countries», International Business Times: http://www.ibtimes.com/silk-road-vs-street-comparison-drug-prices-street-different-countries-charts-1414634 (recuperado el 20 de abril de 2014).

41. Clarity Way, «The Amazon of Illegal Drugs: The Silk Road vs. The Streets [Infographic]», ClarityWay.com: http://www.clarityway.com/blog/the-amazon-of-illegal-drugs-the-silk-road-vs-the-streets-infographic/ (recuperado el 20 de abril de 2014).

42. Véase: http://www.reddit.com/r/Drugs/comments/1tvr4a/
the_most_popular_drugs_bought_with_bitcoin_on/cecw84x
para algún intercambio de ideas sobre la calidad de las drogas.
«Con cosas como el MDMA en particular, Silk Road era popular
porque tenían el mejor y más barato que los consumidores podían
encontrar. La heroína del Silk Road era más cara comparada con
los precios locales, pero era también de la mejor (la mayoría). Un
par de vendedores vendían porquerías mezcladas con fent[anilo],
y no está chido, pero las calificaciones ayudaron».

43. http://www.deepdotweb.com/2014/01/25/drugslist-now-
offering-full-api-multi-sig-escrow/.

44. http://www.deepdotweb.com/2014/02/13/silk-road-2-hac-
ked-bitcoins-stolen-unknown-amount/.

45. http://motherboard.vice.com/blog/bitcoin-isnt-the-criminal-
safe-haven-people-think-it-is; http://anonymity-in-bitcoin.blogs-
pot.com/2011/07/bitcoin-is-notanonymous.html.

46. https://bitcointalk.org/index.php?topic=139581.0.

47. http://www.chaum.com/articles/Security_Wthout_Identifi-
cation.htm. Esto es lo que todo el tiempo tuvo en mente David
Chaum, inventor del dinero digital veinte años antes de Satoshi
Nakamoto. En su libro de 1985, *Security without Identification: Transaction Systems to Make Big Brother Obsolete*, presenta modelos que
podrían combinar anonimato con pagos seguros.

48. A. Hirschman, *Exit Voice and Loyalty*.

49. http://www.andrew.cmu.edu/user/nicolasc/publications/
TR-CMU-CyLab-12-018.pdf.

50. http://allthingsvice.com/2013/04/23/competition-for-black-
market-share-hotting-up/.

51. http://www.deepdotweb.com/2014/04/08/grams-darknet-
markets-search-engine/.

52. T. Kerr, J. Montaner, B. Nosyk, D. Werb y E. Wood, «The Temporal Relationship Between Drugs Supply Indicators: An Audit of
Internation Government Surveillance Systems», http://bmjopen.
bmj.com/content/3/9/e003077.full.

53. «War on Illegal Drugs Failing, Medical Researchers Warn», en

BBC News, 1 de octubre de 2013 (http://www.bbc.co.uk/news/uk-24342421).

54. RSA Commission on Illegal Drugs, Communities and Public Policy, «The Supply of Drugs Within the UK», *Drugscope*: http://www.drugscope.org.uk/Resources/Drugscope/Documents/PDF/Good%20Practice/supply.pdf.

55. Peter Reuter, «Systemic Violence in Drug Markets», en *Crime, Law and Social Change*, septiembre de 2009, vol. 52, tercera edición; J. Martin, «Misguided Optimism: The Silk Road Closure and the War on Drugs», en *The Conversation*, http://theconversation.com/misguidedoptimism-the-silk-road-closure-and-the-war-on-drugs-18937 (recuperado el 20 de abril de 2014).

56. Daly y Sampson, *Narcomania*, p. 303.

57. https://www.unodc.org/documents/data-and-analysis/WDR2012/WDR_2012_web_small.pdf.

Capítulo 6
Luces, *webcam*, acción

1. Lo siguiente está basado en el *ranking* Alexa, el cual clasifica sitios web en términos de su popularidad global (entre paréntesis aparece una nota combinada del número de visitas y el de visitantes únicos). Son frecuentemente actualizados y seguían en línea hasta mayo de 2014. También busqué el volumen de videos *amateur* disponibles en cada sitio:

    Xvideos.com (40): 49 003 videos.
    Xhamster.com (54): 368 000 videos.
    Pornhub.com (80): 22 743 videos.
    Redtube.com (98): 3 517 videos.
    Xnxx.com (102): 49 011 videos.
    LiveJasmin.com (107): un sitio de *camming*, no de pornografía; no obstante, vale señalar su popularidad.
    Youporn.com (116): 43 597 videos.

Tube8.com (213): 49 662 videos.

Chaturbate.com (329): otro sitio de *camming*.

YouJizz.com (351): 136 883 videos.

Motherless.com (359): sitio dedicado a la pornografía de adolescentes; los videos *amateur* llenan casi todo su repertorio. Una búsqueda en los catálogos de *amateur* revela 200 413 videos.

Beeg.com (362): 3 279 videos.

Hardsextube.com (435): 8 450 videos.

Drtuber.com (600): 406 119 videos.

Nuvid.com (795): 347 112 videos.

Spankwire.com (803): 164 111 videos.

Sunporno.com (870): 51 397 videos.

2. Claro que las ganancias no han colapsado en la industria porno profesional en todo el mundo, aunque el costo de producción ha caído. En los años ochenta costaba más de $200 000 producir una película pornográfica profesional normal; cuando la videocinta apareció a mediados de los ochenta, el costo disminuyó, aunque para mediados de los noventa una filmación pornográfica profesional normalmente costaba $100 000. Hacia finales de los noventa, algunas compañías pro-*am(ateur)* producían filmes por cerca de $20 000; casi el costo actual de una película profesional promedio. (Sin embargo, hubo algunas con una producción enorme: *Pirates II*, la pornografía más costosa jamás hecha, tuvo un presupuesto de $8 millones). Las cifras en el uso y tamaño del porno varían mucho. Es un tema muy controvertido. En 2007 el *Observer* citó que la industria valía $13 000 millones en los Estados Unidos, la cifra más comúnmente citada. En 2012 CNBC dijo que la industria valía $14 000 millones en los Estados Unidos. Las revistas más destacadas estiman $57 000 millones a nivel mundial. En los Estados Unidos, entre 2001 y 2007, la industria del porno en internet fue de 1 000 millones a 3 000 millones. Véase lo siguiente: http://www.theguardian.com/world/2007/dec/16/film.usa; http://internet-filter-review.toptenreviews.com/internetpornography-statistics-pg2.html; http://www.toptenreviews.

com/2-6-04.html; http://www.socialcostsofpornography.com/
Doran_Industry_Size_Measurement_Social_Costs.pdf; http://
www.thefreeradical.ca/Toronto_the_naughty.htm; http://www.
overthinkingit.com/2009/03/26/the-adult-film-industry-redis-
covers-its-balls/2/.

3. «Quien tuviera un chat privado en el cual pudieras escribir en
varios actos lo que un adolescente de trece años querría hacer
con una chica de trece años». «BBS life in te 1980's», de Mr Pez:
http://textfiles.com/history/golnar.txt.

4. http://www.asstr.org/~apuleius/asshfaq.html#2.

5. R. McAnulty y M. Burette, *Sex and Sexuality*, vol. 1: http://articles.
orlandosentinel.com/1998-03-28/lifestyle/9803270925_1_en-
tertainment-online-video, p. 269; http://www.bbc.co.uk/news/
technology-23030090.

6. T. M. Senft, *Camgirls: Celebrity and Community in the Age of Social
Networks*, p. 44.

7. «Behind the Scenes with Jennifer Ringley», promocional de *Web
Junk Presents... 40 Greatest Internet Superstars*, 18 de marzo de 2007,
http://www.spike.com/video-clips/po0d6t/behind-the-sce-
nes-with-jennifer-ringley (recuperado el 4 de diciembre de 2013).

8. L. Green, *The Internet: An Introduction to New Media*, http://www.
yorku.ca/robb/docs/camgi.pdf.

9. http://www.naturistplace.com/wnl-0101.htm.

10. http://www.nytimes.com/2005/12/19/national/19kids.
ready.html?pagewanted=7&_r=0&ei=5090&en=aea51b-
3919b2361a&ex=1292648400&partner=rssuserland&emc=rss.

11. Lo más cercano que he obtenido de un preciso estimado es
50 000. Fue proporcionado por el administrador de una comunidad de apoyo de *camgirls*. También hay cierto número de *camgirls*
en Europa del Este, Sudamérica y el sudeste de Asia.

12. http://www.nytimes.com/2013/09/22/technology/intimacy-
on-the-web-with-a-crowd.html?adxnnl=1&pagewanted=all&a-
dxnnlx=1394884188-8+B9Okpt1TokwE/tHhXoAw; http://
www.theverge.com/2013/9/23/4761246/cam-sex-is-booming-
business-for-porn-industry.

13. Una de estas es WeCamGirls. Empezó en 2012. Ese año el sitio tuvo alrededor de 100 000 visitantes. En 2013 eran más del doble. Actualmente tiene más de 3 000 miembros activos.

14. http://www.wecamgirls.com/articles/in-the-spotlight-with-cliche/.

15. «Labours of Love: Netporn, Web 2.0and the Meanings of Amateurism», en *New Media & Society*, vol. 12, núm. 8, 2010.

16. F. Attwood, *Porn.com*, p. 139: http://nms.sagepub.com/content/early/2010/06/08/1461444810362853.full.pdf.

17. http://www.emarketer.com/Article/Where-World-Hottest-Social-Networking-Countries/1008870.

18. M. Ma, «Understanding the Psychology of Twitter», en *Psychology Today*, 27 de marzo de 2009: http://www.psychologytoday.com/blog/the-tao-innovation/200903/understanding-the-psychology-twitter (recuperado el 5 de diciembre de 2013); http://journal.frontiersin.org/Journal/10.3389/fnhum.2013.00439/full#h2.

19. http://www.psychologytoday.com/blog/the-tao-innovation/200903/understanding-the-psychology-twitter; Panek *et al.*, «Mirror or Megaphone? How Relationships Between Narcissism and Social Networking Site Use Differ on Facebook and Twitter», en *Computers in Human Behaviour*, vol. 29; http://www.sarakonrath.com/media/publications/narcissism_SNS_sites.pdf; http://www.jcr-admin.org/files/pressPDFs/112712180022_Stephen_Article.pdf.

20. S. Turkle, *Alone Together*, p. 180.

21. «Prevalence and Characteristics of Youth Sexting: A National Study», publicado el 19 de septiembre de 2011, http://www.pewinternet.org/2014/02/11/main-report-30/; «Basically... porn is everywhere», p. 28.

22. D. Boyd, *It's Complicated*, p. 57.

23. http://www.yougov.co.uk/news/2014/03/06/1-5-under-40s-have-had-sex-camera/; http://blog.htc.com/2013/08/the-selfie-phenomenon/.

24. «Half of the UK Has Joined the Selfie Craze Creating Over 35 Million Selfies a Month», en *PRNewsWire.com*, 13 de agosto de

2013: http://www.prnewswire.com/news-releases/half-ofthe-uk-has-joined-the-selfie-craze-creating-over-35-million-selfies-amonth-219364031.html (recuperado el 3 de diciembre de 2013).

25. http://www.wired.com/wiredscience/2012/05/opinion-naked-sexting/.

26. Como en la mayoría de comunidades, hay reglas: «No publicaciones de cualquier pornografía», «Publica fotos de ti mismo» y, por supuesto, «Sé respetuoso con los otros».

27. Facebook se llamaba originalmente Facemash. Mark Zuckerberg y sus amigos universitarios querían calificar las fotos que lograban tomar de sus compañeras (sin su consentimiento, claro) de los archivos de la Universidad de Harvard. Facemash ponía la foto de una estudiante junto a la de otra y pedía a los usuarios que votaran por la que pensaran que se veía mejor, con un algoritmo ciertas chicas subían o bajaban lentamente de la lista. «Una cosa es segura —escribió Zuckerberg en su blog personal en ese tiempo— y es que soy un estúpido por haber hecho este sitio. Bueno, al final alguien tenía que hacerlo». Estaba en lo cierto. En cuatro horas había 22 000 visitas a este sitio.

28. http://abcnews.go.com/blogs/headlines/2012/03/facebook-shuts-down-most-beautiful-teen-page/; http://toronto.ctvnews.ca/cutest-teens-2013-facebook-page-takendown-1.1540454; https://www.facebook.com/CutestTeensOfficialPage?fref=ts.

29. Vex viste calcetas grises a la rodilla, pantaletas grises y un top gris que muestra su abdomen, igual que Blath; Auryn viste algo similar pero en negro.

30. http://www.reddit.com/r/IAmA/comments/1hq5t9/.

31. Mientras escribía este capítulo, Chaturbate empezó a aceptar bitcoines.

32. D. K. Citron y M. Franks, «Criminalising Revenge Porn»: http://digitalcommons.law.umaryland.edu/cgi/viewcontent.cgi?article=2424&context=fac_pubs.

33. https://oag.ca.gov/news/press-releases/attorney-general-kamala-d-harris-announces-arrest-revenge-pornwebsite-operator.

34. http://www.dailymail.co.uk/femail/article-2175591/Is-YOUR-child-sending-sex-texts-school.html#ixzz26L5qLbJh; http://www.nytimes.com/2011/03/27/us/27sexting.html?pagewanted=all&_r=0. Las estadísticas aparecen citadas en Citron y Franks, «Criminalising Revenge Porn».

35. K. Albin, «Bullies in a Wired World: The Impact of Cyberspace Victimization on Adolescent Mental Health and the Need for Cyberbullying Legislation in Ohio», en *Journal of Law and Health*, vol. 25, pp. 155-190.

36. «3 Juveniles Accused of Sexually Exploiting Female Classmates», http://www.newschannel5.com/story/21890716/3-juveniles-accused-of-sexually-exploiting-femaleclassmates.

37. Howard Rheingold, «Teledildonics: Reach out and Touch Someone»; http://janefader.com/teledildonicsby-howard-rheingold-mondo-2000-1990/.

38. http://twitlonger.com/*show*/n_1s0rnva, by @thecultofleo.

Capítulo 7
El efecto Werther

1. http://www.pewinternet.org/2011/02/28/peer-to-peer-health-care-2/.

2. http://www.mind.org.uk/media/418956/Peer-Support-Executive-Summary-Peerfest-2013.pdf, p. 2; http://www.mentalhealth.org.uk/help-information/mentalhealth-a-z/P/peer-support/. Véase también Mental Health Foundation, *The Lonely Society?*

3. http://ash.notearthday.org/charter.html; a menudo se dice que a.s.h. es un sitio web, pero de hecho es un grupo jerárquico de Usenet de Alt.*, el cual no tiene autoridad central, esto dificulta el cerrarlo.

4. Por cierto, este es uno de los grandes mitos acerca de los suicidios. La tasa de suicidios en los Estados Unidos y en la mayoría de los países del hemisferio norte es más baja en diciembre que

en cualquier otro mes. Hay varios estudios académicos excelentes que desacreditan este mito. Cada mitad de esta cita técnicamente fue publicada por separado, pero ambas son consideradas parte de la carta fundacional de a.s.h.

5. Beals explicaría después que a.s.h. se volvió algo que no previó: http://www.zenithcitynews.com/010411/feature.htm.

6. «Self-Injury and the Internet: Reconfiguring the Therapeutic Community», en RESET, vol. 1, núm. 2, 2013.

7. E. Bond, «Virtually Anorexic – Where's the Harm?»: http://www.ucs.ac.uk/Faculties-and-Centres/Faculty-ofArts,-Business-and-Applied-Social-Science/Department-of-Children,-Young-People-and-Education/Virtually%20Anorexic.pdf; https://bir.brandeis.edu/bitstream/handle/10192/24532/BeliveauThesis2013.pdf?sequence=1.

8. Aunque muchas de estas plataformas prohíben el contenido que glorifica los desórdenes alimenticios y la autolesión, es difícil hacer que se cumpla esta regla. Cuando Instagram bloqueó a usuarios por buscar el *hashtag* #thinspo, los usuarios empezaron a escribir #th1nspo.

9. http://www.ealaw.co.uk/media/uploaded_files/circular-03-2010-assisting-encouragingsuicide.pdf; véase «Encouraging or Assisting Suicide: Implementation of Section 59 of the coroners and Justice Act 2009», en *MoJ Circular 2010/03*, 28 de enero de 2010. La ley aplica tanto en línea como fuera de ella. «Subsección (2) de la sección 59 expone la sola ofensa, la cual remplaza los crímenes de ayuda, complicidad, consejo o provocación del suicido o intento de este. El crimen aplicará cuando la persona cometa un acto que anime o apoye para cometer o intentar cometer suicidio, y su acción intente animar o apoyar. Aunque la simple provisión de información sobre el hecho del suicidio o la examinación del tema mediante internet (o cualquier otro medio), donde no haya tal intención, no es un crimen». http://www.cps.gov.uk/publications/prosecution/assisted_suicide_policy.html; http://lostallhope.com/suicide-statistics; http://www.cdc.gov/violenceprevention/pdf/Suicide_DataSheet-a.pdf.

10. E. Bale, H. Bergen, D. Casey, K. Hawton, A. Shepherd y S. Simpkin, «Deliberate Self-Harm in Oxford 2008», Centre for Suicide Research.

11. Este caso específico fue descubierto y expuesto por Emma Bond en su libro *Virtually Anorexic*.

12. http://informahealthcare.com/doi/pdf/10.1080/08039480410005602.

13. L. Coleman, *The Copycat Effect: How the Media and Popular Culture Trigger the Mayhem in Tomorrow's Headlines*, Paraview and Pocket Books, p. 2.

14. http://www.psychologytoday.com/blog/media-spotlight/201208/when-suicides-come-in-clusters; http://railway-suicideprevention.com/scientific-literature-review/choose.html; http://ccp.sagepub.com/content/12/4/583.full.pdf+html; http://www.theguardian.com/lifeandstyle/2009/mar/01/bridgend-walesyouth-suicide-media-ethics; http://www.people.com/people/archive/article/0,,20595753,00.html.

15. http://www.ivonnevandevenstichting.nl/docs/SuicideAndTheMedia.pdf; N. Kristakis, «Connected»: http://content.time.com/time/health/article/0,8599,1808446,00.html. Esto también es cierto en circunstancias menos dañinas. Si todos los que nos rodean tienen sobrepeso, somos más propensos a aumentar unos kilos. Las risas enlatadas en la televisión nos hacen más propensos a la risa. Si nos dijeran cuántos huéspedes más reutilizan las toallas, es muy probable que hiciéramos lo mismo: http://www.media-studies.ca/articles/influence_ch4.htm; http://www.lse.ac.uk/GranthamInstitute/publications/WorkingPapers/Papers/130-39/WP133-Exploring-beliefs-about-bottled-waterintentions-to-reduce-consumption.pdf; http://www.otismaxwell.com/blog/persuading-people-social-proof/.

16. The Samaritans publicaron un excelente reporte de las pautas en 2013, diseñado específicamente para reducir los suicidios por imitación. En 2009 la Press Complaints Commission difundió una nota de información especial sobre cómo cubrir el suicidio en la prensa: http://www.pcc.org.uk/advice/editorials-detail.html?article=NTU4MQ==.

17. http://archive.ashspace.org/ash.xanthia.com/conibear.html.

18. J. Taylor *et al.*, «Motivations for Self-Injury, Affect, and Impulsivity: A Comparison of Individuals with Current Self-Injury to Individuals with a History of Self-Injury», en *Suicide and Life-Threatening Behaviour*, vol. 42, núm. 6, diciembre; K. Hawton *et al.*, «Self-Harm and Suicide in Adolescents», en *The Lancet*, vol. 379, edición 9834; es otra excelente fuente: http://onlinelibrary.wiley.com/doi/10.1111/j.1943-278X.2012.00115.x/pdf.

19. Al momento de redactar esto, la filmación sigue estando disponible en el sitio LiveLeak. Las cuatro citas fueron colectadas por el autor congelando la imagen del video cada vez que el filmador regresaba a actualizar el tablón /b/: http://news.nationalpost.com/2013/12/04/university-of-guelph-student-who-attempted-totake-his-life-on-internet-video-now-cyberbullied-on-facebook/.

20. Existen serias dificultades para registrar incidentes de autolesión y se considera ampliamente que son subreportados. Algo similar ocurre con el suicidio, el cual no se incluye en los reportes forenses.

21. http://bjsw.oxfordjournals.org/content/early/2013/02/14/bjsw.bct015.full.pdf+html. Véase también «Dying Together: Suicide Pacts and Other Episodes of Paired Suicides in Yorkshire and the Humber».

22. Hay muchísima investigación al respecto, incluyendo la siguiente: D. Gunnell *et al.*, «The Use of the Internet by People who Die by Suicide in England: A Cross Sectional Study», en *Journal of Affective Disorders*, vol. 141, pp. 480-483. Véase también: http://www.rcpsych.ac.uk/files/pdfversion/cr158.pdf; http://www.telegraph.co.uk/women/womens-health/4682209/Anorexicgirls-admitted-to-hospital-rise-by-80-per-cent-in-a-decade.html; http://www.publications.parliament.uk/pa/cm200607/cmhansrd/cm070606/text/70606w0016.htm. Un estudio del King's College en el *British Medical Journal* concluyó que entre 2000 y 2009, las tasas de anorexia y bulimia fueron estables. Sin embargo, también subrayaron que las definiciones británicas de este desorden son diferentes de las estadounidenses. Hubo entre

1 y 2 casos de bulimia por cada 100 000 hombres y entre 21 y 25 por cada 100 000 mujeres entre 2000 y 2009 en el Reino Unido. Hubo entre 0.2 y 2 casos de anorexia por cada 100 000 hombres y entre 11 y 17 casos de anorexia por cada 100 000 mujeres entre 2000 y 2009 en el Reino Unido. Sin embargo, los diagnósticos de «desorden alimenticio no especificado en otra categoría» se incrementaron 60% en mujeres menores, de 18 por cada 100 000 en el año 2000 hasta 28.4 por cada 100 000 en 2009, y 24% en hombres, desde 2.4 hasta 4.2 por cada 100 000 en 2009 y 24% en hombres de 3.4 hasta 4.2 por cada 100 000: http://bmjopen.bmj.com/content/3/5/e002646.full.?rss=1#F1; http://s.telegraph.co.uk/graphics/projects/inside-the-world-of-anorexia-blogging/; http://www.telegraph.co.uk/health/healthnews/10607237/Eating-disorder-increase-among-young-people.html; http://www.kcl.ac.uk/iop/news/records/2013/May/Eating-disorders-increase.aspx.

23. Mental Health Foundation, *The Lonely Society?*

24. Esto está tomado de documentos pertinentes de la Corte: http://www.mncourts.gov/Documents/0/Public/Clerks_Office/Opinions/opa110987-071712.pdf and http://www.margaretdore.com/pdf/melchert-dinkel_ff_etc_001.pdf.

25. N. Labi, «Are You Sure You Want to Quit the World?», en *GQ*, octubre de 2010, http://www.gq.com/newspolitics/newsmakers/201010/suicide-nurse-mark-drybrough-chatrooms-li-dao (recuperado el 5 de diciembre de 2013).

Conclusión
Zoltan vs. Zerzan

1. Platón, *Phaedrus*, traducido por B. Jowett (Project Gutenberg, 30 de octubre de 2008).

2. V. Bell, «Don't Touch that Dial! A History of Media Technology Scares, from the Printing Press to Facebook», en *Slate*, 15 de febrero de 2010: http://www.slate.com/id/2244198.

3. «Radio in the 1920s: Collected commentary», National Humanities Center, http://americainclass.org/sources/becoming-modern/machine/text5/colcommentaryradio.pdf. También T. O'Shei, *Marconi and Tesla: Pioneers of Radio Communication*.

4. J.R. Pierce, «Communication», en *Scientific America*, vol. 227, núm. 3, septiembre de 1972, cit. en M. Hauben y R. Hauben, *Netizens: On the History and Impact of Usenet and the Internet*, p. 56. M. Greenberger (ed.), *Management and the Computer of the Future*: http://www.kurzweilai.net/memorandum-for-members-and-affiliates-of-the-intergalactic-computer-network; J. C. R. Licklider, cit. en B. Woolley, *VirtualWorlds: A Journey in Hype and Hyperreality*: http://www.livinginternet.com/i/ii_licklider.htm; Licklider también apreció rápidamente el poder de las computadores en red y predijo los efectos de la distribución tecnológica al describir cómo el despliegue de computadoras, programas e información entre un gran número de computadoras conectadas en red crearía un sistema más poderoso que el que podría construir una sola organización. En agosto de 1962, Licklider y Welden Clark desarrollaron estas ideas en un artículo de *On-Line Man Computer Communication*, una de las primeras concepciones del futuro internet.

5. Cit. en M. Dery, *Escape Velocity*, p. 45.

6. Hay una excelente fuente, sus documentos sobre las predicciones de 1990 se pueden consultar aquí: http://www.elon.edu/predictions/early90s.

7. *Mondo 2000*, núm. 1, 1989.

8. http://motspluriels.arts.uwa.edu.au/MP1801ak.html.

9. http://www.nyu.edu/projects/nissenbaum/papers/The-Next-Digital-Decade-Essays-on-the-Future-of-the-Internet.pdf.

10. T. Furness y J. Lanier, *Are New Realities More or Less Real?*; M. Heim, *Scholars Try to Measure the Impact*; G. Celente, *Online, All the Time; Today's Technology Makes the Office Omnipresent, but is That Any Way to Live?*

11. M. More, «The Philosophy of Transhumanism», en M. More y N. Vita-More, *The Transhumanist Reader: Classical and Contemporary*

Essays on the Science, Technology and Philosophy of the Human Future, p. 4.

12. http://www.nickbostrom.com/papers/history.pdf.

13. «The Coming Technological Singularity: How to Survive in the Post-Human Era», disponible en: https://www-rohan.sdsu.edu/faculty/vinge/misc/singularity.html; I. J. Good, «Speculations Concerning the First Ultraintelligent Machine», en *Advances in Computers*, vol. 6.

14. http://www.fhi.ox.ac.uk/ahistory-of-transhumanist-thought.pdf; M. More y N. Vita-More, *The Transhumanist Reader*, pp. 54-55. Incluso antes de este estaba el «Manifiesto Transhumano», menos conocido, redactado en 1983 por Natasha Vita-More.

15. http://www.wired.co.uk/news/archive/201209/04/diy-bio-hacking.

16. Para *Technostress*, véase W. Powers, *Hamlet's Blackberry*. Las otras tecnologías son respectivamente atribuibles a William van Winkle, David Lewis, Eric Schmidt y Leslie Perlow. Véase J. Schumpeter, «Too Much Information: How to Cope with Data Overload», en *Economist*, 30 de junio de 2011: http://www.rcpsych.ac.uk/files/pdfversion/cr158.pdf.

Lecturas afines

P ara quien quiera explorar con más detalle los temas y problemas que se exponen en *La red oculta*, hay bastantes libros, artículos y recursos web disponibles sobre cada uno de los temas que cubrí.

Introducción
Libertad o muerte

Bell, J., *Assassination Politics*, http://www.outpost-of-freedom.com/jimbellap.htm.

Boyd, D., *It's Complicated: The Social Lives of Networked Teens*. Un reporte increíble, útil y claro de las relaciones de los jóvenes en las redes sociales.

Hafner, K. y M. Lyon, *Where Wizards Stay Up Late: The Origins of the Internet*.

Krotoski, A., *Untangling the Web: What the Internet is Doing to You*.

Pariser, E., *The Filter Bubble: What the Internet is Hiding from You*.

Suler, J., «The Online Disinhibition Effect», en *CyberPsychology and*

Behaviour. Una teoría extremadamente influyente sobre el efecto que la comunicación a través de una pantalla tiene sobre nosotros.

Turkle, S., *The Second Self; Life on the Screen and Alone Together*. Serry Turkle es sin duda una de las expertas mundiales en el tema; para quienes estudian el impacto de las computadoras en el comportamiento humano e identidad son lecturas obligadas.

Zuckerman, E., *Rewire: Digital Cosmopolitans in the Age of Connection*.

Capítulo 1
Desenmascarando a los troles

Coleman, G., *Our Weirdness is Free*.

Olson, P., *We Are Anonymous*. Este y el anterior son excelentes informes sobre el grupo *hacktivista* Anonymous, la evolución de /b/ y el troleo en general.

Phillips, W., «LOLing at Tragedy: Facebook, Memorial Trolls and Reaction to Grief Online», *First Monday*, vol. 16, núm. 12: http://firstmonday.org/ojs/index.php/fm/article/view/3168. Whitney Phillips es uno de los pocos académicos que se especializa en troleo.

Schwartz, M., «The Trolls Among Us», en *The New York Times*, 3 de agosto de 2008. Uno de los mejores artículos sobre troleo y subculturas de troleo presenta al notorio trol y *hacker* weev.

Los sitios Encyclopedia Dramatica y KnowYourMeme son ambos excelentes recursos para la cultura del troleo, pero entra bajo tu propio riesgo. Los ejemplos de troleo en los BBS son archivados de manera útil en el sitio textfiles.com; también hay varios recursos en línea dedicados a grupos de troleo en Usenet en www.digital.net/~gandalf/.

Capítulo 2
El lobo solitario

Bartlett, J. y M. Littler, *Inside the EDL, Demos*.

Bergen, J. y W. Strathern, *Who Matters Online: Measuring Influence, Evaluating Content and Countering Violent Extremism in Online Social Networks*, International Centre for the Study of Radicalisation.

Conway, M. *et al.*, «Uncovering the Wider Structure of Extreme Right Communities Spanning Popular Online Networks».

Copsey, N., *The English Defence League*, Faith Matters: http://faithmatters.org/images/stories/fm-reports/english-defense-league-report.pdf.

Simon, J., *Lone Wolf Terrorism: Understanding the Growing Threat*.

Capítulo 3
En la quebrada de Galt

Greenberg, A., *This Machine Kills Secrets: Julian Assange, the Cypherpunks, and their Fight to Empower Whistleblowers*. Una guía invaluable de la tecnología e ideología *cypherpunk* y del significado de la filosofía *cypherpunk* a quienes filtran información.

Levy, S., «Crypto-rebels», en *Wired and Crypto: How the Code Rebels Beat the Government Saving Privacy in a Digital Age*. Los *Cryptorebels* fue la primera cuenta *mainstream* de los *cypherpunks*, mientras Crypto sigue siendo la mejor cuenta de todas del movimiento.

Manne, R., «The Cypherpunk Revolutionary: Julian Assange», en *Making Trouble: Essays Against the New Australian Complacency*.

May, T., *Cyphernomicom*, es el ensayo de un libro extenso, provee una excelente mirada dentro de la filosofía *ciberpunk*. Disponible aquí: http://www.cypherpunks.to/faq/cyphernomicron/cyphernomicon.html.

Para los técnicos, el artículo de Davis Chauman, «Security Without Identification: Transaction Systems to Make Big Brother Obsolete», es quizás el único documento para entender las matemáticas del movimiento *cypherpunk*. La mayoría de la lista de correo de criptografía de *Cypherpunk* y Metzdowd están archivados y disponibles en línea aquí: http://cypherpunks.venona.com/ y http://www.metzdowd.com/pipermail/cryptography/.

Capítulo 4
Tres clics

Davidson, J. y P. Gottschalk, *Internet Child Abuse: Current Research and Policy*.

Finkelor, D., *A Sourcebook on Child Sexual Abuse*. Trabajo en el cual se presenta el modelo «clásico» del engaño infantil, escrito antes de que las redes sociales fueran ampliamente usadas.

Martellozzo, E., «Children as Victims of the Internet: Exploring On-line Child Sexual Exploitation».

Ogas, O. y S. Gaddam, *A Billion Wicked Thoughts*. Una inusual y valiosa pieza de trabajo detallado sobre los deseos sexuales de las personas, basado en términos de búsqueda en internet.

Wortley, R. y S. Smallbone, *Internet Child Pornography: Causes, Investigation and Prevention*. Un excelente resumen de cómo la llegada de internet transformó radicalmente la pornografía infantil.

Seguir las subidas y descargas de la pornografía infantil en el servicio oculto TOR es extremadamente difícil y no se ha escrito mucho en detalle. *The Daily Dot, Gawker, Wired* y *Vice* tienen artículos y resúmenes muy útiles. En particular, los artículos de Patrick Howell O'Neil sobre la libertad de alojamiento: www.dailydot.com/news/eric-marques-tor-freedom-hostingchild-porn-arrest/; véase también el artículo de Adrian Chen sobre «Operación DarkNet»: http://gawker.com/5855604/elabora-te-anonymosting-snags-190-kiddie-porn-fans y la serie de Wired 'Threat Level': http://www.wired.com/category/threatlevel/.

Capítulo 5
Sobre la ruta

Christin, N., «Travelling the Silk Road: A Measurement Analysis of a Large Anonymous Online Market Place». Un estudio académico innovador sobre el volumen de comercio en Silk Road en 2012.

Daly, M. y S. Sampson, *Narcomania: How Britain Got Hooked on Drugs*.

European Monitoring Centre for Drugs and Drug Addiction, *European Drugs Report 2013: Trends and Developments*.

Powers, M., *Drugs 2.0*. Un excelente resumen sobre cómo internet ha cambiado la manera en que las drogas son traídas y vendidas.

Los documentos de las denuncias penales son fuentes extremadamente valiosas, incluyendo las interpuestas en contra del mismo Ulbricht. Usualmente las revistas en línea tienden a tener los más detallados resúmenes sobre Silk Road y los otros mercados oscuros. Sobre todo, el artículo de Adrian Chen en *Gawker*, "The Underground Website where you can Buy any Drug Imaginable" (el cual fue la primera exploración periodística del tema) y el excelente blog de Eileen Ormsby *AllThingsVice*, el cual cubre varios aspectos de la red profunda y especialmente los mercados de la red oculta: http://allthingsvice.com/about/.

Capítulo 6
Luces, *webcam*, acción

Attwood, F., *Porn.com: Making Sense of Online Pornography*. Un excelente resumen de cómo internet está cambiando la pornografía y en particular cómo la pornografía casera cambia la relación entre espectador y productor.

Boellstorff, T., *The Coming of Age in Second Life*. Uno de los más detallados estudios antropológicos de la vida en los mundos virtuales e indispensable para la comprensión de cómo los avatares de los mundos virtuales afectan el comportamiento del usuario.

Panek, E. *et al.*, «Mirror or Megaphone? How Relationships between

Narcissism and Social Networking Site Use Differ on Facebook and Twitter», en *Computers in Human Behaviour*, vol. 29.

Senft, T., *Camgirls: Celebrity and Community in the Age of Social Networks*. El primer estudio detallado de *cam-models,* sigue siendo el más amplio.

Capítulo 7
El efecto Werther

Adler, P. y P. Adler, *The Tender Cut: Inside the Hidden World of Self-Injury*. Un estudio detallado de autolesión, en particular de *cutting*.

Barak, A., «Emotional Support and Suicide Prevention through the Internet: A Field Project Report», *Computers in Human Behaviour*, vol. 23, y (2009) «Suicide Prevention by Online Support Groups: An Action Theory-Based Model of Emotional First Aid», *Archives of Suicide Research*, vol. 13, núm. 1. El trabajo de Barack provee un análisis crítico del efecto de los grupos en línea de apoyo al suicida en los usuarios.

Bond, E., *Virtually Anorexic — Where's the Harm?* Un estudio accesible pero riguroso sobre la escala, tipo y contenido de los sitios pro-ana y una excelente introducción a la materia.

Coleman, L., *The Copycat Effect: How the Media and Popular Culture Trigger the Mayhem in Tomorrow's Headlines*.

Gunnell, D. *et al.*, «The Use of the Internet by People who Die by Suicide in England: A Cross-Sectional Study», en *Journal of Affective Disorders*, vol. 141.

Hawton, K. *et al.*, «Self-harm and Suicide in Adolescents», en *The Lancet*, vol. 379, núm. 9834.

Mental Health Foundation, *The Lonely Society*.

Montgomery, P. *et al.*, «The Power of the Web: A Systematic Review of Studies of the Influence of the Internet on Self-Harm and Suicide in Young People», *PLoS ONE*.

Sueki, H., «The Effect of Suicide-Related Internet Use on Users' Mental Health: A Longitudinal Study», en *Journal of Crisis Intervention and Suicide Prevention*, vol. 34, núm. 5.

Conclusión
Zoltan vs. Zerzan

Istvan, Z., *The Tranhumanist Wager*. En líneas generales es un trabajo autobiogáfico, el cual presenta una imagen bastante desoladora de un futuro cercano en el cual los transhumanistas luchan una guerra contra el resto del mundo.

More, M. y N. Vita-More (eds.), *Transhumanist Reader*. Un resumen excelente de los aspectos más técnicos y filosóficos del movimiento transhumanista, editado por dos exponentes líderes. Incluye un capítulo de Anders Sandberg sobre transferencia mental.

Naughton, J., *From Gutenberg to Zuckerberg:What you Really Need to Know About the Internet*.

Segal, H., *Technological Utopianism in American Culture*.

Zerzan, J., *Future Primitive and Future Primitive Revisited*. Una útil introducción a la filosofía anarcoprimitivista y el libro mejor conocido de Zerzan.

Agradecimientos

Lo primero y más importante es agradecer a todas las personas que me dejaron ver dentro de su mundo: Paul, el extremo pero amable nacionalista; Zack, Old Holborn, Michael, Vex, Blath y Auryn; Amir, Pablo, Timothy May, Smári, Zoltan y Zerzan; Charlie Flowers, Tommy Robinson, Hel Gower, los admins anónimos de las redes sociales de la EDL, @Norsefired, Jimmy Swales, Alexander Jones, Queen Lareefer, Jessica y Elle St. Claire, la extraña bailarina de prostíbulo de Utherverse, Jessi, los propietarios del club The Pink Pussy Gentleman, Al, el admin del foro, las personas que comprenden el personaje compuesto de Amelia en «El efecto Werther», Gerard y el doctor Anders Sandberg.

El libro no habría sido posible sin la dedicación y el talento de Tom Avery, mi brillante editor de William Heinemann, y el resto del equipo: Jason Arthur, Anna-Sophia Watts, Sophie Mitchell, Chloe Healy, Jason Smith y Nathaniel AlcarazStapleton. Gracias también a Gail Rebuck.

Me basé enormemente en especialistas, quienes son citados en todo el libro. Quiero reiterar mi aprecio por su tiempo, sin un orden en particular, a: Fred Langford y otros analistas anónimos que me dieron la bienvenida a la Internet Watch Foundation, al profesor sir David Omand, al profesor sir Peter Kirstein, a Emma Bond, Derek Smart, Fiyaz Mughal, Nick Lowles, Maura Conway, Mike Hearn, Khadhim Shubber, Miguel Freitas, al profesor Richard Wortley, a Elena Martellozzo, Tink Palmer, Nathalie Nahai, Luke Upchurch, Steve Rolles, Sam Smith, Shirley, de Chaturbate, los fans de Vex (especialmente Vince), Anna-Lee, Joe Ferns, Manko, Donald Findlater, Paul Cudenec, Celia Blay, al profesor Paul Montgomery, a Rachael Spellman, Beat Bullying, James Smith, Amanda van Eck, de Inform en la School of Economics de Londres, Tristan, a todos los miembros de la Sociedad Transhumanista que me dieron la bienvenida en un excelente debate en Magdalen College, especialmente Andrew Snyder-Beattie, Avi Roy y Tomas Halgas.

Muchas personas contribuyeron en la redacción de este libro. La persona que más contribuyó es indudablemente Louis Reynolds, mi investigador estrella, quien trabajó tan duro como yo para que este libro pudiera realizarse. Daniel Janes proveyó un excepcional y gran apoyo durante esta investigación, y Pavol Koznac, Rutger Birnie y Joe Rowlands elaboraron notas de resumen muy útiles. Y a todo el pequeño ejército de amigos y expertos quienes dedicaron tiempo a revisar varios capítulos e ideas inconclusas, sin ellos este libro sería muy diferente. Sobre todo a Jonathan Birdwell, Carl Miller, Pablo Turner, Joe Miller, Catrin Nye y Hannah Joll. Ellos fueron indispensables. También gracias a Jeremy Reffin, al profesor David Weir, y al próximo doctor Simon Wibberley, a mis colegas en CASM, Eva Pascoe, Richard Boase, Graham Macklin, Andy Moorling, Jake Chapman, IamSatoshi, Ken Hollis, David Stark, Gemma Cobb, al profesor Tom Boellstorff, a Niels Ten Oeven, Nick Pickles, Grace, Mike Harris, Chris Waller, Sofia Patel, Phillida, Cheetham, Dan Sutch, Mona Bani, Moritz Bartl, Runa Sandvik, Marley Morris, Simon Sarginson, Niki Gomez, Mevan Babaker. Y a mi familia que, por supuesto, además de leer los borradores, me ofrecieron todo tipo de apoyo, incluyendo un lugar donde escribir en paz: Daniel, Samantha, mamá (perdón por todas las palabrotas) y Phil. Gracias también a Noreena Hertz, David Goodhart y Catherine Mayer por los debates anticipados sobre las ideas. Y por supuesto a mi agente, Caroline Michel, junto con Rachel Mills y Jonathan Sissons, de PFD, quienes fueron de sumo apoyo y entendieron lo que estaba tratando de hacer. A todos mis colegas en Demos que aguantaron mis largas ausencias (las cuales parecían disfrutar mucho). A todos los que he olvidado por falta de cuidado y reflexión, por favor acepten mis disculpas junto con mi agradecimiento.

Hay muchos otros a quienes no puedo agradecer por varias razones, pero tengo una deuda enorme con ellos. Esto incluye a los innumerables miles que crean y publican *software* libre, sitios web gratuitos y material archivado en línea gratuito, frecuentemente realizado en su tiempo libre; todos tenemos una gran deuda con ellos. Sin ellos no habría sido capaz de hacer la investigación para este libro ni muchas otras cosas.

Finalmente, gracias a Kirsty, quien fue la primera persona en darme la idea de este libro de una manera muy indirecta y cuyo talento para escribir he tratado de emular, y que me ayudó en todo el proceso, aunque desde la distancia.

La red oculta

Jamie Bartlett es director del Centro para el Análisis de Redes Sociales en la *think tank* Demos, donde se especializa en movimientos sociales en línea y el impacto de la tecnología en la sociedad. Vive en Londres.

Elogios para *La red oculta*

«Un fascinante y perturbador viaje a través de los más extensos rincones de internet. Jamie Bartlett es un guía experto... arroja una luz invaluable en un mundo que sigue siendo muy turbio».

Ian Burrell, *Independent*

«Tremendo logro... Cómprelo y léalo».

Hugo Rifking, *The Times*

«Bartlett disecciona los demonios y demuestra que son reales. *La red oculta* es, para cualquiera comprometido con la red y sus efectos en nuestra cultura, una lectura obligada... una linterna en un sótano oscuro».

Michael Bywater, *Espectador*

«Una exploración fascinante y perturbadora de los confines profundos de internet y la mente humana».

Josh Cohen

«Una investigación de los aspectos eróticos pervertidos, subversivos y criminales de la vida en línea contada meticulosa e inteligentemente».

Bryan Appleyard, *Sunday Times*

«Un guía confiable y bien informado… Bartlett humaniza a las personas tras la actividad en línea cuando se reúne con ellas».

Douglas Heaven, *New Scientist*

«*La red oculta* ofrece un reportaje provocador e inteligente desde las retorcidas grietas de la cultura digital, casado con un análisis muy impresionante de cómo la tecnología está amplificando tanto lo mejor como lo peor de nosotros. Es una lectura obligatoria para quienes buscan escapar de la histeria y lidiar con las complejidades más incómodas y cautivadoras del siglo XXI».

Tom Chatfield

«Una fascinante narrativa del lado oscuro del mundo en línea».

Andrew Anthony, *Daily Mail*

«Ofrece una mirada sin juicios a los mecanismos de *trolling* y otros comportamientos perniciosos en internet».

New Statesman, Book of the Year